La Petite Loterie

Stéphane Kelly

La Petite Loterie

Comment la Couronne a obtenu la collaboration du Canada français après 1837

Boréal

Les Éditions du Boréal sont inscrites au Programme de subvention globale du Conseil des Arts du Canada et reçoivent l'appui de la SODEC.

Conception graphique : Devant le jardin de Bertuch
Illustration de la couverture : Renée Gravel.

© Les Éditions du Boréal
Dépôt légal : 2ᵉ trimestre 1997
Bibliothèque nationale du Québec

Diffusion au Canada : Dimedia
Diffusion et distribution en Europe : Les Éditions du Seuil

Données de catalogage avant publication (Canada)

Kelly, Stéphane, 1963-

    La Petite Loterie : Comment la Couronne a obtenu la collaboration du Canada français après 1837

    Comprend des réf. bibliogr.

ISBN 2-89052-822-7

    1. Canada – Histoire – 1763-1867 (Régime anglais). 2. Canada – Histoire – 1867 (Confédération). 3. Idées politiques – Canada. 4. Fédéralisme – Canada. 5. Nationalisme – Canada. 6. Hommes politiques – Canada. I. Titre.

FC470.K44   1997   971.04   C97-940287-5
F1031.K44   1997

Ils ne pouvaient pas soupçonner qu'un temps venait… où celui qui ne jouerait pas perdrait tout le temps, et encore plus sûrement que celui qui joue.

Charles Péguy

Cet essai veut rendre hommage à la mémoire de Nicole Kelly. Elle a été une mère exceptionnelle, m'enseignant un tas de choses, dont une que je n'oublierai jamais, et qui est proprement fameuse, l'art de raconter une histoire.

Remerciements

Le livre que vous allez lire était, dans une tout autre vie, une thèse de doctorat. J'ai décidé de laisser cette dernière dans son habitat naturel : le rayon de bibliothèque. Je ne tenais pas à faire partager certains moments pénibles qu'un étudiant doit inévitablement traverser pour acquérir son *accréditation professionnelle*. L'angle de l'essai doit beaucoup au professeur Hubert Guindon, de Concordia University, qui m'a subtilement persuadé d'étudier les fondateurs de la Confédération. À l'occasion de notre dîner mensuel au restaurant Chez John, Guindon m'a fait découvrir un coin de pays étrange et charmant, le quartier Saint-Henri. Fin lecteur de Hannah Arendt depuis la publication des *Origines du totalitarisme*, soit le début des années 1950, il m'a fait saisir le potentiel insoupçonné de la notion de paria. Les intellectuels, jadis, étaient des parias, car ils vivaient en retrait de la société, et ils étaient redoutés parce que leurs positions ébranlaient les certitudes de l'ordre social. Depuis l'institutionnalisation des lieux de la pensée, les intellectuels ont cessé de vivre à l'écart de la société, et c'est précisément parce qu'ils ont renoncé à soigner cette distance qu'ils publient de plus en plus et qu'ils délibèrent de moins en moins.

D'autres personnes m'ont épaulé. À l'Université de Montréal, Louis Maheu a suivi avec attention, vigilance et respect la démarche empruntée dans cette recherche. Des historiens m'ont apporté une aide indispensable : Jean-Pierre Wallot, des Archives nationales ; Alfred Dubuc, de l'UQAM ; Bernard Robert, du Centre de documentation de l'Université de Montréal. Deux politologues du Canada anglais, Kenneth McRoberts et Philip Resnick, ont contribué à élargir ma connaissance de l'imaginaire du Canada anglais. Le philosophe américain Dick

Howard a influencé mes vues sur le républicanisme américain. Je veux également souligner l'appui de l'équipe de la revue *Possibles*. Je pense à Gabriel Gagnon, qui s'est bénévolement intéressé à mes écrits. Micheline Dussault a généreusement révisé une grande partie du manuscrit, et, enfin, il y a Marcel Fournier qui, à titre de directeur du département de sociologie de l'Université de Montréal, n'a jamais cessé de m'encourager.

La rédaction d'une thèse de doctorat comporte sa part d'épreuves. C'est encore plus vrai pour qui a fait le choix, à première vue douteux, de choisir une discipline qui a perdu de son lustre. Heureusement, durant ces pénibles moments, il se trouve des pairs avec qui le pur plaisir de la discussion fait tout oublier. Plusieurs amis ont bien involontairement contribué à l'analyse qui se trouve dans ces pages, bien qu'ils n'aient aucunement à en assumer la responsabilité. Je pense ici à André Bourgeois, à Robert Leroux, à Stéphane Stapinsky, à Marc Chevrier, hommes de ma génération, tous attachés à vivre à l'enseigne de la belle formule de William Faulkner, *le passé n'est pas mort, il n'est même pas passé*.

Je n'aurais pu rédiger cet essai sans l'appui de ma famille. Il y a bien sûr Marie-Claude, ma fiancée, qui m'a accordé tout le temps nécessaire pour terminer la rédaction de cet essai. Je veux aussi remercier tout le clan Kelly. Il y a ma mère, Nicole, qui est décédée l'automne dernier. Elle m'a patiemment appris, dès le berceau, la langue française. Comme le disait Hannah Arendt, seule la langue maternelle demeure. Il y a Raymond, qui m'a silencieusement inspiré l'amour de l'œuvre, c'est-à-dire du travail bien fait. Et puis il y a mes frères, John, Patrick et Louis, qui poursuivent la belle mission, celle à laquelle Jacques Ferron pensait, de sa cellule de prison, en octobre 1970, lorsqu'il écrivait *Le Salut de l'Irlande* : « Je criai à mes trois frères que je voulais simplement sauver l'Irlande, leur pays comme le mien[1]. »

Les réflexions sur l'Irlande et le républicanisme agraire que le lecteur trouvera ici et là, dans cet essai, m'ont été inspirées par mon grand-père, Louis Kelly, à qui j'ai dédié ma thèse de doctorat. Cet Irlandais pur laine a pu être maire de Saint-Athanase durant vingt-cinq ans, grâce à l'appui fraternel de son électorat canadien-français. À sa façon, il a perpétué une noble tradition politique, celle que vénérait James Harrington en Angleterre, Thomas Jefferson aux États-Unis et Daniel O'Connell en Irlande.

Prologue

> [Avec l'effondrement de la tradition] nous avons perdu notre solide fil conducteur dans les vastes domaines du passé, mais le fil était aussi la chaîne qui liait chacune des générations successives à un aspect prédéterminé du passé. Il se pourrait qu'aujourd'hui seulement le passé s'ouvrît à nous avec une fraîcheur inattendue et nous dît des choses pour lesquelles personne encore n'a eu d'oreilles.
>
> Hannah Arendt

En 1958, le Canada français s'apprête à vivre de grands changements. Si la nouvelle intelligentsia juge scandaleuse la collaboration entre l'élite canadienne-française et l'élite canadienne-anglaise, elle existe pourtant depuis longtemps. Jamais toutefois elle ne semble aussi odieuse que durant les années 1950. Elle devient la cible d'une critique, le motif d'un combat : celui de l'antiduplessisme. Les Trudeau, Laurendeau et Rioux mènent le procès d'un régime qu'ils estiment corrompu. Ces pionniers du Québec moderne incarneront, après 1960, les trois possibilités qui s'offriront aux Québécois : la vision fédéraliste, la vision dualiste et la vision indépendantiste. Ils partagent cependant, avant 1960, un même constat. Aussi étonnant que cela puisse paraître, à l'aube de la révolution tranquille, ces trois penseurs du destin canadien-français ne peuvent s'empêcher d'adhérer à la théorie du roi nègre.

Du roi nègre au parvenu

Le 4 juillet 1958, André Laurendeau ouvre le bal dans un éditorial percutant, « La théorie du roi nègre[1] ». L'éditorialiste commence son texte en manifestant de l'étonnement. Les atteintes à la liberté commises par Maurice Duplessis, écrit-il, ne suscitent qu'indifférence dans la presse anglophone de Montréal. Étonnant, car, habituellement, les Canadiens anglais sont très sensibles à ces atteintes : « Les Britanniques ont conquis peu à peu les libertés politiques ; ils en connaissent davantage le prix : ils sont plus sensibles d'habitude aux menaces qui pèsent sur elles[2]. » D'« habitude », nuance Laurendeau. Au Québec, la tradition de vigilance de la presse anglophone est curieusement anémique. Lorsque les journaux anglais jugent les événements québécois, les normes de moralité changent. Ces journaux se taisent au sujet de la corruption politique du Parlement québécois : « S'agit-il du bâillon imposé à Ottawa par une majorité : alors tous les journaux en chœur protestent, et c'est un beau chahut. Le gouvernement, écrivent avec raison les journaux anglophones (y compris ceux du Québec), vient de violer d'importantes libertés parlementaires. Fouettée par les journaux, l'opinion s'émeut[3]. » À l'Assemblée législative du Québec, poursuit Laurendeau, de tels incidents se produisent fréquemment. Pourtant, les journaux de langue anglaise les observent sans protester. Pourquoi ? L'intellectuel estime que les journaux anglophones du Québec se comportent comme les Britanniques au sein d'une colonie d'Afrique et que l'élite anglophone passe l'éponge afin de s'assurer la collaboration du roi nègre :

> Les Britanniques ont le sens politique. Ils détruisent rarement les institutions politiques d'un pays conquis. Ils entourent le roi nègre mais ils lui passent des fantaisies. Ils lui ont permis à l'occasion de couper des têtes : ce sont les mœurs du pays. Une chose ne leur viendrait pas à l'esprit : et c'est de réclamer d'un roi nègre qu'il se conforme aux hauts standards moraux et politiques des Britanniques[4].

Laurendeau explique ainsi la théorie du roi nègre. Selon cette théorie, le colonisateur se contente d'obtenir la collaboration de l'élite autochtone sur les matières importantes. En retour, le colonisateur fiche la paix au roi nègre sur les matières locales : « Il faut obtenir du roi nègre qu'il collabore et protège les intérêts des Britanniques. Cette collaboration assurée, le reste importe moins. Le roitelet viole les règles de la démocratie ? On ne saurait attendre mieux d'un primitif[5]. » L'éditorialiste précise bien que ces remarques ne s'adressent pas à tous les anglophones du Québec.

> Les choses se passent comme si quelques-uns [...] croyaient à la théorie et à la pratique du roi nègre. Ils pardonnent à M. Duplessis, chef des

naturels du pays québécois, ce qu'ils ne toléreraient de l'un des leurs... Le résultat, c'est une régression de la démocratie et du parlementarisme, un règne plus incontesté de l'arbitraire, une collusion constante de la finance anglo-québécoise avec ce que la politique de cette province a de plus pourri[6].

La sévérité du texte de Laurendeau surprend. On aurait plutôt l'impression de lire le pamphlet d'un jeune révolté de la revue *Parti pris*. Or, au moment de la révolution tranquille, la théorie du roi nègre nourrit l'analyse d'une jeune génération d'indépendantistes. À l'instar de Marcel Rioux, ils interprètent l'histoire du Québec en s'inspirant des penseurs de la décolonisation : Memmi, Berque, Fanon. L'utilisation de la théorie du roi nègre par ces disciples de la décolonisation n'est toutefois pas étonnante, car ils désirent ardemment la « rupture du lien colonial » avec le Canada. La surprise est plus grande lorsque l'on constate que Laurendeau fait sienne la théorie. Lorsque l'on découvre que Pierre Elliott Trudeau fait de même, il ne s'agit cependant plus de surprise mais de stupéfaction. Le chantre du fédéralisme canadien se serait servi de la théorie du roi nègre ? En effet, une lecture attentive du texte le plus célèbre de Trudeau, *De quelques obstacles à la démocratie au Québec*, réserve une telle surprise. L'essai de Trudeau, écrit peu de temps après la parution de l'éditorial, n'est que l'illustration historique de l'analyse de Laurendeau. Il la systématise à l'aide des deux grands arguments de l'éditorialiste : 1) la province de Québec est une petite colonie dirigée par un roi nègre ; 2) les entorses à la démocratie du roi nègre, loin de déplaire au colonisateur, perpétuent ses privilèges. Le début du texte résume sa thèse :

> L'histoire nous montre que les Canadiens français n'ont pas vraiment cru à la démocratie pour eux-mêmes et que les Canadiens anglais ne l'ont vraiment pas voulue pour les autres. Tels sont les fondements sur lesquels les deux groupes ethniques ont eu l'absurdité de prétendre édifier des formes démocratiques de gouvernement. Il n'est pas surprenant dès lors que la structure qui en est résultée ait été peu consistante[7].

L'auteur fédéraliste s'emploie d'abord à démontrer l'immaturité politique des Canadiens français, qui refusent l'avènement de la démocratie. Tout comme Laurendeau, Trudeau pense que le roi nègre canadien-français n'est pas le seul responsable du déficit démocratique. La persistance de l'autoritarisme politique est aussi imputable au machiavélisme de l'élite canadienne-anglaise. Selon lui, le Parti libéral, qui obtient traditionnellement le vote du Canada français, est coupable parce qu'il n'a pas enseigné la démocratie à ce dernier : « Si les Canadiens français, même de nos jours, ont appris si peu de choses sur la démocratie, s'ils en faussent le mécanisme d'une manière si choquante, s'ils sont tentés si constamment par l'autoritarisme, c'est, pour une large part, que le Parti libéral fut incroyablement négligent à remplir son devoir politique[8]. » En effet, le Parti libéral, lorsqu'il porte un francophone à sa direction, affiche de façon opportuniste son origine ethnique. Selon Trudeau, le Parti libéral fait l'erreur d'encourager l'électeur francophone à ce qu'il se serve de son vote comme d'un outil de défense linguistique, d'autant plus que la propagande politique du Parti libéral a toujours été habilement faite de slogans raciaux : « Jusqu'en 1917, ils clamaient "Votez pour un parti dirigé par un Canadien français". Après 1917, ils lançaient : "Votez contre le parti de Borden[9]". »

Trudeau et Laurendeau n'ont pas compris que la responsabilité du Canada anglais, à l'égard de la corruption et du retard de la démocratie au Québec, est la conséquence logique de la politique coloniale britannique après la rébellion de 1837. Cette politique devait, selon le mot de lord Durham, faire miroiter les gratifications de la « petite loterie coloniale » aux chefs patriotes. Cette petite loterie est un système de distribution des faveurs qui vise à gagner l'adhésion du rebelle et à en faire un *parvenu* — c'est-à-dire un membre de la minorité qui sacrifie les intérêts de celle-ci à ses intérêts personnels. Et c'est la carrière de ce parvenu dans le Canada du XIXe siècle que ce livre veut mettre en lumière.

Curieusement, Trudeau et Laurendeau ne s'entendent pas sur l'origine sociale du roi nègre. Dans l'analyse de Laurendeau, le roi nègre est le politicien. Dans celle de Trudeau, c'est moins le politicien que le clerc qui agit comme un roi nègre. L'alliance entre le haut clergé canadien-français et l'élite canadienne-anglaise retarderait l'avènement de la démocratie au Canada français : « Il faudrait une longue étude pour montrer comment le radicalisme canadien-français fut écrasé par l'action conjuguée de l'élite dirigeante anglo-saxonne et du haut clergé canadien-français[10]. » Après la Conquête, poursuit Trudeau, le Canada est tombé sous la domination anglaise. Afin de protéger son autorité, l'Église a recherché l'appui de la Couronne : « L'Église promit sa loyauté en échange de la liberté religieuse et elle tint scrupuleusement parole. Au cours des guerres de 1775, 1812, 1914 et 1939, la hiérarchie catholique prêcha la soumission à ses ouailles au profit du gouvernement de Sa Majesté[11]. » Incontestablement, Trudeau emprunte au schéma du roi nègre, mais il le modifie en déplaçant l'accusation. Le politicien canadien-français reste certes un peu roi nègre, mais bien moins que le clerc. Bizarrement, cette interprétation, qui attribue au clergé le rôle décisif dans la politique de collaboration, n'a jamais été sérieusement mise en doute dans l'historiographie.

L'interprétation qui fait encore autorité dans l'historiographie définit le clergé comme l'acteur qui légitime la politique de collaboration au moment de la rébellion[13]. Son corollaire tient le clergé responsable de l'avènement tardif de la démocratie au Canada français. Durant près d'un siècle, le clergé aurait dominé d'une façon despotique un peuple qu'il préférait tenir dans un état de soumission et d'ignorance. Idéologiquement, le clérico-nationalisme, expression popularisée par les animateurs de la revue *Cité libre*, permettait de légitimer cette domination. Le grand défaut de cette interprétation tient au fait qu'elle n'insiste que sur les inconvénients de la religion à l'égard du progrès et de l'émancipation des laïcs. Comme le souligne Louis Rousseau :

> Beaucoup [d'intellectuels québécois] sont restés d'ailleurs avec une définition de la religion comme structure d'encadrement pure et simple. Plusieurs de leurs concepts sont d'ailleurs empruntés, sans qu'ils le sachent peut-être, à la lecture théologique de l'Église comme institution où il y a un pouvoir central qui transmet selon une stratégie descendante. On pense l'Église comme un organisme totalitaire. Ceux qui font ce genre d'histoire laïque ne se rendent souvent pas compte jusqu'à quel point ils sont prisonniers de concepts théologiques qu'ils laïcisent sans les critiquer[14].

Le présent ouvrage apporte des nuances à cette caricature, élaborée dans le discours antiduplessiste, puis systématisée dans l'interprétation apologétique de l'entrée du Québec dans la modernité. Les intellectuels québécois issus de la révolution tranquille, comme leurs pairs canadiens-anglais, ont donné une interprétation de la naissance du Canada dans laquelle le clergé catholique aurait tiré les ficelles du jeu politique. Il ne s'agit pas de nier le rôle central du clergé dans la constitution du Canada français. Le clergé, en effet, acquiert une certaine puissance dans la société canadienne-française. Néanmoins, depuis la révolution tranquille, les intellectuels québécois commettent l'erreur de projeter sur le milieu du XIXe siècle l'image d'un clergé puissant, alors qu'il l'est seulement devenu à la fin du XIXe siècle. En 1865, au moment ou se déroule le débat sur la Confédération, le clergé jouit d'un pouvoir qui n'est que naissant. Après tout, il n'y a pas plus d'un prêtre par mille habitants[15]. Les politiciens favorables à la Confédération tentent, il est vrai, d'utiliser l'autorité du clergé, mais ces parvenus ne semblent y réussir qu'à moitié.

Les vrais pères fondateurs

L'interprétation anticléricale de l'histoire du Canada français fait l'erreur de ne pas attribuer la naissance de la Confédération à ses véritables pères fondateurs. Ces derniers occupent une place marginale dans l'historiographie canadienne-française. Les historiens francophones ont boudé l'étude de la Confédération, en ne produisant aucune biographie d'envergure d'un père anglophone, que ce soit John A. Macdonald, George Brown, Alexander T. Galt, ou Thomas D'Arcy McGee[16]. Pour ajouter au problème, les rares études sur 1867 ne sont, à bien des égards, qu'une pauvre traduction de l'interprétation classique canadienne-anglaise. Les historiens du Canada anglais, ayant le champ libre, ont produit de solides études sur cet événement décisif de notre histoire.

La lecture des historiens canadiens-anglais a cependant un défaut considérable. Elle a été bâtie en négligeant complètement l'historiographie francophone. Pour donner un bref aperçu de cette négligence, j'ai compilé, dans les principaux récits anglophones de 1867, le nombre de références à des historiens francophones. Ces récits, je le précise, comportent des centaines de notes infrapaginales. Voici le résultat : *The Road for Confederation*, de Donald Creighton, deux références[17] ; *The Critical Years*, de William Morton, trois[18] ; *The Life and Times of Confederation*, de Peter B. Waite, deux[19] ; *Brown of the Globe*, de J. M. S. Careless, aucune[20] ; *Britain and The Origins of the Canadian Confederation*, de Ged Martin, aucune[21]. Certes, ces récits divergent sur un certain nombre de points. Mais ils adhèrent à une certaine *doxa*. Comme l'a justement souligné Peter J. Smith, le récit classique de 1867 prétend que les pères fondateurs étaient des hommes pragmatiques qui abhorraient l'« utopie abstraite » et le « débat académique[22] ». Leur réalisme les portait à rejeter toute forme d'idéologie. Dans cette optique, la Confédération était une solution « utile, réaliste et non-idéologique » aux problèmes de l'époque. Le caractère erroné de cette interprétation a motivé mon projet d'aller analyser le discours des pères de 1867.

Je rappellerai ici brièvement les grands moments du processus de fondation politique du Canada. Ce processus comprend six étapes. La première est la formation de la Grande Coalition, par le gouvernement du Canada-Uni, en juin 1864. Trois des quatre partis s'entendent sur une plateforme commune visant à créer une union fédérale. Il s'agit des conservateurs bas-canadiens, des conservateurs haut-canadiens, puis des réformistes haut-canadiens, menés respectivement par George-Étienne Cartier, John A. Macdonald et George Brown. La Grande Coalition compte aussi d'autres figures prestigieuses : l'anglophone Alexander T. Galt, l'Irlandais Thomas D'Arcy McGee, le premier ministre francophone Étienne-Pascal Taché, tous trois membres du Parti conservateur bas-canadien. Un seul parti du Canada-Uni reste à l'écart, les libéraux (rouges) d'Antoine-Aimé Dorion. L'entente de la Grande Coalition stipule que, selon les circonstances, l'union fédérale pourra prendre deux formes : soit elle se limitera au Bas et au Haut-Canada, soit elle s'étendra à l'ensemble des colonies de l'Amérique du Nord britannique.

La deuxième étape est la tenue, en septembre 1864, de la Conférence de Charlottetown. Initialement, cette dernière vise à instituer une union politique des provinces maritimes. La Grande Coalition, après avoir réussi à s'y faire inviter, persuade les délégués des provinces maritimes d'esquisser le plan d'une confédération regroupant toutes les colonies de l'Amérique britannique : le Canada-Uni, le Nouveau-Brunswick, la Nouvelle-Écosse, l'Île-du-Prince-Édouard, Terre-Neuve. La troisième étape est la tenue de la Conférence de Québec, au mois d'octobre. Cette conférence vise à mettre en forme le compromis de Charlottetown. À cette occasion, les délégués des différentes colonies adoptent un texte : *Les Résolutions de la Conférence de Québec*. Toutefois, les délégués de Terre-Neuve et de l'Île-du-Prince-Édouard décident, à ce moment, de se retirer du processus. La quatrième étape est la tenue des Débats, à l'hiver de 1865, à l'Assemblée législative du Canada-Uni. Les Débats révèlent la joute oratoire que se livrent les partisans du projet de la Grande Coalition et ses opposants. Cette joute est décisive puisque, après le vote fatidique, tenu le 10 mars 1865 à l'Assemblée, la partie est gagnée pour la Grande Coalition. Il y a certes des manifestations publiques, à l'extérieur des murs du parlement, qui visent à obtenir une consultation populaire. Mais le gouvernement du Canada-Uni a la voie libre pour transmettre l'Adresse à Sa Majesté, au Parlement impérial. La cinquième étape est la discussion de l'Adresse à la Conférence de Londres, au mois de décembre 1866, préliminaire à la rédaction de l'Acte de l'Amérique du Nord britannique. La sixième étape est la promulgation de cet acte, qui établit au 1er juillet 1867 la naissance juridique du Dominion of Canada.

De ces six étapes, la plus intéressante pour saisir les imaginaires politiques, est la quatrième, la tenue des Débats dont l'étude est primordiale pour comprendre l'esprit des lois au Canada. Je m'en suis livré à une analyse minutieuse. (Dans cet essai, je désigne par Débats l'événement politique et par *Débats* le texte suivant : *Débats parlementaires sur la question de la confédération des provinces de l'Amérique du Nord*, 3e session, 8e parlement, Québec, Hunter, Rose et Lemieux, 1865.) L'exercice m'a réservé deux surprises. La première réside dans la communauté idéologique des pères fondateurs. La lecture de l'historiographie canadienne-française livre pourtant un tout autre portrait. Cette historiographie met un accent démesuré sur les variations entre le discours des pères francophones et celui des pères anglophones. Pourtant, une lecture attentive du *texte fondateur* révèle plutôt l'inverse. Il existe en fait une curieuse identité de vues entre les pères. L'autre surprise est la découverte que les pères canadiens-français étaient, trente ans plus tôt, des patriotes républicains. En 1837, les George-Étienne Cartier, Étienne-Pascal Taché, Narcisse Belleau, Jean-Charles Chapais portent le bonnet de la liberté et acclament le grand chef Papineau. Immédiatement, une question surgit à mon esprit. Pourquoi un individu, après avoir adhéré à l'idéal républicain, y renonce-t-il à la faveur de la tradition monarchiste ?

Le père fondateur canadien-français présente, dès lors, un intérêt sociologique indéniable. Sa carrière symbolise en miniature, d'une façon quasi parfaite, la transformation de l'imaginaire d'une société et permet de comprendre pourquoi l'élite de la nation canadienne accepte de plus en plus une politique de collaboration au détriment de la résistance. Il convient ici de distinguer, au sein de l'élite, trois francophones d'exception : le clerc, le notable de paroisse et le parvenu. Après l'analyse des textes de l'époque, en particulier des *Débats,* j'en suis arrivé à la conclusion suivante : la naissance de la Confédération doit un peu au premier, beaucoup au deuxième et énormément au troisième. Dans mon analyse, les pères fondateurs ne sont pas, comme le dit erronément la tradition historiographique, ceux qui assistent aux trois grandes conférences constitutionnelles durant les années 1860[23]. Le père fondateur, écrit Hannah Arendt, est celui qui inspire l'idée sous-tendant la fondation.

> Les hommes dotés d'autorité étaient les anciens, le Sénat ou les *patres,* qui l'avaient obtenue par héritage et par transmission de ceux qui avaient posé

les fondations pour toutes choses à venir, les ancêtres, que les Romains appelaient pour cette raison les *maiores*. L'autorité des vivants était toujours dérivée de l'autorité des fondateurs, qui n'étaient plus parmi les vivants... L'auteur n'est pas le constructeur mais celui qui a inspiré toute l'entreprise et dont l'esprit, par conséquent, bien plus que l'esprit du constructeur effectif, est représenté dans la construction elle-même. À la différence de l'*artifex*, qui l'a seulement faite, il est le véritable « auteur » de la construction, à savoir son fondateur ; avec elle il est devenu un « augmentateur » de la cité[24].

Les « auteurs » de la Confédération, pour cette petite nation de culture française, sont pour moi les hommes publics suivants : Étienne Parent, Louis-Hippolyte Lafontaine et George-Étienne Cartier. Pourquoi avoir choisi ces trois hommes publics parmi un très grand nombre ? À la barre du journal *Le Canadien*, durant les années 1830, Parent est la conscience du mouvement patriote. Lafontaine, à la tête du Parti réformiste, est la figure marquante des années 1840, marquées par l'institution du gouvernement responsable. Cartier, qui prend le relais de Lafontaine au milieu des années 1850, achève la mutation du Parti réformiste en un Parti conservateur. Dominant la scène politique jusqu'à la fin des années 1860, il réussit la tâche délicate d'intégrer le Bas-Canada dans la Confédération. Ces géants politiques sont mes pères fondateurs. De la rébellion jusqu'à la proclamation royale de 1867, ils repensent les termes de la politique de collaboration d'une petite nation de culture française avec la Couronne. Ce sont ces hommes publics qui la légitiment, beaucoup plus que les clercs. La pensée de ces pères fondateurs illustre la transformation de l'imaginaire de la nation canadienne, du pôle républicain vers le pôle monarchiste.

Une tradition républicaine

Au départ, ma démonstration s'appuie sur une réinterprétation de l'origine des imaginaires canadiens. Une lecture avisée de l'histoire politique anglo-américaine du XVIIIe siècle procure un regard inédit sur ces deux imaginaires. Après la Révolution d'Angleterre, en 1688, un clivage politique apparaît, qui oppose deux imaginaires : le républicanisme agraire et le monarchisme commercial. La classe paysanne préconise le premier, la classe marchande, le second. Au Parlement, le Country party, qui siège sur les banquettes de l'opposition, est républicain ; le Court whig, qui courtise le cabinet, est monarchiste. Plus tard, au milieu du XVIIIe siècle, le même clivage idéologique voit le jour aux États-Unis.

Durant la période révolutionnaire, il oppose les patriotes républicains aux loyalistes monarchistes. La défaite de ces derniers dans la guerre de l'Indépendance et l'exode qui fait suite transporte le clivage idéologique plus au nord, sur ce territoire qui deviendra bientôt le Bas-Canada[25]. Dans la genèse d'une Amérique du Nord loyaliste, la même dynamique est désormais à l'œuvre. Elle s'instaure subrepticement, au début du XIXe siècle. Parallèlement à une majorité loyaliste, il existe donc un courant républicain non pas seulement dans le Bas-Canada, mais aussi dans le Haut-Canada et dans les Maritimes. Il est prédominant dans la première région, minoritaire dans la deuxième et marginal dans la troisième. La nature de la rébellion dirigée par William Lyon Mackenzie au Haut-Canada est toutefois sensiblement différente de celle qui se produit au Bas-Canada. Le Haut-Canada se divise, à ce moment, en trois groupes idéologiques distincts : tory (family compact), réformiste modéré (baldwiniste) et républicain (mackenzien). Le courant baldwiniste sera pratiquement toujours dominant ; le courant mackenzien sera marginal, sauf au moment de la rébellion.

Au Bas-Canada, à partir de la fin des années 1820, le choc des imaginaires éclate au grand jour. On le sait, le Parlement du Bas-Canada, établi en 1791, est un régime de constitution mixte : le Conseil exécutif (*king*), le Conseil législatif (*lord*), l'Assemblée (*common*). Depuis le début du régime, le Parti canadien, élu par la population française, domine à l'Assemblée, tandis que le Parti bureaucrate, appuyé par la Couronne anglaise, monopolise les postes au Conseil exécutif et au Conseil législatif, dont les membres ne sont pas élus mais nommés par le gouverneur. Voilà des conditions idéales pour que se répète le clivage Court-Country. Effectivement, si la rébellion de 1837-1838 est une lutte nationale, elle n'est pas que cela. Elle traduit une rivalité entre deux figures de la modernité. La première subordonne le Parlement à la Couronne, la seconde affirme au contraire son indépendance. C'est précisément à l'aune de la seconde figure que l'on saisit le sens de l'action patriote. Le Parti bureaucrate, qui monopolise les deux conseils, bloque les lois du Parlement. L'image de 1776 devient hautement évocatrice pour les deux belligérants, qui ne peuvent s'empêcher d'emprunter les mêmes étiquettes que celles qui avaient eu cours dans la guerre américaine de l'Indépendance : *patriotes*, d'une part, et *loyalistes*, de l'autre[26]. Les pamphlets de l'époque révèlent que les patriotes du Bas-Canada partagent les mêmes idéaux que les rebelles de 1776 et, antérieurement, ceux du Country party. Le discours patriote n'a rien d'irrationnel, n'étant rien d'autre que la logique d'une autre figure de la modernité : le républicanisme agraire. Louis-Joseph Papineau, qui idéalise l'Angleterre au début de sa carrière, en vient un peu à reculons à refuser un système de collaboration injuste. En accordant des privilèges aux « créatures du régime » les plus serviles, la Couronne introduit une corruption qui met en danger l'indépendance du citoyen.

La rébellion patriote est une adhésion tenace à l'esprit de la Constitution britannique, contre ses violations répétées par les bureaucrates de l'Empire. La défaite de la résistance a peu à voir avec l'attitude du clergé : d'une part, le peuple est peu religieux durant les années 1830, d'autre part, le clergé est ambivalent, hésitant, à la remorque des événements. Les causes de la défaite se trouvent ailleurs, dans l'alliance aristocratique entre deux figures qui bénéficient de privilèges accordés par la Couronne : le bureaucrate anglais et le parvenu. Cette alliance, scellée par le marchandage, décourage la nation canadienne de poursuivre la résistance. Afin de déterminer les véritables auteurs de la politique de collaboration, il est utile de s'attarder à l'adoption de l'Acte d'union de 1840. Lorsque le Parlement impérial adopte la mesure, la nation canadienne fait entendre une bruyante opposition, à laquelle le clergé participe activement. Il se trouve toutefois deux anciens rebelles pour justifier la mesure impériale : Étienne Parent et Louis-Hippolyte Lafontaine. La résistance, disent-ils, est inutile. La politique de collaboration réussit en 1840 grâce à l'action d'un petit groupe de parvenus qui acceptent le verdict de lord Durham. En échange de ces loyaux services, ils vont recevoir, sous diverses formes, des privilèges de la Couronne. Ce qui confirme assez tristement une thèse de Hannah Arendt. La collaboration d'une petite nation, écrivait-elle, se fonde symboliquement sur les figures du paria, du rebelle et du parvenu[27].

Dans le contexte du Canada de l'époque, je désigne par « paria » l'habitant canadien. Ce dernier apparaît comme un misérable, un pauvre. Je désigne par « parvenu » le bourgeois, le nouveau riche qui pense devoir mépriser sa culture d'origine pour s'en affranchir.

Le déclin de plusieurs thèmes républicains dans le discours de la nation canadienne, se produisant sur trois décennies, prépare graduellement la fondation de l'Amérique du Nord britannique. Après la rébellion, l'élite républicaine de la nation canadienne étant décapitée, la Couronne s'attache à mettre en œuvre le grand rêve loyaliste et y parvient en raffinant ses méthodes de corruption[28]. À la suite d'Adam Smith, qui avait jadis formulé une stratégie qui visait à contrecarrer le patriotisme américain, lord Durham suggère de faire miroiter les gratifications de la petite loterie coloniale aux patriotes du Bas-Canada. Les agents de la Couronne appliquent la *solution Durham* dans le Bas-Canada durant les années 1840. La collaboration, qui se substitue à la résistance, ne peut être comprise sans que l'on fasse référence à l'attrait de cette petite loterie. Cet attrait est si fort que, en moins d'une décennie, les rebelles les plus actifs renonceront à l'idéal républicain. Parent, Lafontaine et Cartier acceptent de collaborer avec la Couronne. En satisfaisant « la soif d'ambition des hommes marquants dans la colonie », comme le préconise le Rapport Durham, l'Empire s'est acquis la loyauté de l'élite de la nation canadienne.

C'est Étienne Parent qui ouvre le bal, au terme d'une pénible réflexion sur l'assimilation. Dans ses textes qui précèdent la rébellion, il souligne souvent que le principe de l'égalité nationale embarrasse les Anglais du Bas-Canada. Ces derniers réagissent en accentuant encore plus la discrimination sociale à l'égard des Canadiens. Après son séjour en prison, cependant, Parent saute à une triste conclusion : les Canadiens vivent dans l'illusion depuis 1774 ; l'émancipation n'est possible sous l'autorité de Sa Majesté qu'en renonçant à sa nationalité française. Mais il se console en pensant au privilège que cela représente d'être sujet britannique.

Le père fondateur Louis-Hippolyte Lafontaine apporte à la fondation canadienne-française la tradition du patronage. Ce mot, qu'on traduit habituellement en français par « favoritisme », désigne dans la tradition anglo-saxonne l'une des fonctions les plus importantes du parlementarisme britannique, qui consiste à accorder des faveurs (le plus souvent des emplois) à des partisans. Renonçant à son statut de rebelle en plein cœur de la lutte armée, Lafontaine pose avec ruse les jalons de la politique de collaboration. Cette dernière se fonde sur une alliance avec les réformistes du Haut-Canada. En acceptant l'Acte d'union, affirme Lafontaine, les Canadiens pourraient obtenir l'égalité politique. Le scepticisme de ses compatriotes face à cette affirmation retarde son ascension au pouvoir. Mais en peaufinant le système de patronage du Canada-Uni, il finit par mener à bien sa stratégie. En compagnie de Robert Baldwin, le réformiste haut-canadien, il obtient la reconnaissance du gouvernement responsable. Ce gain devient toutefois plutôt théorique, lui rétorquent ses adversaires, maintenant que les francophones sont minoritaires au sein du Canada-Uni.

Enfin, George-Étienne Cartier est le troisième père fondateur. Il abandonne la vie de rebelle, à son retour d'exil, pour enfiler le manteau de sujet anglais. Il y parvient en devenant l'ami du capitaliste anglais. Comme homme public, il consacre sa carrière à défaire les « préjugés nationaux » de ses compatriotes à l'égard de l'Empire. Affirmant qu'au « fond de l'abîme se trouve la démocratie », Cartier veut persuader les siens de la supériorité du monarchisme britannique. En bref, si la solution Durham triomphe après 1837, c'est bien moins à cause du clerc, lequel s'oppose farouchement à l'Acte d'union, que du parvenu, qui succombe à l'attrait de la petite loterie.

★ ★ ★

La première partie de mon essai, *L'Amérique du nord britannique*, définit l'imaginaire loyaliste. La deuxième partie, *La nation canadienne*, décrit l'imaginaire patriote. La troisième partie, *La résistance*, relate la collision violente entre ces deux imaginaires au Bas-Canada. Enfin, la dernière partie, *La collaboration*, retrace la trajectoire des trois parvenus qui ont assuré la collaboration d'une petite nation française avec la Couronne britannique. Je précise que l'essai n'aborde pas les provinces maritimes, lesquelles, à cette époque, n'avaient à peu près pas de relations avec le Canada-Uni. J'ajoute un mot aussi sur l'identité des deux peuples dont il question dans l'essai. Avant la Confédération, il est rarement question de *Canadiens français* et de *Canadiens anglais*. À moins d'une indication contraire, lorsque je parle de la *nation canadienne* et des *Canadiens*, je désigne un peuple de culture française et de religion catholique, qui habite principalement sur le territoire du Bas-Canada. Enfin, lorsque j'écris sur l'*Amérique du Nord britannique* et les *Anglais*, il est question d'un peuple de culture britannique et de religion protestante qui s'établit ici à partir de 1783.

Première partie

L'Amérique du Nord britannique

De la monarchie commerciale

L'interprétation des imaginaires de 1867 gagne à tenir compte de la relecture récente de l'histoire politique et intellectuelle de l'Angleterre du XVIIIe siècle[1]. En effet, le débat qui se tient à cette époque au Parlement britannique connaît par la suite un retentissement dans tout le monde occidental. En 1688, la Révolution d'Angleterre, qui oppose les whigs aux tories sur la nature de la Constitution anglaise, donne naissance au parlementarisme britannique. Les tories adhèrent au principe de la monarchie absolue; les whigs exigent la limitation de la prérogative royale. Peu à peu, les tories acceptent la Révolution d'Angleterre, tandis que les whigs tempèrent leur radicalisme. Le conflit qui oppose les whigs aux tories s'amenuise donc, et un consensus finit par s'instaurer. Toutefois, un nouveau clivage remplace l'ancien et met en scène deux nouveaux acteurs : le Court whig et le Country party[2]. Le schisme se produit d'abord au sein du parti whig mais ne s'y limite pas. Bientôt, on observe au sein de chaque parti une fraction *country* et une fraction *court*. Cette polarisation idéologique surgit à propos de la question de l'indépendance du Parlement[3]. Si le Court whig, étroitement lié au cabinet ministériel, accepte l'influence de la Couronne, le Country party, soutenu par l'opposition, affirme farouchement l'indépendance des parlementaires face à la Couronne. En somme, le Court whig développe des arguments qui légitiment la collaboration, tandis que le Country party en élabore d'autres qui prônent la résistance.

Ce débat commence à la suite de l'accession au trône de Guillaume III, qui inaugure deux grandes tendances. En premier lieu, l'entrée en guerre de l'Angleterre contre la France, que ce roi préconise, exige le renforcement de sa puissance militaire. L'armée permanente est en expansion. L'Angleterre accentue son caractère de nation marchande et c'est ainsi que le commerce et le crédit deviennent des thèmes courants du vocabulaire politique. En second lieu, les décisions du nouveau roi favorisent le déclenchement d'une révolution financière. Afin de mieux financer l'expansion de son armée permanente, la Couronne se tourne vers la classe marchande. Cette complicité se traduit par l'implantation de la Banque d'Angleterre et de la Dette publique, instruments qui visent à encourager les investisseurs à prêter de l'argent à l'État. Grâce à cet argent, l'État finance l'expansion de sa bureaucratie. La création massive de postes de fonctionnaires multiplie les possibilités de corruption. Cette expansion de l'État augmente les frictions entre les branches exécutive et législative du gouvernement. Si la Révolution d'Angleterre de 1688 avait limité la prérogative royale, la révolution financière lui redonne de la vigueur.

Le fossé ne peut que s'élargir entre le Court whig et le Country party. Ce dernier représente les intérêts du *pays*, c'est-à-dire du monde rural. Critique à l'égard de la révolution industrielle, il reçoit l'appui de la classe terrienne. Confiné dans un rôle d'opposition, il pourfend sans relâche les ennemis du pays. Il perçoit dans la corruption du Parlement l'introduction d'un déséquilibre dans la Constitution britannique. Inversement, le Court whig a plutôt tendance à défendre les intérêts de la Couronne et s'appuie pour cela sur la classe marchande dont l'influence est grandissante. Le contrôle du Parlement par la Couronne lui semble nécessaire à la bonne marche de l'Angleterre. Il fait l'éloge de la monarchie, un régime garantissant l'établissement d'une société marchande et apte à imposer une puissante autorité exécutive[4]. Si la centralisation du pouvoir politique, que procure une monarchie, permet l'encadrement de la société civile, l'instabilité parlementaire mènera à l'anarchie. Afin de juguler le *demos,* la Couronne doit recourir à la corruption. L'État assure « la loi, l'ordre et le bon gouvernement ». C'est pourquoi la Couronne empiète sur les affaires du Parlement, et ces empiètements permettent la constitution d'une société marchande.

Les idées du Court whig s'inspirent de la philosophie du *Scottish enlightenment*[5], laquelle prône l'établissement d'une société marchande. Un État puissant, qui recourt à la dette publique, rend possible la bonne marche de la société civile. La classe marchande, qui est porteuse du progrès, prévoit une société de consommation. La Couronne doit donc accepter la corruption et empiéter sur les compétences du Parlement afin de favoriser la naissance d'une telle société. Les penseurs du Court whig retiennent de cette philosophie trois grands arguments : 1) la politique est par nature non utopique ; 2) la liberté absolue dégénère en sédition ; 3) le bien-fondé d'un moyen terme entre l'autoritarisme royal et la tyrannie démocratique[6]. En un sens, la pensée du Court whig est la traduction politique de l'*Homo economicus*. Dans sa définition de l'être humain, le vice apparaît comme une qualité. Animé par l'envie, l'individu se réalise dans la société civile et son rôle de citoyen y est relégué à l'arrière-plan, au profit de sa personne privée.

Dominante en Angleterre au milieu du XVIIIe siècle, la pensée du Court whig fournit les principaux arguments du camp loyaliste au moment de la révolution américaine[7]. Les thèmes du Court whig abondent dans les écrits loyalistes. Le monarchisme commercial inspire l'élite loyaliste dans son apologie de l'Empire britannique. Citant les penseurs du *Scottish enlightenment*, elle vante le dynamisme de la classe marchande et les avantages d'une société capitaliste, acceptant ainsi que la Couronne domine le Parlement. Les grands penseurs loyalistes, que ce soit Joseph Galloway, Daniel Leonard ou Jonathan Sewell, affirment la supériorité du régime monarchique. Ce dernier, écrivent-ils, permet la mise en place d'une société marchande.

Une partie de l'élite loyaliste se retrouve dans la province de Québec immédiatement après la naissance des États-Unis. Ces loyalistes rêvent de fonder une nouvelle Amérique britannique. L'administration coloniale britannique, instruite par la vision du Court whig, diffuse l'imaginaire du monarchisme commercial et l'élite loyaliste s'attache à condamner toute manifestation de républicanisme. Elle préconise la constitution d'une union fédérale dans les territoires au nord des États-Unis et imagine les paramètres d'un État commercial centralisé. La nature de l'État canadien, fidèle à l'esprit du Court whig, favorise la consolidation de la classe marchande canadienne-anglaise. L'union politique des colonies, un siècle après la défaite loyaliste, vise à protéger l'expansion du nouvel empire commercial sur un territoire *from coast to coast*. Conformément à la vision loyaliste, cette union fédérale pose les fondements d'une armée permanente qui défendrait les frontières. L'image de la révolution américaine est donc capitale dans la constitution de l'imaginaire canadien-anglais. Ce dernier valorise l'image loyaliste, se remémorant de façon négative la défaite de ses ancêtres. Les opposants à la rébellion de 1837 ne se nomment-ils pas « loyalistes » ?

De l'idée loyaliste

On peut se demander ce que la fondation de l'Amérique du Nord britannique fait naître comme image au Canada anglais. La conjugaison de plusieurs événements semble contribuer au triomphe de l'image loyaliste, qui devient centrale dans le récit de 1867 que rédigent les premiers historiens du Canada anglais[8]. Cette *légende loyaliste* est célébrée immédiatement après l'entrée en vigueur de l'Acte de l'Amérique du Nord britannique. L'élite canadienne-anglaise de l'époque, qui entretient alors des rapports étroits avec le gratin de l'Empire britannique, tente d'imposer sa lecture loyaliste de l'histoire du Canada[9]. Latente durant toute la première moitié du XIXe siècle, cette légende devient manifeste, officielle et protocolaire durant les années 1870. Son triomphe est facilité par le regain idéologique, politique et militaire de l'impérialisme britannique, car les liens qui unissent le mouvement loyaliste et le mouvement impérialiste sont solides. Au moment même où l'on fonde l'Imperial Federation League, à Londres en 1884, les descendants des United Empire Loyalists célèbrent solennellement au Canada le centenaire de la migration de leurs ancêtres[10]. Les organisations loyalistes servent de support à cette ligue impérialiste, d'autant plus que la tradition loyaliste apporte des arguments pour contredire les hommes publics qui réclament la rupture du lien impérial.

La légende loyaliste occupe une place centrale dans les premières fresques historiques du Canada, qui racontent la lutte pour la survivance de principes défaits durant la révolution américaine[11]. Le récit tourne principalement autour de la perte, par la Couronne britannique, de ses treize colonies. On évoque ainsi les images d'un âge d'or, situé dans le passé, avant 1776. L'historien canadien-anglais, au XIXe siècle, exalte les principes pour lesquels ses ancêtres ont combattu. Mon analyse de cette littérature a permis d'établir les trois moments de l'histoire loyaliste. Le premier moment est un épisode vécu comme une séparation : la sortie des États-Unis. Le deuxième moment constitue un entredeux historique interprété comme une transition, qui relie l'exode à la libération loyaliste. Le troisième est un épisode ressenti comme un salut, comme une agrégation, comme un « nouveau commencement » pour les loyalistes en Amérique du Nord : la fondation de l'Amérique du Nord britannique.

De la sortie des États-Unis

Symboliquement, le premier moment du récit est interprété comme l'exode loyaliste, sortie de la république des États-Unis entre 1775 et 1784. On estime le nombre de loyalistes qui s'opposent à l'indépendance des États-Unis à près de un demi-million d'individus, soit vingt pour cent de la population américaine en 1776[12]. L'établissement de réfugiés loyalistes au Canada entraîne des répercussions douloureuses[13]. Quarante mille loyalistes, humiliés au moment de la défaite, viennent chercher refuge dans cet espace géographique qui deviendra par la suite l'Amérique du Nord britannique. Dès lors, les loyalistes se perçoivent comme un groupe aliéné et marginalisé. Cette expérience est effectivement ponctuée de déceptions, d'hésitations et de lamentations et les loyalistes ont le sentiment de répéter l'expérience des pères pèlerins de la Nouvelle-Angleterre. Comme les *pilgrims*, ils partent parce qu'ils veulent fonder un nouvel Israël. En vertu de leur action durant la guerre de l'Indépendance, ils ne peuvent plus vivre aux États-Unis et ne s'attendent évidemment pas à une quelconque forme de pardon de la part des autorités républicaines. Ils doivent donc partir, comme les pères pèlerins, et, comme eux, ils sont victimes de persécution.

Les récits de l'exil loyaliste abondent en anecdotes tragiques. Des loyalistes sont expulsés de villes américaines, attachés sur un rail ; d'autres sont lynchés, pillés et ridiculisés. Selon l'historien Egerton Ryerson, leurs souffrances seraient plus éprouvantes que celles que les pères pèlerins ont endurées au moment de la fondation de la Nouvelle-Angleterre : « Les privations et les souffrances vécues par les loyalistes durant les années qui suivirent le premier établissement au Canada dépassaient en gravité tout ce que vécurent les pères pèlerins lors de leur établissement au Massachusetts[14]. » L'exil n'est toutefois pas le résultat d'un choix. Les loyalistes y sont forcés. Les insultes et les blessures qu'ils subissent contribuent à raffermir une expérience commune. Par conséquent, l'établissement en terres canadiennes ne se caractérise pas par un élan d'enthousiasme à l'égard de l'avenir. Les misères de la vie quotidienne tempèrent l'optimisme du sujet britannique : disette de pain et de porc salé, travail éreintant, insalubrité, etc.[15]. Durant l'établissement, il existe un sentiment d'injustice, car les loyalistes s'aperçoivent que la Couronne britannique accorde moins qu'elle ne reçoit. Dans ce contexte de misère, il n'est pas du tout étonnant que les loyalistes aient à l'esprit l'image de l'exode. Symboliquement, la sortie loyaliste est capitale. On la rappellera continuellement quand il s'agira d'affirmer la future nationalité, distincte de la « vulgaire nationalité américaine ». Cet événement fondateur d'une nouvelle Amérique britannique serait l'œuvre de la Providence. Dans cet imaginaire, la « catastrophe de 1776 » n'est pas un épisode daté, fini et dépassé. Cette image d'une république, où règne la tyrannie des masses, demeure vivante : « Il reste au Canada un souvenir des souffrances loyalistes, dont la loyauté à la monarchie britannique a provoqué l'exil des États-Unis[16]. » Dans la vision canadienne-anglaise, l'image de la république servira de repoussoir.

La sortie des États-Unis tient place de mauvais souvenir dans l'imaginaire loyaliste et sa compréhension se révèle une tâche difficile. On a longtemps considéré que le loyalisme n'était pas un imaginaire cohérent[17]. L'analyse du loyalisme entretient deux stéréotypes qui laissent entendre que l'opposant à la révolution américaine n'adhérait à aucun grand principe : le loyaliste serait, selon les clichés d'usage, soit un opportuniste, soit un naïf[18]. On rattache le premier stéréotype, celui du loyaliste opportuniste, au groupe de l'aristocratie coloniale. Il s'agit d'un individu vaniteux et arriviste, qui appartient aux grandes familles anglaises. Ce fils de la noblesse, qui fréquente Harvard durant sa jeunesse, se consacre par la suite à la gestion des vastes propriétés familiales. Quant au second stéréotype, celui du loyaliste naïf, il décrit un citoyen innocent et inculte, incapable de saisir les nuances de la politique coloniale. On le trouve dans différentes catégories de la population coloniale : des fermiers, des frontaliers, des Noirs, des Indiens, des immigrants. Il est vrai que ces deux stéréotypes, qui dominent la mythologie loyaliste, ne sont pas complètement dénués de vérité. Ils ne rendent toutefois pas compte de la communauté idéologique des loyalistes. Ces derniers possèdent pourtant un imaginaire aussi homogène que celui de leurs adversaires patriotes, imaginaire qui critique de façon cohérente les idées patriotes et se fonde sur la défense des institutions de l'Empire britannique. Du point de vue philosophique, il emprunte les idées des auteurs du *Scottish enlightenment*[19]. En tant que défenseurs de la Couronne, les loyalistes répètent les mêmes arguments que les partisans du Court whig. Les loyalistes américains du XIXe siècle s'inspirent donc d'un corpus idéologique relativement cohérent. Dans ce grand conflit qui oppose la classe marchande à la classe paysanne, les loyalistes optent pour la première. Pour eux, l'activité commerciale est synonyme de progrès et est à l'origine de la prospérité. Sans le commerce, l'Américain serait resté pauvre et ignorant. L'Amérique est sortie de la misère et de la barbarie sous l'impulsion du commerce britannique, lequel est tributaire du maintien du lien impérial. L'autorité de la Couronne étant sacrée, elle possède la légitimité pour intervenir dans les affaires du Parlement. Les loyalistes voient donc d'un très mauvais œil l'accroissement du pouvoir de la branche démocratique au détriment de la branche exécutive.

De la traversée du désert

Les loyalistes sont donc les précurseurs du projet d'union des colonies. Ce sont eux qui imaginent le projet d'une Amérique du Nord britannique[20] et leurs plans préludent à ce que l'on fondera finalement en 1867. Les prophètes loyalistes se fixent deux objectifs : *a*) le renforcement des pouvoirs de la Couronne et, si possible, la création d'une classe aristocratique ; *b*) la création d'un nouvel échelon de gouvernement qui dominera le large territoire nord-américain afin de diluer le pouvoir de la branche démocratique[21]. Sur cette question, la principale référence des penseurs loyalistes est Adam Smith. Pour résoudre le problème des colonies américaines, en 1776, le penseur écossais suggère la création d'une union impériale[22]. À son avis, une union semblable est propre à assurer le gouvernement d'une société marchande. Il estime que les institutions monarchiques de la Grande-Bretagne sont les plus civilisées de l'Occident et qu'une civilisation supérieure apparaîtra par le triomphe d'une société commerciale. Une grande union impériale, en multipliant les emplois, pourrait satisfaire l'ambition dévorante de la jeune élite coloniale. En effet, le système de patronage, associé à l'union politique, permettrait de gagner l'appui des hommes d'ambition de la colonie. À son avis, le meilleur moyen de limiter la puissance des assemblées démocratiques consiste à corrompre les politiciens rebelles qui remettent en question l'autorité de la Couronne. Cette interprétation d'Adam Smith influence les loyalistes en plein cœur de la guerre de l'Indépendance.

Ils proposent l'union fédérale afin de redéfinir le lien impérial. Dans leur esprit, l'établissement d'une union fédérale centralisée aurait pu empêcher la naissance de la rébellion. En 1780, le loyaliste Joseph Galloway élabore le premier projet d'union fédérale. Son plan comporte une parenté évidente avec la pensée de ceux qui, aux États-Unis, favoriseront plus tard la centralisation, soit les fédéralistes. Les principes de la Constitution mixte et de la suprématie parlementaire sont au cœur du projet. S'il ne peut y avoir qu'une autorité législative au sein de l'État, le pouvoir de cette autorité législative peut toutefois être divisé et partagé entre plusieurs corps distincts de gouvernement. Le loyaliste William Smith formule par la suite un autre projet d'union fédérale. Durant la guerre de l'Indépendance, le politicien new-yorkais propose une première version fort semblable à celle de Galloway. Puis, après la révolution américaine, déçu par la tournure des événements, William Smith tourne son attention vers la reconstruction de l'Empire britannique en Amérique du Nord. En 1790, devenu juge en chef de la province de Québec, il propose l'union des colonies britanniques restantes. Les républiques démocratiques sont, à ses yeux, nécessairement instables et inadaptées aux grands territoires. Tout gouvernement établi selon le principe républicain est fragile et instable en raison du pouvoir démesuré de l'assemblée élue. Selon Smith, il est vain d'attendre la modération d'un Parlement que la branche démocratique domine. La Couronne a commis l'erreur d'abandonner les colonies au pouvoir de la plèbe. La seule solution au péril démocratique consiste à former un puissant gouvernement fédéral capable d'en imposer à ses branches locales.

Enfin, le projet de Jonathan Sewell est ultra-monarchiste. Il faut dire que cet homme public réside en Nouvelle-Angleterre, région où les partisans de la Couronne sont minoritaires. Sewell exprime des vues farouchement antidémocratiques. Pestant contre « la tyrannie des masses de Boston », il méprise le *self government*. À l'instar de Galloway et de Smith, il pense que la multiplicité des gouvernements coloniaux est la cause principale de la révolution. En 1785, il propose la création d'un gouvernement fédéral, hautement centralisé et stratifié, à partir des colonies britanniques restantes. Ces colonies loyalistes ne « doivent pas tolérer le mal démocratique ». Il imagine des mesures pour lutter contre l'impulsion démocratique en Amérique du Nord[23]. L'objectif principal du plan de Smith est de s'assurer que la « folie de la révolution américaine » ne se répétera pas dans la partie nordique du continent.

Toutefois, l'évêque anglican John Strachan est le personnage qui, au XIXe siècle, contribue le plus significativement à la légende loyaliste[24]. C'est lui qui façonnera les grands thèmes de l'imaginaire de l'Amérique du Nord britannique. Comme ses contemporains, Strachan perçoit l'intervention de la Providence dans chaque grand événement historique. La France et l'Amérique républicaine représentent un seul et même mal, l'esprit révolutionnaire[25], et symbolisent Satan, tandis que l'Angleterre symbolise Dieu. À son avis, la période qui va de 1770 à 1814 est l'âge des révolutions. La victoire de la Grande-Bretagne, qui met un terme à cet âge, consacre un moment unique dans les annales de l'histoire. Dans son esprit, il est indéniable que la Providence a tiré les ficelles qui ont permis la victoire de l'Angleterre. Après l'échec de la rébellion de 1837, l'évêque anglican affirme qu'une lecture informée de l'Ancien Testament révèle le sens de l'histoire : « L'histoire juive est le phare par lequel nous pouvons interpréter les événements[26]. » Les Britanniques seraient le second peuple élu : « Ce que les Israélites étaient pour le monde ancien, les Britanniques le sont pour le monde actuel[27]. » Dieu a jadis placé sa confiance dans le peuple juif ; c'est maintenant au tour du peuple anglais. Quelle est la preuve de cette affirmation ? Il y a, d'une part, ce triomphe presque miraculeux de l'Angleterre sur « les sanguinaires troupes républicaines ». Il y a, d'autre part, les traits de supériorité du peuple anglais : « En comparaison des autres peuples, l'Angleterre possède la vraie liberté, la vraie religion et la solidité morale [...] nous possédons une telle indépendance d'esprit, une telle vertu, une telle piété rationnelle. Ce sont ces traits qui ont permis aux Anglais de triompher d'un monde hostile et révolutionnaire[28]. »

En somme, les idées loyalistes susmentionnées convergent vers un objectif commun : le renforcement de l'autorité de la Couronne. Il s'agit de minimiser le pouvoir des démagogues, des factions et des passions populaires. Ces idées loyalistes représentent un avant-goût de l'imaginaire des pères de 1867. Dans l'esprit loyaliste, l'union fédérale est la solution au maintien du principe monarchique et à leur traversée du désert, entre-deux historique pendant lequel une collectivité tente de se redéfinir. Comme le disait Thomas D'Arcy McGee, « je crois que nous ne pouvons rester immobiles, que nous ne pouvons rester séparés et que nous sommes dans un état de *transition politique*[29] ». C'est précisément ce père fondateur qui imaginera le salut de ce qu'il nommera la nouvelle nationalité.

Du salut de la nouvelle nationalité

La meilleure façon de comprendre la place de la légende loyaliste au sein de l'imaginaire canadien-anglais est de s'attarder au destin singulier de Thomas D'Arcy McGee. À défaut d'être marquée de cohérence, sa carrière est glorieuse et fracassante. Elle illustre l'un des itinéraires classiques de l'individu appartenant à un peuple de parias. Ainsi, après s'être fait un nom comme rebelle, il verra l'intérêt de se convertir en parvenu. Sa conversion au loyalisme, Thomas D'Arcy McGee la paiera de sa vie. C'est précisément pour cette raison qu'il devient, dès son assassinat, le grand martyr de la Confédération[30]. On ne sait toujours pas, aujourd'hui, si le père fondateur a été tué pour un motif politique. Mais cela n'a guère d'importance. Dans l'imaginaire canadien-anglais de l'époque, il n'y a aucun doute : il s'agit d'un attentat politique perpétré par les Fenians[31]. De façon hautement dramatique, au moment du triomphe de la Confédération, l'événement symbolise la menace républicaine.

Thomas D'Arcy McGee naît en Irlande, en 1825, dans un patelin où demeure ancré le souvenir de la rébellion irlandaise de 1798[32]. Comme beaucoup d'Irlandais, il traverse l'Atlantique en 1842 pour tenter sa chance en Amérique. Son premier combat le mène au service du républicanisme irlandais. Il tente de persuader ses compatriotes aux États-Unis que la cause de l'Irlande est celle de toute la famille irlandaise. L'égalité des Irlandais, écrit-il, ne sera jamais reconnue en Amérique tant que l'Irlande ne sera pas considérée comme une nation. Dans ses discours, il condamne l'autorité britannique en Irlande. Le jeune rédacteur du journal américain *Pilot* prend la défense des immigrants catholiques contre l'hostilité des protestants. Il rédige des papiers sur la question canadienne et suggère l'annexion aux États-Unis. La renaissance politique de l'Irlande l'incite, en 1846, à retourner dans son pays et à travailler pour le mouvement Young Ireland[33]. Ce dernier affirme que l'autonomie nationale est un principe inaliénable de l'émancipation de l'Irlande. Afin de stimuler le sentiment national irlandais, il s'adonne au journalisme, à l'histoire et à la littérature. Pendant les révolutions de 1848, le jeune D'Arcy McGee fomente des plans de rébellion. L'échec de l'insurrection l'oblige toutefois à retourner en Amérique. À New York, il éveille la sympathie d'Américains à l'égard des révolutions européennes. Le mouvement démocratique universel, écrit-il, permettra l'intégration du Canada dans la république américaine.

Un incident tempère toutefois son radicalisme. L'appui qu'il donne à la république romaine lui attire l'hostilité des évêques catholiques américains[34]. À partir de ce moment, Thomas D'Arcy McGee renonce graduellement à son rôle de rebelle. Il dénonce le libéralisme révolutionnaire, « une menace pour la civilisation », puis critique la société américaine. Sur invitation des porte-parole de la communauté irlandaise de Montréal, qui compte qu'il défendra ses intérêts, il s'installe au Canada en 1857[35]. Il se consacre d'abord au journal qu'il publie lui-même pendant un an, le *New Era,* et s'attache à dénoncer l'influence de l'Ordre d'Orange au Canada et à soutenir le droit de représentation des Irlandais à l'Assemblée. Son journal est presque exclusivement consacré à la politique du Canada-Uni. Il élabore les grands principes de son programme, *Une nouvelle nationalité.* Il prône la construction de chemins de fer, l'immigration massive, le tarif protecteur, l'union des colonies, la colonisation du territoire de la Hudson's Bay Company, l'intégration des Amérindiens de l'Ouest au sein d'une province distincte.

Cependant, la carrière politique partisane de D'Arcy McGee commence tout de même sous une bannière réformiste, dans les rangs des rouges. Il devient député de Montréal en compagnie d'Antoine-Aimé Dorion et de Luther Hamilton Holton. L'appui de l'électorat irlandais est décisif dans le résultat de l'élection. Toutefois, sa carrière républicaine au sein des rouges est de courte durée. Après une tentative infructueuse pour faire cohabiter les catholiques irlandais avec les réformistes de George Brown, il se rapproche peu à peu des conservateurs. Sa carrière de républicain se termine lorsqu'il décide d'appuyer formellement le projet de chemin de fer intercolonial, destiné à relier les colonies. Il passe dans le camp conservateur, aux côtés de George-Étienne Cartier et de John Rose. Sa transition rapide au monarchisme se consolide lorsqu'il publie des articles importants dans le *British American Magazine*. Dorénavant, il vantera les libertés anglaises. L'Amérique du Nord britannique est une meilleure société que ne l'est la république américaine. La monarchie est un régime politique supérieur, établissant un juste équilibre entre la liberté et l'autorité. D'Arcy McGee s'emballe pour le projet de la Grande Coalition qui, dans son esprit, concorde avec son projet de nouvelle nationalité.

Le politicien irlandais réactualise donc son manifeste. Ce document, plus que tout autre texte du Canada anglais, évoque la naissance du nouveau pays. Il figure en tant que testament politique dans l'imaginaire loyaliste. Au moment des Débats, avec des accents de romantisme, D'Arcy McGee affirme que l'union des colonies n'était jadis qu'un rêve, mais que, enfin, l'heure du salut de la nouvelle nationalité a sonné. Selon lui, il est impératif de créer un sentiment d'appartenance au Canada : « La simple apparition de notre union politique avait créé entre les diverses populations de ces provinces une *union mentale*[36]. » C'est cette idée que l'on retient de son programme aujourd'hui. Cet écrit célèbre, D'Arcy McGee en est fier. Avec un brin de vanité, il le rappelle durant les Débats :

> Nous nous rappelons tous que dans la légende des trois rois de l'Orient, Gaspard offrit de l'encens, Melchior de l'or, et Balthazar de la myrrhe ; je crains seulement que ma contribution ait moins de valeur... Je désire traiter la question de notre propre point de vue. L'Honorable député d'Hochelaga a cru faire quelque chose de très habile, l'autre soir, en tirant de

l'oubli l'un de mes anciens écrits : *Une nouvelle nationalité*. Je dois avouer que lorsque je le vis de ses propres mains offrir mon poupon à l'admiration de la chambre, j'en fus orgueilleux[37].

Les revirements idéologiques de Thomas D'Arcy McGee commencent toutefois à agacer les Irlandais républicains. Il faut se souvenir que, à cette époque, l'Irish Republican Brotherhood (Fenians) obtient un large soutien parmi les Irlandais catholiques de Grande-Bretagne et des États-Unis. Cette association, qui exige également l'aide des Irlandais du Canada, le somme de s'expliquer. D'Arcy McGee décide alors de renier officiellement son engagement. Il souligne les deux raisons pour lesquelles il se dissocie dorénavant du mouvement. D'une part, il s'oppose à ce que l'Irlande devienne une république et, d'autre part, il affirme que les Irlandais ne peuvent être mieux traités que sous l'autorité de Sa Majesté. En voyage diplomatique à Dublin, peu de temps après, il en remet et déclare que sa carrière de rebelle irlandais représente « une folie de jeunesse[38] ». Les Fenians ne prisent guère cette dernière déclaration et D'Arcy McGee leur apparaît désormais comme un traître et, par conséquent, comme un ennemi. La disgrâce du père fondateur dans l'opinion irlandaise est confirmée, en 1866, lorsqu'il perd complètement la confiance de ses compatriotes de Montréal[39]. Il est banni de la St. Patrick's Society. L'année suivante, en 1868, l'inéluctable se produit. Il est victime d'un assassinat, en pleine nuit. La plupart des commentateurs affirment alors qu'il s'agit d'un complot fenian. Ces terroristes irlandais ne se sont-ils pas juré d'avoir sa tête ?

Cet événement n'est pas sans lendemain. Dans la symbolique politique du Canada anglais, l'assassinat de ce père fondateur acquiert un sens bien particulier. On s'aperçoit que Thomas D'Arcy McGee ne tiendra pas, dans les livres d'histoire, une place banale. Il deviendra le martyr de la Confédération et une source d'inspiration du nationalisme *canadian*. Quelques jours seulement après le meurtre, un groupe de jeunes Canadiens anglais se réunit. Ce groupe deviendra célèbre. Il s'agit des futurs membres du Canada First, jeunes intellectuels dont l'âge tourne autour de trente ans, qui désirent affirmer l'identité canadienne. L'itinéraire de D'Arcy McGee leur paraît fascinant ; d'abord le combat pour l'idéal républicain, puis la conversion au monarchisme imputable à la reconnaissance de la supériorité des institutions britanniques. En effet, dans le destin de D'Arcy McGee se trouve tout le projet, *toute la leçon*, que se propose d'enseigner la légende loyaliste.

L'exemple que représente Thomas D'Arcy McGee, le converti, prend d'autant plus de valeur qu'il est victime d'un rebelle « excité » et « sanguinaire ». L'assassinat vient donc conforter la thèse des monarchistes : les républicains sont des individus dégénérés et dangereux. Cette admiration dont le père fondateur fait l'objet, après son assassinat, ne s'explique qu'en référence à la Confédération comme événement : il s'agit de la fondation d'une Amérique du Nord britannique. Cette Amérique loyaliste et monarchiste vise à réparer l'erreur républicaine de 1776. L'itinéraire de D'Arcy McGee, en ce sens, symbolise cette réparation : après les erreurs de jeunesse, l'accès à la sagesse. Cette interprétation du destin de D'Arcy McGee acquiert tout son sens lorsqu'on prend connaissance de l'hommage de John A. Macdonald, à la Chambre d'assemblée. Ce dernier traduit le sentiment général de ses compatriotes en disant « [que McGee] mourait à quarante-trois ans, juste au moment où il commençait à être utile[40] ». Thomas D'Arcy McGee commence *juste à être utile* parce que sa conversion était toute récente. Son combat pour l'Irlande républicaine, qui occupe la plus grande partie de sa carrière, était chose nuisible dans l'optique d'une Amérique du Nord loyaliste.

De la loi et de l'ordre

On sait que le Canada, lors de sa fondation, préfère la formule monarchiste « la loi, l'ordre et le bon gouvernement » à la formule républicaine « le droit à la vie, à la sécurité et à la poursuite du bonheur ». Les historiens de la Confédération éclairent rarement les origines historiques de cette préférence. Pourtant, il est impératif de comprendre l'horizon culturel qui inspire les pères fondateurs du Canada. En fait, cette conception autoritaire de la liberté tire ses origines du monarchisme commercial[41]. La conception du droit qui triomphe en 1867, qui ressemble à celle des loyalistes de 1776, rend les institutions juridiques locales tributaires de l'autorité centrale[42]. Le triomphe de cette conception loyaliste doit beaucoup au père fondateur George Brown. Durant les années 1840, au Haut-Canada, il existe un courant républicain : le Clear Grit. C'est le journal *Globe*, possédé et rédigé par Brown, qui va « dérépublicaniser » le Clear Grit durant les années 1850 et 1860, comme l'écrit J. M. S. Careless : « En 1867, le Clear Grit est devenu un parti libéral respectable attaché au lien impérial, fidèle à la Couronne et défenseur de la Constitution britannique[43]. »

Au milieu du XIXe siècle, les partisans de l'Amérique du Nord britannique s'inquiètent du caractère décentralisé du pouvoir. Il faudrait, à leur avis, revenir au système centralisé et hiérarchisé de l'Angleterre. Cette centralisation du pouvoir, dans la mère patrie, a été introduite sous l'influence de la classe marchande au moment de la révolution financière. Les historiens whigs de l'époque, adhérant aux vues de la classe marchande, n'ont pas manqué d'amalgamer le triomphe du protestantisme en Angleterre à celui du capitalisme[44]. Dans ce tableau un peu caricatural, le souverain catholique déchu (Jacques II) représentait les forces de l'obscurantisme, tandis que le nouveau souverain protestant (Guillaume d'Orange) devenait le digne représentant de la liberté. En somme, le récit whig de l'histoire relate le triomphe de la liberté protestante sur la tyrannie catholique. Dans l'imaginaire canadien-anglais de 1867, la liberté est subordonnée à l'autorité de la Couronne. Cette conception de la liberté est toutefois menacée par deux grands ennemis : le catholique et le républicain.

De l'anarchie républicaine

Les agents de la Couronne désirent réformer le catholique de manière à en faire un loyal sujet britannique. Le catholique est une menace à la *pax britannica* puisque sa culture absolutiste l'empêche de bien comprendre le sens de la liberté. La grande tâche de l'élite de l'Amérique du Nord britannique consiste à persuader les Canadiens français que, si la liberté est une valeur souhaitable, elle doit cependant être tempérée par une valeur supérieure : l'autorité. Les sujets britanniques ont l'immense bonheur de pouvoir jouir d'une source d'autorité incomparable, soit la Couronne britannique. John Strachan renforcera la thématique de l'autorité dans l'imaginaire canadien-anglais. Dès son arrivée en Amérique, il renonce aux idées libérales qu'il prônait avant son départ de l'Écosse. Peu de temps après son arrivée, l'évêque constate que la situation particulière du Haut-Canada, près des États-Unis, appelle une adhésion ferme au monarchisme. Durant sa carrière, par sa puissante influence sur le système d'éducation, il définit les grands paramètres de ce monarchisme. Il était essentiel pour les Canadiens anglais, écrit l'historien S. F. Wise, de ne pas faire confiance aux États-Unis et de croire que le pays qu'ils habitaient n'était pas une sous-Amérique. Selon S. F. Wise, les dénonciations que fait Strachan à propos des républicanismes français et américain ont porté leurs fruits : « Cet accent burkéen [conservateur], exprimé par le gouvernement, la presse et le clergé ne rencontra de résistance nulle part en Amérique britannique, une situation sans parallèle en Angleterre[45]. »

Au début du siècle, ce leader spirituel du Haut-Canada s'inquiète de la grande proximité qui existe entre sa colonie et les États-Unis, et redoute le rêve que, d'après lui, les républicains américains caressent, soit l'envahissement du Canada. L'influence américaine se caractérise, dans la politique du Haut-Canada, par un puissant esprit de nivellement. Il n'est pas excessif de dire que Strachan entretient peut-être une certaine paranoïa. Dans son esprit, le Haut-Canada est entouré d'ennemis, de personnages suspects et de traîtres mystérieux. Pour combattre ce danger, il faut accorder de considérables pouvoirs au gouvernement. Strachan se rend justement célèbre dans les annales du Haut-Canada par sa conduite exemplaire durant la guerre contre les États-Unis en 1812. Les habitants de York se souviennent du courage dont il a fait preuve face aux « mercenaires américains ». Cette guerre renforce le sentiment d'appartenance britannique en créant une image romantique : un Haut-Canada résistant héroïquement à un sanguinaire envahisseur. À la fin des hostilités, Strachan s'engage à imprimer à ses compatriotes un attachement indéfectible à l'autorité de la Couronne britannique.

Dans un discours important, prononcé en 1814, Strachan tire des leçons de la grande guerre que vient de remporter l'Angleterre sur les nations révolutionnaires. Il en ressort que la Grande-Bretagne, « l'espoir du monde souffrant », est l'instrument choisi par Dieu pour punir la France athée. La mère patrie anglaise reçoit maintenant la mission d'organiser un monde restauré. Strachan affirme que le système de gouvernement britannique est une approximation de l'ordre providentiel que Dieu désire. Par conséquent, les monarchies européennes doivent être restaurées selon le modèle britannique et les classes inférieures ramenées au niveau qui prévalait avant 1789. Les deux grandes révolutions, en Amérique et en France, n'ont absolument pas réussi à apporter le bonheur. Strachan conclut : « Le présent âge a démontré qu'aucune grande amélioration des classes inférieures de la société pouvait raisonnablement être espérée[46]. »

Dans son esprit, la Révolution française et la révolution américaine sont le produit d'un même vice. Les deux nations sont animées par les principes égalitaires et séculiers. Ce sont les Américains qui, à l'origine, ont donné aux Français le goût de la « liberté abstraite ». John Strachan affirme que la Révolution française n'est pas le fruit du Siècle des lumières. Le goût de la révolution serait plutôt le fait des portraits paradisiaques que les soldats français, revenus au pays après leur participation à la guerre de l'Indépendance, dressaient[47]. L'abondance américaine, à l'aube de la Révolution française, a erronément fait l'envie du peuple français, de sorte que, dès ce moment, l'identité entre les États-Unis et la France est proclamée. Les États-Unis ont déserté la cause de l'humanité en s'alliant à Napoléon et sont des satellites du tyran. Ils ont l'arrogance de s'adresser à l'Amérique loyaliste comme on s'adresse à un esclave.

Strachan enseigne à une génération entière de leaders politiques et est très influent. Ses opinions politiques dérivent de sa croyance absolue en l'existence d'un ordre providentiel en ce monde. La voix du peuple, disait-il, n'est pas celle de Dieu. Toute opposition à cette conception, dans l'esprit de Strachan, est une infidélité, une trahison blasphématoire, une dangereuse sympathie à l'égard des principes révolutionnaires de la république américaine.

De la tyrannie catholique

L'autre menace à la liberté — la tyrannie catholique — trouve sa plus forte illustration dans les fresques historiques de Francis Parkman. Cet auteur américain, que des générations d'écoliers canadiens-anglais ont lu, popularise la thèse du salut des Canadiens français par la Conquête anglaise. Il la résume par cette formule lapidaire : « La conquête du Canada par les armes britanniques est la plus heureuse calamité qui soit jamais tombée sur un peuple », écrite dans *The Old Regime in Canada*. L'œuvre des historiens de l'Amérique anglophone célèbre avec lyrisme les mérites et les réalisations de la révolte protestante, et met en relief la tyrannie d'une France absolutiste. Au Canada, l'œuvre de Parkman connaît une grande influence, car sa publication arrive opportunément. Son influence sur l'historiographie canadienne, écrit Carl Berger, a été plus considérable que celle de n'importe quel auteur au XIXe siècle : « Les historiens canadiens copient ses ouvrages de façon extensive ; ils imitent le style de sa prose. Ils incorporent ses jugements sur les Canadiens français et l'Ancien régime puisqu'ils les partagent[48]. »

Il faut savoir que les Canadiens anglais, à cette époque, ont besoin d'une fresque historique qui donnerait un sens à leur existence en Amérique du Nord. Parkman la leur fournit. Obsédé par le concept darwiniste de « lutte pour la survie », l'historien le transpose à l'échelle collective. Il rédige des portraits — La Salle, Frontenac, Montcalm, Wolfe — qui symbolisent des peuples en guerre[49]. L'histoire de l'Amérique du Nord représente à ses yeux une lutte héroïque entre l'individualisme protestant et l'autoritarisme catholique. Sa réflexion sur le « caractère national » est stimulée par ses voyages dans l'Ouest américain, qui le mettent en contact avec les Amérindiens. Il y décrit leur maladie, leur pauvreté et leur décadence. Ce tableau renforce la conviction qu'il a de l'inégalité des races. Les Indiens sont des sauvages irréductibles, imperméables à la civilisation, inéluctablement voués à la disparition. L'absolutisme français, comme le caractère sauvage des Indiens, ne peut pas résister au progrès de la civilisation.

De fait, dans le Canada anglais de l'époque, la critique de l'obscurantisme des catholiques est populaire. Dans la société civile, cette critique s'exprime principalement dans le mouvement orangiste qui est fort dynamique, comme le souligne lord Durham : « Les Irlandais catholiques se plaignent beaucoup et avec raison de l'orangisme. Dans une province que leur loyauté et leur bravoure ont sauvée en fait, ils sont indignés de voir leurs sentiments bafoués par les symboles et les processions de cette société[50]. » À cette époque, les orangistes, dont Ogle Robert Gowan est la figure la plus illustre, jouent un rôle primordial dans plusieurs événements politiques au Canada[51]. Gowan, filleul de George Ogle, l'un des premiers grands maîtres de l'ordre d'Orange en Irlande, baigne durant toute son enfance dans la haine du catholicisme. Dès ses premiers écrits, en Irlande du Nord, il s'attache à noircir le rôle de l'Église catholique. Son départ pour l'Amérique n'est d'ailleurs pas étranger à l'adoption, en Grande-Bretagne, de la loi sur l'émancipation des catholiques. Que va-t-il faire de sa vie, en effet, si les catholiques sont dorénavant reconnus par l'État ? Le Canada apparaît, pour ce garçon issu de la haute société protestante, comme le pays idéal pour faire de l'orangisme un intéressant gagne-pain.

L'orangiste canadien-anglais imagine des complots papistes dans lesquels l'Église catholique menace les valeurs de la civilisation britannique. La plupart des leaders politiques canadiens-anglais, lorsqu'ils ont besoin d'un bouc émissaire, s'acharnent à dénoncer cette *priest-ridden society* que représente le Canada français. Le père fondateur qui utilise le plus systématiquement ce type d'insultes est George Brown, propriétaire et rédacteur du *Globe*. Du point de vue de la pensée politique, il faut noter que les différences entre Brown et John A. Macdonald sont mineures. Selon J. M. S. Careless : « Le *Globe* était sympathique au noyau du toryisme torontois. Ses affinités étaient britanniques et protestantes, ses préjugés étaient antifrancophones et antiaméricains[52]. » L'éditeur du *Globe* connaît du succès au début de sa carrière, durant les années 1850, en dénonçant les « desseins d'un clergé papiste[53] ». Le rappel de l'Union, écrit Brown, « placerait notre commerce à la merci de Frère Jonathan et Jean-Baptiste [...] laissant le Saint-Laurent sous le contrôle d'une race paresseuse et oisive[54] ». Selon lui, le clergé catholique ne domine pas seulement la société canadienne-française, l'influence papiste s'étendant également dans le Haut-Canada. Brown plaide donc pour une unité des leaders politiques de sa province afin de mettre fin à cette suprématie : « Quand ils s'uniront enfin, quand ils s'uniront sur la base de principes progressistes clairement définis, la suprématie canadienne-française prendra fin[55]. »

Dans les années qui précèdent la Confédération, c'est le principe des écoles séparées qui dérange les orangistes. Ce système, disent-ils, recèle la menace de l'absolutisme catholique. C'est ce débat qui, durant les années 1850, fait et défait les gouvernements. Il tiraille même les orangistes entre eux, au point de provoquer un schisme : d'un côté, l'orangisme modéré de Gowan, politiquement associé au Parti conservateur de John A. Macdonald ; de l'autre, l'orangisme ultra de Benjamin, allié au Parti réformiste de George Brown[56]. Souvent, toutefois, le mouvement orangiste réussit à conserver son unité et fait même front commun avec le mouvement loyaliste sur une multitude de sujets. Ces deux mouvements, d'ailleurs, se confondent souvent. La création de la British American League, en 1849, en représente un très bel exemple. La naissance de cette ligue, qui survient après l'incendie du parlement et la publication du manifeste annexionniste, vise à rappeler l'importance du lien impérial. Cette manifestation de loyalisme est organisée conjointement par Gowan et Benjamin. Au cours de cette réunion, tenue à Kingston en 1849, on propose l'adoption d'une politique protectionniste pour le Canada. On rejette toutefois l'idée d'une union fédérale des colonies britanniques. Pour quelle raison ? L'union fédérale placerait les Anglais du Bas-Canada à la merci de la « *French domination*[57] ».

L'établissement du principe des écoles séparées, paradoxalement, est réalisé grâce à la collaboration de la fraction modérée du mouvement orangiste. Cette fraction fait face, il faut le dire, à un dilemme déchirant : ou bien, conséquente avec son discours, elle s'oppose à tout privilège accordé aux catholiques, ce qui provoquerait la chute de leur leader (Macdonald) ; ou bien, dérogeant à ses principes, elle s'unit aux catholiques du Bas-Canada et maintient Macdonald au pouvoir. C'est cette dernière option qui l'emporte. Les orangistes modérés mettent entre parenthèses leur doctrine et votent pour les écoles séparées. Dans l'esprit de George Brown, toutefois, il s'agit d'une abdication. Dans cette surenchère orangiste, Gowan devient un « traître ». Brown l'accuse de s'être fait acheter par le pape : « [U]n authentique représentant du parti du clergé, tout en se faisant passer pour un orangiste et un bon protestant[58]. » Dans son journal, George Brown écrit des textes incendiaires pour stigmatiser les reniements, les traîtrises, les mensonges de ceux qui couchent avec les catholiques : « La clique papiste dans cette Chambre est indépendante d'esprit en comparaison de nos misérables mercenaires protestants qui monnayent systématiquement leur principes et trahissent leurs constituants pour un plat de lentilles[59] ».

Bien avant les Débats, les pères fondateurs affirment la supériorité des libertés anglaises sur « la liberté abstraite » des Américains et des Français. Dès la fin des années 1840, au moment du débat sur l'annexion, Brown décrit les défauts des institutions américaines. Le suffrage universel mènerait à la tyrannie. Puis il pose la question : « Qu'est-ce que le républicanisme a fait pour la liberté[60] ? » Rien, à son avis. Lorsque le mouvement Clear Grit adopte une plateforme politique démocratique, au début des années 1850, Brown maugrée : « Il n'y a pas de doute, cette plate-forme propose carrément d'adopter la forme républicaine du gouvernement des États-Unis[61]. » On observe cette constante dans le discours des pères fondateurs. Aux États-Unis, la liberté est étouffée par une tyrannie démocratique. Les institutions monarchiques possèdent l'incontestable avantage d'éviter le danger de l'anarchie et permettent un juste arbitrage entre la liberté, l'autorité et la démocratie. Les deux éléments principaux d'un gouvernement libéral, s'exclame D'Arcy McGee, sont la liberté et l'autorité. Hélas, le second élément serait trop faible au Canada.

> Jusqu'à présent nous avons eu assez de liberté, trop peut-être, mais enfin, nous en avons eu à cœur joie. Il n'y a pas sur terre de peuple plus libre que les habitants de ces colonies. Mais ce qui nous manque c'est le sentiment de soumission à la loi ; il nous faut une autorité centrale et la vertu de l'obéissance qui nous dit de nous soumettre à la loi quand bien même la conscience y verrait du mal, et qui nous empêche de résister à la volonté du pays exprimée par l'autorité reconnue. Il nous faut et nous demandons pour ces provinces une grande démonstration d'autorité[62].

Si la liberté est chose estimable, trop de liberté peut se révéler dangereux. Tel est l'avertissement de l'ancien rebelle irlandais. L'absence d'aristocratie en Amérique du Nord renforce ce péril. Comment inculquer aux futurs sujets britanniques la modération dans l'appréciation de la liberté ? La Confédération, affirme-t-il, devrait amener un élément qui contrebalancerait la liberté et qui favoriserait l'apparition d'un esprit d'obéissance. L'Amérique du Nord britannique, dépourvue d'une aristocratie, souffre d'une absence de tradition. L'élément conservateur doit devenir, selon D'Arcy McGee, le fondement principal de la Constitution du Canada. « Le défaut de la nouvelle Constitution, poursuit-il, serait de ne pas avoir des tendances trop conservatrices[63]. »

De l'armée permanente

La loi et l'ordre ne peuvent être assurés que si les colonies canadiennes se dotent d'une armée permanente. En 1865, la question d'une armée permanente mérite d'être posée. Le contexte historique s'y prête bien, la guerre civile américaine ayant éclaté en 1861. Cet état de guerre renforce l'importance de la question militaire durant les Débats. Les pères fondateurs adoptent une position ferme : il faut doter le Canada d'une armée régulière et permanente qui soit apte à juguler toute tentative d'invasion américaine. Ce projet est loin de faire consensus. Les oppositionnistes le critiquent de façon virulente et le qualifient de « militariste ». Cette polarisation, entre les partisans d'une armée permanente et les partisans d'un système de milice, n'est bien sûr pas spécifique à la société canadienne. À l'instar du Country party en Angleterre[64], les républicains américains s'opposaient à l'établissement d'une armée permanente[65], car elle pourrait servir, un jour, à supprimer une opposition populaire.

Au début des années 1860, un jeune écrivain canadien-anglais décide de sensibiliser ses compatriotes au danger d'une invasion américaine. Il s'agit du colonel George T. Denison, leader du Canada First et écrivain militaire prolifique qui jouit, durant les décennies suivantes, d'une renommée internationale. De plus, il sera le pilier de l'Imperial Federation League et de la British Empire League au Canada[66]. Quand éclate la guerre civile américaine, en 1861, Denison profite d'un certain climat d'inquiétude pour publier un pamphlet anonyme de nature quelque peu alarmiste. Il y affirme que les Canadiens ne sont pas du tout prêts à affronter les Américains. À son avis, il faut dégager des leçons de l'histoire. Quand des nations perdent leurs qualités martiales, écrit-il, elles doivent tôt ou tard succomber à une puissance militaire plus vigoureuse. C'est le destin des nations qui préfèrent le confort matériel à la gloire militaire. Quelques mois plus tard, dans un autre pamphlet, Denison annonce que, contrairement à ce qu'affirment « les pacifistes », la menace découlant de la guerre de Sécession ne s'est pas estompée. Une fois la paix conclue entre le Nord et le Sud, écrit-il, on enverra en guise d'expéditions punitives des masses d'ex-militaires au Canada[67].

La conjoncture politique en Grande-Bretagne ajoute à l'alarmisme de Denison. À partir de 1860, l'Angleterre commence sérieusement à relâcher ses liens avec ses colonies canadiennes, plus spécifiquement ses liens politiques et militaires. Des pressions extérieures incitent les hommes d'État britanniques à souhaiter la fédération des colonies de l'Amérique du Nord britannique. En effet, les intérêts britanniques sont menacés sur deux fronts : en Amérique du Nord et en Europe. L'Angleterre envoie donc des directives pour réduire les forces militaires britanniques en Amérique du Nord[68]. John A. Macdonald est conscient des tendances de l'opinion publique en Angleterre. Pendant les Débats, il tente de convaincre ses compatriotes de l'urgence de doter les colonies d'une armée permanente qui pourrait résister à l'ennemi américain. Les colonies, dit-il, sont dorénavant appelées à jouer un nouveau rôle dans l'Empire. Selon Macdonald, elles doivent assumer une part croissante dans la défense de la civilisation britannique contre le monde entier.

> Les colonies sont en ce moment dans un état de transition. Bientôt, au lieu d'être une dépendance, nous serons un ami et un allié puissant. L'Angleterre aura bientôt sous sa domination des nations qui seront prêtes et disposées à lui prêter leur concours dans la paix et dans la guerre, et à l'aider, si cela est nécessaire, à maintenir sa puissance contre le monde en armes. L'Angleterre si, comme je le pense, ses colonies prospèrent sous le nouveau système colonial, dans la supposition où elle serait en guerre avec le reste du monde, aura cet avantage de pouvoir faire alliance avec les nations à elles subordonnées et qui, grâce à leur allégeance au même souverain, l'aideront à lutter, comme elle l'a déjà fait, contre le monde entier[69].

Du fait de leur appartenance au « triangle atlantique », les colonies canadiennes sont au cœur de plusieurs différends entre l'Angleterre et les États-Unis[70]. Mais, curieusement, dans le discours des pères durant les Débats, il y a danger à cause des démocrates, à cause des républicains, bref toujours à cause des Américains. On refuse d'attribuer l'irritation américaine à l'attitude britannique. Cette déclaration de John A. Macdonald est typique de l'attitude des pères : « Il est vrai que nous sommes en danger, comme nous l'avons déjà été maintes et maintes fois, d'être plongés dans une guerre par des causes en dehors de notre contrôle, et cependant, cela ne nous a pas intimidés[71]. » Durant les

Débats, Thomas D'Arcy McGee rappelle d'une façon un peu alarmiste les dangers de l'expansionnisme américain :

> Il est un autre motif en faveur d'une union immédiate de ces provinces, c'est cette tendance immodérée des démocrates américains à l'annexion de nouveaux territoires. Ils ont convoité la Floride et ils l'ont absorbée ; la Louisiane, et ils l'ont achetée ; le Texas, et ils s'en sont emparés ; vint ensuite la guerre avec le Mexique, qui se termina en leur apportant la Californie. Ils font parfois mine de mépriser ces colonies tout comme si elles étaient indignes de leurs convoitises, mais si l'Angleterre ne nous avait pas servi d'égide, nous n'existerions pas aujourd'hui comme peuple. L'annexion du Canada a été la première grande ambition de la confédération américaine, ambition à laquelle elle n'a jamais renoncé, même quand ses troupes ne formaient qu'une poignée d'hommes et que sa marine se composait à peine d'une escadre[72].

Outre le danger nordiste, il y a le « danger fenian ». Thomas D'Arcy McGee rappelle les « attaques sauvages » de ces républicains irlandais qui ont cherché à détruire le pouvoir britannique en Amérique du Nord afin de faire avancer la cause de l'Irlande. D'Arcy McGee est d'autant mieux placé pour aborder ce problème qu'il a, jusqu'à tout récemment, lutté pour la cause irlandaise. Repenti, désormais acquis à la cause monarchiste, il exagère la menace de raids fenians pour mieux faire ressortir la nécessité d'une armée permanente au Canada[73]. Et par une analyse typique du cynisme des pères fondateurs, où il rappelle la leçon de l'historien anglais Macauley, le député Alleyn affirme que « la force fait le droit ». À son avis, il ne faut pas faire confiance à la bonté des peuples. Si tout pouvoir est appelé à prendre de l'expansion, les Canadiens ont doublement raison de craindre le pouvoir grandissant de la république américaine : « On semble rire des petites nations, on se moque de la bonne foi des traités, et dans cet âge de civilisation, tant vanté, la doctrine du droit du plus fort prévaut aussi fortement qu'au XVIIe siècle[74]. » Devant cette hypothèse d'une invasion américaine, l'Angleterre accentue ses pressions diplomatiques afin d'inciter les Canadiens à ce qu'ils aient une armée permanente. Les administrateurs du Colonial Office rappellent aux Canadiens qu'ils ne possèdent pas une force militaire suffisante pour assurer la protection de leurs vastes territoires. Puisque les Canadiens jouissent de l'autonomie politique depuis 1848, pourquoi n'assurent-ils pas eux-mêmes la défense de l'Amérique du Nord britannique ? Les arguments du mouvement Little England commencent donc à porter leurs fruits. Les contribuables britanniques y sont très réceptifs, acceptant de moins en moins de financer « une armée en terre étrangère ». Le député Scobel résume bien l'entente implicite existant entre l'Angleterre et ses colonies canadiennes. À son avis, une invasion menacerait les capitaux britanniques[75].

Les pères fondateurs rappellent le coût humain d'une absence de préparation militaire. De nombreux députés affirment qu'ils sont prêts à payer de leur sang pour ne pas tomber dans la république américaine. En ce sens, doter le pays d'une armée permanente comporte un prix économique qui peut sauver des vies humaines, comme le suggère le colonel Haultain : « Je lui demanderai s'il serait plus raisonnable de verser son sang que de dépenser quelques louis ? Qui peut dire à combien de mille personnes, que dis-je, de cent mille, une judicieuse dépense de quelques cent mille louis épargnerait la mort[76] ? » Incidemment, la fin de la guerre civile américaine n'élimine pas les angoisses des militaristes canadiens. On continue d'agiter le spectre fenian. Lorsque l'agitation irlandaise s'apaise enfin, on en profite pour agiter d'autres spectres, comme celui de la révolte des métis. Un empire moins puissant signifie un Canada plus vulnérable, affirme le colonel Denison. Il regrette que « notre empire n'ait pas une position aussi forte et prédominante qu'il y a quarante ou cinquante ans[77] ». La source de l'impérialisme de Denison provient probablement de son attachement à la tradition des United Empire Loyalists. L'idéalisation du caractère martial du peuple canadien devient une véritable obsession[78].

Le militarisme canadien baigne dans la théorie du darwinisme social, ce qui, bien sûr, n'est pas spécifique aux Canadiens anglais puisque cette conception est répandue dans tous les pays occidentaux de l'époque. Pour les darwinistes canadiens-anglais, la guerre est comprise comme le résultat de forces profondément enracinées dans le processus de l'évolution sociale. La guerre est un phénomène souhaitable parce que la victoire, qui passe par la lutte, prouve l'adaptabilité et la « supériorité de l'organisme national ». Les causes de la guerre sont propres à la nature humaine. La guerre entre États est simplement le produit de forces irréversibles inscrites dans l'évolution de l'espèce humaine. Si la guerre est un phénomène horrible, comme la mort et la maladie, elle est malgré tout inévitable : « La nature semble montrer que le monde ne doit pas être dominé par une seule espèce ; l'étude de la biologie et de l'histoire révèle que l'espèce faible disparaît ; l'histoire humaine a toujours démontré et démontrera toujours la survie du plus adapté[79]. » On applique ainsi la doctrine évolutionniste aux affaires politiques. « La guerre, écrit un impérialiste, est l'instrument par lequel les lois de la sélection naturelle agissent sur la société[80]. » Un jour, l'Empire au complet, et chaque individu qui en fait partie, va être en guerre, à la maison comme sur le front ; tous seront en guerre, du prêtre à l'Église au spéculateur sur les marchés boursiers : personne ne va échapper à la main de la guerre[81]. Le rédacteur en chef du *Montreal Star* déclare que l'impérialisme n'est rien d'autre que l'instinct égoïste de survie adopté à l'échelle planétaire[82]. Cette rivalité internationale est une gigantesque lutte pour l'existence entre nations guerrières. Dans ce monde, il n'y a de sécurité pour personne. La seule sécurité possible est assurée par la force brute. Comme le dit l'impérialiste Andrew Macphail, « une nation qui est bonne à faire la guerre est bonne à faire la paix ; et une nation qui est inapte à la guerre n'est bonne à rien[83] ».

De l'industrie et du commerce

Au début des années 1860, l'Amérique du Nord britannique fait face à deux problèmes économiques fondamentaux : le premier, de nature financière, est le grand endettement de chacune des colonies ; le second, de nature commerciale, concerne l'abrogation prévisible du traité de réciprocité. Le projet de fédération entend les résoudre. Alexander T. Galt est le père fondateur qui défend sa dimension économique. Sa façon de raisonner est caractéristique de l'imaginaire du monarchisme commercial. Le ministère des Finances affirme que l'union des colonies, à long terme, assurera le crédit public et créera un immense marché. D'autres pères fondateurs emploient aussi le vocabulaire du Court whig, à l'intérieur duquel abondent les thèmes suivants : crédit, commerce, ambition et patronage[84].

De la dette publique

La dette de chacune des colonies de l'Amérique du Nord britannique est inquiétante. Durant les Débats, les pères fondateurs ne déplorent toutefois pas l'endettement public comme méthode de financement. Au contraire. Selon Galt, le volume d'une dette publique exprime la puissance d'une nation : « Mais il faut bien se rappeler que l'absence de certains items de dépense du budget d'un pays est souvent plutôt une preuve de faiblesse et de dépendance qu'une source de satisfaction[85]. » L'absence d'éléments dans les dépenses publiques est plutôt la preuve de l'infériorité du Canada-Uni. Une majestueuse dette publique révèle plutôt la capacité d'une nation à obtenir du crédit, expose Galt sous forme de question : « Est-ce que l'absence de cet item [défense nationale] de notre budget n'indique pas que nous manquons d'un des éléments principaux qui font la grandeur d'un pays[86] ? » La dette publique est l'instrument par lequel l'Empire britannique implante les infrastructures de transport nécessaires au développement commercial. L'amélioration des voies de transport a d'ailleurs été placée, au Canada, sous la responsabilité principale du gouvernement[87]. De fait, l'essentiel de la dette publique est contracté pour la construction des chemins de fer. Ce n'est cependant pas tous les groupes politiques du Canada-Uni qui acceptent cette approche. L'influence du républicanisme chez les Canadiens français suscite une méfiance à l'égard de l'endettement public et de la taxation. Au moment de la résistance de 1837, notamment, cette réserve est dominante dans le discours des patriotes. En 1865, les pères fondateurs savent pertinemment que l'endettement public — qui se traduit par des taxes — inquiète vivement le Bas-Canada. George Brown rappelle la méfiance séculaire des habitants à l'égard des taxes visant à renflouer les coffres de l'État : « Nos amis du Bas-Canada ont surtout une profonde horreur de la taxe directe[88] ».

George Brown est connu pour ses dénonciations quant à l'influence des magnats des chemins de fer de Montréal. Mais c'est plus pour défendre sa ville, Toronto, que par principe. En effet, il ne s'oppose pas à l'endettement public. Son adhésion au projet confédératif, qui est décisive, prouve qu'il appuie ce mode de financement. L'un des membres de la « clique des chemins des fer » à la Chambre d'assemblée, John Ross, vante la lucidité de son collègue : « L'honorable Brown lui-même a inscrit cette question dans la Constitution, et n'a pas hésité à dire que lors même que le projet contiendrait une demi-douzaine de chemins de fer intercoloniaux il n'en serait pas moins l'un des partisans dévoués[89]. » Il poursuit en prétendant que, si la question était discutée au Haut-Canada, les neuf dixièmes de la population y seraient favorables. Il faut dire que Ross est un fidèle défenseur des intérêts du Grand Tronc au Parlement du Canada-Uni. Depuis 1852, il est l'un des six administrateurs du gouvernement nommés pour siéger au conseil de cette compagnie. En 1858, il se rend à Londres, accompagné de Cartier et de Galt, afin d'exiger la création d'une fédération des colonies de l'Amérique du Nord britannique. Sa présence est importante, car, « en raison de sa collaboration à la Compagnie du Grand Tronc, ses relations s'étendaient jusqu'au monde de la finance de Londres[90] ».

John Ross est au centre de ce gigantesque réseau de favoritisme que représente l'industrie des chemins de fer. Selon Paul Cornell : « Il fit preuve d'efficacité en assurant la bonne marche des rouages juridiques et administratifs de la compagnie, et en canalisant vers un but unique les pressions de toutes sortes exercées par les divers financiers, par les entrepreneurs et par le gouvernement[91]. » Il joue un rôle de premier plan dans le financement des grands projets de construction des infrastructures publiques et, par le fait même, dans le processus d'endettement public du Canada, lequel n'apparaît pas du tout comme une chose négative dans l'esprit de l'élite canadienne-anglaise. L'Angleterre regorge de surplus en capital et les colonies représentent d'alléchants débouchés pour les capitalistes britanniques. Alexander T. Galt sait cela, lui qui vante tant l'endettement comme mode de financement du développement économique. Le crédit, répète-t-il, permet l'implantation des infrastructures nécessaires à l'exploitation des ressources de l'Empire : « Il a été souvent dit que nos canaux et nos trains et nos autres dépenses publiques coûtent trop et n'apportent rien au contribuable ; qu'ils sont par conséquent trop coûteux et improductifs. Messieurs, il n'y a jamais eu de plus grande fausseté[92]. »

Il devient de plus en plus ardu d'obtenir de nouveaux emprunts et les colonies ne peuvent plus compter que Londres assure des prêts toujours plus risqués. Le projet d'union des colonies est, dans ce contexte, une idée séduisante pour garantir ces emprunts : « [L]es hommes les plus éclairés ne voient que faiblesse et incertitude dans notre position actuelle où tout est morcelé, tandis que l'union projetée apparaît comme la source de notre sécurité et de notre force dans l'avenir et un gage que notre crédit augmentera[93]. » L'historien Alfred Dubuc n'avait pas tort d'affirmer que la Confédération, en un sens, était un instrument de crédit[94]. En 1865, les intérêts isolés des colonies de l'Amérique du Nord britannique gagnent à être rassemblés. L'Angleterre voit d'un bon œil la création de ce grand holding. C'est un impératif pour les capitalistes britanniques, car les financiers ne prêtent qu'aux États qui garantissent la sécurité du capital. Les chevaliers de l'industrie ferroviaire au Canada, John Ross, Allan MacNab, Francis Hincks, John Rose, suivent religieusement les activités de la Grande Coalition[95]. Ils exigent, au besoin, des correctifs aux politiques qui défavorisent les intérêts de l'industrie. L'historien William Morton commente : « [L]es chefs de l'industrie ferroviaire devaient savoir ce qui se passait, et ils devaient être là pour dire aux politiciens sous la pression ce qui était possible et ce qui ne l'était pas[96]. » S'opposer à l'endettement public, comme le font les rouges, est une opinion réactionnaire selon le député John Rose : « Je crois que le temps est passé où certains actes étaient possibles, par exemple quand les travaux des commissaires du havre de Montréal étaient suspendus parce que Louis-Joseph Papineau s'y opposait[97]. »

Le député Rose, qui a des relations très étroites avec les financiers, les banquiers et les industriels, joue à cet égard un rôle fort important. Il est très près de la Banque de Montréal, du Grand Tronc et de la Compagnie de la baie d'Hudson. Durant toute sa carrière, on le soupçonne même d'être un agent de cette dernière[98]. Il fait de la politique afin de réaliser des projets commerciaux et financiers. Il fonde, par exemple, une entreprise, la Morton, Rose and Company, qui facilite la circulation des capitaux entre la Grande-Bretagne et le Canada, et qui participe au consortium de la Compagnie de chemin de fer du Pacifique canadien. Rose devient, à la fin de sa carrière, un grand diplomate qui négocie officieusement les intérêts du Canada en Angleterre. Il représente la figure typique du personnage impérialiste qui permet au capital britannique de trouver des débouchés rentables et hospitaliers : « [N]é dans un coin du "triangle" atlantique, il se fit connaître dans un second coin, entretint des rapports étroits avec le troisième et retourna dans son pays natal pour mener une seconde carrière[99]. » Afin d'assurer au capital britannique une terre hospitalière, il faut persuader le peuple du bien-fondé des emprunts gouvernementaux. John Rose affirme qu'il n'existe aucune résistance populaire et soutient même, pendant les Débats, que le peuple désire s'endetter :

> Quant à moi je suis prêt non seulement à dépenser l'argent des autres, mais encore, s'il est nécessaire, à donner mon dernier chelin pour la construction de ces travaux du moment qu'ils seront jugés essentiels à la défense du pays ! Je regarde ces précautions comme aussi nécessaires que d'assurer sa propre maison contre l'incendie. Si l'honorable monsieur prétend que, du moment où il s'agira de notre existence nationale, le peuple chicanera sur une question d'argent, je dois l'assurer qu'il se méprend et qu'il connaît très peu l'opinion publique. Le peuple est prêt à se taxer jusqu'au dernier sou pour se préserver de l'agression étrangère[100].

De l'empire commercial

L'union fédérale, écrit Frank Underhill, est le résultat de deux grands processus : 1) un processus économique visant l'expansion d'un empire commercial ; 2) un processus politique de conciliation de l'hétérogénéité des intérêts sociaux[101]. Discutons d'abord du premier processus, qui prend son essor avec la chute de l'ancien système colonial. En effet, l'adoption d'une politique commerciale libre-échangiste par l'Angleterre, à partir de 1848, ébranle sérieusement la loyauté britannique de la classe marchande montréalaise. L'année suivante, plusieurs marchands signent un manifeste d'annexion aux États-Unis. L'écrivain loyaliste William Kirby dénonce cette traîtrise dans un texte classique : « Counter Manifesto to the Annexionists of Montreal[102] ». Le texte est signé « Britannicus ». Kirby se sert de clichés loyalistes pour discréditer les Américains. Il stigmatise également les francophones. En chaque Canadien français, y lit-on, sommeillent un traître, un républicain, un annexionniste. Son compatriote réformiste, Francis Hincks, dans une lettre à Baldwin, déplore, lui, que l'on n'ait pas pris des mesures rapides afin d'enrayer la « menace annexionniste[103] » et, dans un élan de loyalisme, il propose que les signataires du manifeste annexionniste, qui occupent des postes publics, soient immédiatement dépouillés de leurs charges et de leurs titres. Cette frustration atteint son apogée, en 1849, lorsque l'Assemblée du Canada-Uni présente un projet de loi sur l'indemnisation des pertes subies pendant la rébellion de 1837-1838. Dans une déclaration enflammée, le loyaliste sir Allan MacNab soutient que la mesure est « une récompense pour les activités rebelles du passé[104] ».

La signature du traité de réciprocité avec les Américains, en 1854, permet de résoudre temporairement le problème de l'absence de débouchés commerciaux pour les produits du Canada-Uni. Ainsi, au moment où Galt propose la politique économique du futur dominion, les États du nord de la république américaine menacent d'abroger le traité de réciprocité, car ils n'apprécient guère les sympathies de l'élite britannique à l'égard de la cause sudiste. Les arguments de Galt ne sont guère différents de ceux qui ont été exposés sept ans plus tôt, en 1858, dans une conférence sur le projet d'union des colonies britanniques. Ils se fondent sur les écrits d'Adam Smith[105]. Galt vante les bénéfices d'un immense marché intérieur canadien issu de l'union de sept colonies. Ce grand bassin de consommateurs favoriserait la diversification économique. À la suite de Smith, il affirme que la diversification est à l'origine de la richesse des nations : « Ce n'est pas tant la grande étendue d'un pays qui fait sa force et son importance réelles que la diversité des intérêts qui peuvent s'y développer[106]. » L'union politique, selon Galt, doit signifier la disparition des tarifs entre les colonies :

> Des tarifs prohibitifs ont entravé le libre-échange des produits coloniaux, et un des avantages les plus grands et les plus immédiats qui devra naître de cette union, sera le renversement de ces barrières et l'ouverture du marché de chacune des colonies aux produits de l'industrie de toutes les autres. Par exemple, nous pouvons espérer de fournir un jour à Terre-Neuve et aux vastes pêcheries du golfe les produits agricoles du Canada Ouest[107].

Le nouveau Canada ne sera plus dépendant d'une seule industrie, comme l'est une société essentiellement agricole : « Nous devons donc nous réjouir dès l'abord de ce que, dans l'union projetée des provinces de l'Amérique britannique du Nord, nous trouverons une sauvegarde contre les revers providentiels auxquels nous resterons exposés tant que nous n'aurons qu'une seule branche d'industrie, je veux dire l'agriculture[108]. » Le grand avantage que constitue le commerce va réduire le poids de la dette publique et le crédit de chaque province sera grandement amélioré du fait que les ressources seront mises en commun : « [L]es membres de cette chambre doivent être convaincus que le crédit de chacune des provinces recevra un nouvel essor par le fait de la fusion de leurs ressources[109]. » Galt ne s'inquiète donc pas de l'augmentation de la dette publique que la Confédération occasionnerait. Selon lui, cette grande mesure politique permet de réaliser plusieurs types d'économies puisqu'elle concrétise une « unité naturelle » des provinces.

> La dette publique de toutes les provinces, à de légères exceptions près, a été encourue pour améliorations publiques, tendant à développer leurs ressources, à attirer l'immigration et les capitaux chez elles, à faciliter l'écoulement des produits de leurs terres vers les marchés, et à réduire le prix du fret sur les articles de première nécessité. Il est donc impossible de n'être pas frappé de la relation intime que ces travaux publics ont entre eux — relation qui démontre d'une façon bien évidente combien il existe déjà une union naturelle entre toutes ces provinces[110].

La similitude des vues d'Adam Smith et d'Alexander T. Galt est saisissante en ce qui a trait au bien-fondé d'un tarif sur les produits britanniques. On institue la tarification pour amasser d'abord un revenu et le repayer ensuite aux capitalistes britanniques (afin de rembourser les emprunts utilisés dans la construction des infrastructures publiques de transport). Le raisonnement de Galt, calqué sur celui de Smith, se résume ainsi : comme les dépenses sont diminuées par ces améliorations des transports, la marchandise coûte moins cher au consommateur britannique (même avec le tarif). La réduction du fret sur les canaux, les trains et les bateaux à vapeur qui sillonnent le pays compense toute augmentation de tarifs sur les produits britanniques[111]. Comme Smith, Galt pense que l'État doit jouer un rôle dans la construction des infrastructures nécessaires au développement économique. Les travaux publics canadiens concernent les routes, les ponts, les canaux de navigation, les ports. Le capitaliste n'a pas seulement la capacité de prêter au gouvernement. Il a surtout intérêt à le faire, car il augmente par là ses moyens de transporter ses marchandises vers les marchés.

Les citations précédentes montrent que Galt entretient une conception hamiltonienne du fédéralisme. À la façon du célèbre chef d'État américain, il souhaite la création d'un État fédéral puissant qui permette à la bourgeoisie de se lancer à la conquête de nouveaux territoires[112]. La construction du Canadian Pacific Railways illustre bien cette idée. La réalisation de ce projet fait de la moitié d'un continent une unité économique. Jusque-là, cette unité demeurait une utopie douteuse. Mais de façon plus générale, cette situation a été rendue possible par la création de toutes pièces d'une classe bourgeoise canadienne-anglaise, qui recevait un appui indéfectible de la Couronne[113]. Née autour du Saint-Laurent, la bourgeoisie était appelée à protéger un capital britannique anxieux, menacé par l'expansion vers l'ouest de la frontière américaine.

De l'ambition

J'aborde maintenant le deuxième processus, le déclenchement d'une conciliation politique des intérêts sociaux. John A. Macdonald, par ses astuces de négociateur, trouve le moyen de sortir de l'impasse politique. Ce faisant, il fixe à partir du milieu du siècle les règles du jeu politique canadien pour les décennies à venir[114], lesquelles ressemblent à s'y méprendre aux pratiques politiques du Court whig. Le chef conservateur laisse sa marque sur la tradition politique du Canada en exerçant un art de la corruption qui confond ses adversaires[115]. Afin de sortir d'une impasse, Macdonald sait tirer profit du patronage. L'homme public pense que l'individu ne demande pas mieux que d'améliorer sa place dans l'échelle sociale. Ce besoin est vif dans le Canada anglais de l'époque. Beaucoup d'anglophones de descendance loyaliste éprouvent un sentiment d'infériorité à l'égard des Américains. Lorsque leurs ancêtres quittent la république américaine, en 1784, leur statut social se dégrade radicalement. Aussi, le grand rêve loyaliste, sous-jacent au projet confédératif canadien-anglais, est de retrouver une gloire perdue au moment de la révolution américaine. La littérature tory au Canada évoque souvent cette ambition. Lord Durham, dans son célèbre rapport, y consacre des pages entières.

Durant les années 1860, les occasions de recouvrer cette gloire sont restreintes pour les politiciens coloniaux, leurs opinions ne comptant guère dans les décisions de l'Empire. Les plans d'union des colonies, incidemment, abordent le problème des carrières. L'ambition pourrait être stimulée par la création d'un échelon supérieur dans l'Empire : fédération impériale, union fédérale, Commonwealth. Il s'agit d'apaiser les coloniaux subversifs. Mais, à la différence de 1776, les hommes politiques de la Grande Coalition ne cherchent pas à quitter l'Empire. Au contraire. Durant les Débats, John A. Macdonald prétend que l'union rehaussera l'image du nouveau pays aux yeux de la mère patrie. D'Arcy McGee pense que l'union fédérale suscitera élan et ambition : « L'étude des destinées d'un Empire britannique futur, la direction de sa marche, la base de ses fondations larges et solides, et la création d'institutions grandes et durables, voilà des motifs suffisants pour réveiller l'énergie de notre population[116]. » Galt rappelle que le Canada-Uni ne réussit pas à offrir des débouchés à sa jeunesse, qui doit s'expatrier aux États-Unis pour trouver du travail décent.

> Regardez l'immense étendue de territoire situé à l'ouest du Haut-Canada : pourquoi n'avons-nous pas pu prendre possession de ces pays, ni les ouvrir à l'industrie et à la jeunesse du Canada obligée par la suite du manque de champ suffisant pour leur énergie de s'en aller aux États-Unis et surtout vers les riches États du nord-ouest, sinon parce que les ressources du Canada, toutes considérables qu'elles étaient en considérant les désavantages de sa position, n'ont pas paru suffisantes pour faire valoir cette grande contrée ? Efforçons-nous, par cette grande mesure, d'ouvrir une carrière plus vaste à l'industrie et à l'intelligence de notre population, et d'offrir à son ambition des motifs plus nobles, plus dignes ; gardons-nous bien de rejeter ce projet avec la perspective brillante d'avenir qu'il ouvre à notre jeunesse, et avec le but plus noble qu'il offre à l'émulation de nos hommes publics[117].

Un sentiment de désespoir teinte la vie politique canadienne. Les politiciens tentent d'échapper à leurs « cages provinciales[118] ». Stimuler l'ambition devient de ce fait un objectif implicite des pères fondateurs. C'est ainsi que l'union fédérale doit procurer des emplois publics aux plus ambitieux. L'accessibilité des postes, par le système de patronage, doit servir d'instrument pour canaliser de façon paisible les frustrations politiques des coloniaux. Le patronage se traduira ainsi par une loyauté indéfectible à l'égard de la Couronne. Les pères fondateurs canadiens connaissent les possibilités qui peuvent surgir grâce à la construction des chemins de fer. Le chemin de fer permet de voir grand, de faire éclater les « étroites cloisons » qu'érige chaque colonie. Avant le début des Débats, John A. Macdonald exprime son irritation devant la conjoncture politique. Il souhaite l'émergence d'une ère empreinte d'un sentiment exaltant : « Depuis vingt longues années, j'ai été entraîné dans ce gaspillage de la politique coloniale. Je pensais qu'il n'y avait pas de fin, rien pour susciter de l'ambition. Mais maintenant, je vois quelque chose qui compense pour tout ce que j'ai souffert[119] ».

On aurait tort de croire que le patronage est l'apanage du courant politique conservateur. Les réformistes critiquent à l'occasion les méthodes du gouvernement, mais, en pratique, il n'y a guère de différence entre les deux partis. D'ailleurs, celui qu'on surnomme à l'époque « le champion de la corruption », sir Francis Hincks, est un réformiste. Il pense que les chemins de fer apporteront une ère de prospérité à l'Amérique du Nord britannique[120]. Dès le début de 1850, il tente de conclure des ententes avec les gouvernements afin de relier les territoires de la Nouvelle-Écosse et du Nouveau-Brunswick à celui de la province du Canada-Uni. On l'accuse de percevoir des pots-de-vin et de gaspiller les fonds publics. Il profiterait de renseignements confidentiels auxquels il a accès pour tremper dans des combines. Un homme qui accepte un poste, proteste Hincks, n'est pas de ce fait privé du droit de prendre part à des investissements légitimes : « [L]ancées à partir de 1853, les accusations se multiplièrent jusqu'en 1854, tandis que le *Globe*, la *Montreal Gazette* et d'autres journaux donnaient à Hincks le surnom de "champion de la corruption"[121]. »

L'itinéraire d'Allan MacNab symbolise encore mieux l'ambition de la société canadienne de l'époque. Par son désir ardent de succès, MacNab réussit durant sa carrière à faire partie des deux classes dominantes qui se succèdent dans la société canadienne. Il côtoie dans sa jeunesse l'aristocratie, représentée par le *family compact*, pour se frotter durant sa vieillesse à la bourgeoisie, représentée par la clique des chemins de fer. Comme l'explique Peter Baskerville : « Le fait qu'il n'appartenait pas entièrement au monde des grands féodaux et n'était pas membre de sa classe dirigeante, ni ne faisait partie totalement du monde des grands entrepreneurs explique qu'il servit de pont entre les deux groupes, mais combien fragile[122]. » L'héritage loyaliste de MacNab lui tient suffisamment à cœur pour qu'il s'engage à commander la réaction loyaliste durant les rébellions au Haut-Canada. Piètre stratège militaire, il se tourne par la suite du côté de la politique et de la spéculation financière. Du point de vue partisan, il passe de l'ultra-conservatisme au réformisme selon les « bonnes occasions » qui se présentent à lui. Sa grande trouvaille politique est ce slogan, qui traduit une bonne partie des conflits de l'époque : « Ma politique se résume dans les chemins de fer[123]. » MacNab est en effet omniprésent dans l'industrie ferroviaire. Il siège à plusieurs conseils d'administration de compagnies de chemins de fer, en plus de présider sept fois la Commission des chemins de fer à l'Assemblée. George Brown l'accuse un jour de s'arranger « pour faire la ruine ou la fortune de chaque projet de chemin de fer selon qu'il le [juge] à propos[124] ». La politique comme l'industrie des chemins de fer sont pour lui les deux instruments d'un même désir : se maintenir au sommet de la hiérarchie de la haute société canadienne. En effet, écrit Baskerville,

> [c]'était le dernier des soucis du spéculateur MacNab que l'acheteur d'actions pût fournir le capital au-delà du premier paiement, même si le chemin de fer ne pourrait être construit si on était incapable de répondre à des appels ultérieurs de capital. Son mercantilisme, son insuccès dans la recherche de sources de capitaux sûres pour le chemin de fer, son incompétence dans la gérance et son influence déclinante à l'Assemblée lui valurent d'être déposé comme président du Great Western en 1849... La conduite politique de MacNab ne peut se comprendre indépendamment de ses intérêts dans les chemins de fer. Il employait des moyens dénués de scrupules. Avec ses procédés inusités, sa réputation suspecte, il était, selon les dires d'un associé, « une excroissance dont on ne peut se défaire[125] ».

De l'Empire

Au milieu du XIXe siècle canadien, les intellectuels canadiens-anglais pensent en fonction de l'Empire. Lorsque l'on oppose l'État multinational à l'État-nation, ils expriment une nette préférence pour le premier et dénigrent la Révolution française, suivant en cela la critique d'Edmund Burke. Ils rejettent les grands principes de 1789 : l'égalité naturelle entre les hommes, la souveraineté nationale ainsi que la souveraineté populaire. Cette position légitime l'existence de l'Empire britannique, au sein duquel le peuple anglais représente la « noblesse des nations[126] ». Désirant maintenir son appartenance à cette noblesse, le sujet britannique ne peut envisager la désintégration de l'Empire. En effet, les hommes politiques britanniques sont tous favorables à l'unité impériale[127]. De fait, même les politiciens « anticolonialistes » du Little England, qui souhaitent l'indépendance des colonies, lorsqu'ils accèdent au pouvoir, deviennent partisans du maintien du lien colonial[128]. Ce sentiment a probablement trait à la structure de classes particulière de l'Angleterre. Le patriotisme s'y diffuse sans jamais attaquer la noblesse. Dès le XVIIe siècle, l'aristocratie terrienne s'intègre graduellement dans le rang de la bourgeoisie. En sens inverse, il n'est pas rare de voir l'homme du commun atteindre la position de lord. Fait exceptionnel dans le monde occidental, l'imaginaire féodal contamine celui de la classe populaire[129].

De l'héritage de Burke

En somme, cette pensée impérialiste reste attachée à une conception féodale de la liberté. En effet, au XIXe siècle, tout défenseur de l'Empire britannique s'oppose à l'idée selon laquelle l'homme possède des droits inaliénables. L'inégalité ne fait-elle pas partie du caractère national de l'Angleterre ? Comme l'écrit Burke, les libertés anglaises représentent un héritage transmis à chaque génération : « La ligne constante de notre Constitution a toujours été de revendiquer nos libertés et de les faire respecter en tant qu'héritage inaliénable transmis par nos aïeux et que nous devons transmettre à la postérité en tant que bien qui appartient en propre au peuple de ce royaume[130]. » Comme le révèle la biographie de Donald Creighton, des pères fondateurs de 1867, John A. Macdonald est certes le plus burkéen. Selon cet historien, Macdonald n'accepte pas la doctrine « abstraite » des droits de l'homme : « [P]our lui, à l'instar de Burke, tout changement de loi en matière de propriété privée impliqu[e] à coup sûr un renversement total de l'ordre politique et social établi[131]. » Dans son esprit, les libertés ne sont pas des droits abstraits et inaliénables. Elles sont plutôt acquises par la lutte, la guerre et la conquête. Dans un discours, Macdonald dit s'opposer à toute loi d'inspiration républicaine :

> La population dans sa grande majorité est opposée à cette mesure [car] elle est antibritannique et antimonarchique. Elle n'aurait jamais dû être présentée ici pour la simple raison qu'elle a déjà été présentée aux États-Unis et qu'il est fou de vouloir bâtir un système monarchique sur des principes républicains. La loi sur le droit d'aînesse est un lien fondamental entre le peuple et la Couronne et entre la Couronne et le peuple[132].

Le courant antirépublicain prédomine dans l'imaginaire canadien-anglais de l'époque, et John A. Macdonald l'incarne bien. La carrière du député de Kingston est consacrée à la défense du monarchisme. Le père fondateur rêve d'édifier une Amérique du Nord britannique sur les principes de la vieille Angleterre. Il commence très tôt à manifester son allégeance à la Couronne britannique. Durant les années 1830, il fonde une société secrète loyaliste. Selon Creighton, la société vise à ridiculiser les aspirations des républicains : « [L]a Société de la Vache Rouge dont le nom est une caricature de noms français et un curieux mélange de chevalerie médiévale et de ferveur écossaise des Highlands, était la riposte farfelue du jeune John aux signes avant-coureurs de révolution dans les deux Canadas[133]. » Le jeune loyaliste fustige les « idées abstraites » du XVIIIe siècle : « Le scepticisme, le détachement et les absolus rationalistes du Siècle des lumières ne faisaient pas partie de son monde[134]. » Il faut « défendre les institutions britanniques contre le républicanisme des francophones et des Américains[135] ». De fait, selon le jeune loyaliste, les troubles des années 1830 sont provoqués par des étrangers : « [P]our Macdonald, tout comme pour Kingston et l'ensemble du district du Midland, la rébellion n'était pas tant le fait de nationaux qui se seraient soulevés contre l'autorité en place, mais plutôt la succession de raids organisés par les Américains[136]. » C'est à l'occasion de l'incendie du parlement, à Montréal en 1849, que Macdonald se fait connaître sur la scène nationale. Le politicien du Haut-Canada participe activement à la fondation de la British American League : « La convention devait se tenir à Kingston, qui en raison du symbole qu'il représentait, était le meilleur endroit […] Kingston depuis toujours était le symbole de la défense, et plus particulièrement de la défense contre les États-Unis[137]. »

La domination de Macdonald au Parlement canadien, qui dure près de quarante ans, tient à ce loyalisme. Les Canadiens anglais se révèlent plus monarchistes que les Anglais de la mère patrie. Le père fondateur juge toujours les choses à l'aune de l'Empire. Ce phénomène est observable durant les Débats. Les pères fondateurs, à la suite de sir John, n'en finissent pas de proclamer qu'ils sont les « humbles sujets de Sa Majesté ». Ainsi, durant sa carrière politique, Macdonald insiste sur l'importance de créer au Canada une aristocratie. Le père fondateur sait que le colon anglais, lorsqu'il s'installe sur un territoire conquis, a le sentiment d'appartenir à une noblesse : le peuple britannique. Il vit avec les autres colons anglais comme s'ils faisaient partie d'une caste supérieure. C'est peut-être pour cette raison que l'on affirme si souvent cette identité durant les Débats. Un jour, Macdonald déclare : « Je suis sujet britannique, né sujet britannique et j'espère mourir sujet britannique[138]. » Seul l'abandon pur et simple de la colonie par la métropole, que l'on interpréterait comme une catastrophe, justifierait, dans l'esprit de son collègue John Rose, le renoncement à cette identité : « [S]i, en cas de guerre, et pour la première fois, l'Angleterre refusait de venir au secours de ses colonies, les générations futures ne pourraient plus, comme autrefois, se glorifier de porter le nom anglais[139]. » Afin de se maintenir dans cette noblesse des nations, les pères fondateurs doivent réfuter le principe de la souveraineté nationale.

La critique de la Révolution française est indispensable, dans l'imaginaire canadien-anglais de l'époque, afin de contrecarrer « les prétentions à la souveraineté de peuples arriérés ». La souveraineté des nations est, indéniablement, un sérieux obstacle à la stabilité des entreprises impérialistes. La doctrine antinationale, qui fait l'éloge de l'État multinational, influence considérablement les Canadiens anglais au XIXe siècle. Au Canada, cette pensée vise à disqualifier les arguments de plusieurs ennemis politiques : les Américains, les républicains canadiens, les Irlandais et, enfin, les Amérindiens. Au cours des Débats, Macdonald rappelle que, dès 1861, il s'opposait à dépouiller la Couronne de sa souveraineté. La guerre civile américaine, qui découle à son avis de l'anarchie provoquée par la souveraineté des États, devrait inspirer une leçon aux Canadiens :

> Tâchons de profiter de l'enseignement que cette leçon nous donne et n'allons pas nous briser sur le même écueil. Leur erreur fatale, erreur qu'ils ne purent peut-être pas éviter par suite de l'état des colonies à l'époque de la révolution, fut de faire de chaque État une souveraineté distincte à l'exception des cas spécialement réservés par la constitution au gouvernement général. Le principe véritable qui doit servir de base à une confédération consiste à donner au gouvernement général toutes les attributions et les pouvoirs de la souveraineté[140].

De la forme multinationale

Durant les Débats, les pères fondateurs tirent profit de cette pensée antinationale pour mieux évoquer leur rêve, soit la création d'un État multinational au Canada. Ils justifient ainsi le rejet du principe de l'autodétermination nationale. La notion de souveraineté nationale, qui abolirait toute influence de la Couronne, serait illusoire et pernicieuse. L'obtention du gouvernement responsable, en 1848, n'a-t-elle pas détruit la croyance selon laquelle la souveraineté de la Couronne ne pouvait être divisée ? Macdonald revient, inlassablement, sur la guerre de Sécession pour illustrer sa critique. Comme le souligne Creighton,

> [l]a guerre [de Sécession] permettait de découvrir les défauts de la Constitution américaine qu'il fallait à tout prix éviter. Dans ses discours, Macdonald, il insistait de plus en plus, sur la fatale erreur de la souveraineté des États [...] Pour de nombreux Canadiens anglais de sa génération, la guerre civile américaine marquait la dernière étape dans le discrédit, non seulement du principe de fédération, mais aussi de l'idée de démocratie et de république[141].

Loin d'être une déclaration d'indépendance nationale, la Confédération représente un mouvement visant à empêcher que la mère patrie abandonne ses colonies de l'Amérique du Nord. Durant les Débats, les pères fondateurs exagèrent la puissance du Little England. Ce dernier, disent-ils, pourrait persuader le Parlement impérial d'abandonner ses colonies. L'indépendance apparaît comme une illusion dangereuse. La rupture du lien impérial comporterait une fâcheuse répercussion : le glissement irréversible dans la république américaine. Tout le temps des Débats, les pères fondateurs présentent les choses selon une logique binaire : ou bien le Canada maintient le lien impérial, ou bien il est annexé aux États-Unis. Pour Macdonald, par exemple, la séparation du Canada d'avec l'Empire n'est pas envisageable : « [I]l nous faudra un siècle encore avant d'être assez forts pour marcher seuls[142]. » Le lien colonial possède une valeur inestimable : « Ceux qui n'aiment pas le lien colonial en parlent comme d'une chaîne, mais c'est une chaîne en or[143]. » Il ne faut pas seulement maintenir le lien ; il convient de le renforcer. C'est la seule façon de « résister à l'ennemi américain ». Durant toute sa carrière politique, John A. Macdonald soutiendra cette thèse. Cette citation, tirée des *Débats*, est exemplaire :

> Quelques-uns ont prétendu que ce projet de confédération était un pas vers l'indépendance, vers une séparation de la mère patrie. Je n'ai aucune crainte de ce genre. Je crois qu'à mesure que nous croîtrons en richesse et en force l'Angleterre sera moins disposée à se séparer de nous que si nous nous affaiblissions et que nous fussions sans défense. Je suis fermement persuadé que d'année en année, c'est-à-dire à mesure que nous

augmenterons en force et en population, l'Angleterre jugera mieux des avantages que lui vaudra son alliance avec l'Amérique du Nord britannique[144].

Au milieu du XIXe siècle, la grande réussite des capitalistes canadiens-anglais est de transformer l'ancien système colonial en un nouvel Empire canadien[145]. John A. Macdonald, qui entretient ce rêve depuis 1860, le concrétisera : « Il est vrai que le gouvernement a proposé une confédération des provinces d'Amérique du Nord britannique [...] afin de constituer un vaste empire[146]. » Suivant le principe anglais de l'*imperium in imperio*, il s'agit de créer un Empire canadien au sein de l'Empire britannique. De fait, après la Confédération, Ottawa devient le Londres canadien, comme le résume l'historien Creighton : « Selon Macdonald, toutes les provinces devaient dépendre autant d'Ottawa qu'elles avaient dépendu jusque-là de Londres[147]. » De même, « la future Constitution, dit Macdonald, doit être à l'image de la Constitution britannique[148] ». Plus tard, le père fondateur précisera : « Comme nous serons une province unie, les gouvernements locaux et les législatures locales seront subordonnés au gouvernement central et à la législature centrale. Le chef de l'exécutif, dans chaque province, dépendra évidemment lui aussi du gouvernement central[149]. » La subordination du gouvernement local au gouvernement impérial serait un pivot : « Le gouvernement central, dit Macdonald, se trouvera par rapport aux gouvernements locaux exactement dans la même position que le gouvernement impérial par rapport à chacune des colonies actuellement existantes[150]. »

Dès l'intégration des territoires de la baie d'Hudson, en 1869, le Canada est déjà un petit empire. Selon Chester Martin : « On passa d'une Confédération de provinces égales à un empire miniature, avec un vaste domaine de territoires subordonnés à son contrôle : l'esprit dans lequel le Canada négocia avec ces territoires offre un curieux parallèle avec la politique coloniale britannique de l'époque[151]. » Il s'agit d'un système laurentien, car le nouveau dominion, tout comme l'ancien système colonial, possède ses assises commerciales dans les villes de la vallée du Saint-Laurent. Dans la pensée de Macdonald, la dimension géographique est importante dans la mesure où la métropole fédérale poursuit une expansion territoriale sans fin. Les républicains canadiens-français ont beau mettre en évidence la « mégalomanie » du père fondateur, Macdonald s'accroche à ses rêves d'expansion. Il jongle même, à un certain moment, avec un projet qui amènerait l'annexion des colonies des Indes Orientales[152] à l'empire canadien. Il faut dire que

Macdonald n'est pas peu fier de ses entreprises impérialistes : « Nous avons annexé en douceur et presque sans nous en apercevoir toute la région qui s'étend d'ici jusqu'aux Montagnes Rocheuses[153]. » En effet, l'intégration des provinces Maritimes en 1867 est une étape indispensable pour construire un empire territorial. L'expansion de cette structure politique se heurte toutefois à des ennemis. Il faut non seulement rivaliser avec les Américains, mais aussi se protéger contre les Amérindiens qui habitent ces territoires. Comme le souligne Creighton, « le vrai problème était un problème de défense contre les Indiens autant que contre les Américains[154] ». La prudence, selon Macdonald, doit être de mise : « Il faudra faire très attention d'agir de façon à ce que ces peuples sauvages restent calmes[155]. »

La structure impériale britannique admet l'incorporation d'autres peuples. Mise en place par l'Acte de Québec, elle permet au colon anglais de se disséminer dans les colonies de l'Empire, aux quatre coins du monde, sans provoquer à court terme l'hostilité des groupes autochtones. La Couronne procure ainsi au colon anglais un cadre familier et sécuritaire. Elle transplante outre-mer les institutions britanniques, et l'autorité centrale de ce nouveau corps politique fédéré garantit à chaque colon anglais le titre de sujet de la Couronne. Macdonald juge essentiel, au moment de la Confédération, que les Canadiens anglais restent liés aux institutions de la mère patrie. La structure de 1867 atteint cet objectif tout en concédant l'autonomie locale aux francophones[156]. Si cette concession au Canada français atténue le pouvoir d'attraction de la république américaine, l'autonomie locale reste toutefois à la merci du pouvoir central. En effet, si un problème surgit, c'est le Parlement fédéral qui a le devoir de trancher. Dans l'esprit de Macdonald, le gouvernement local possède l'envergure d'une administration municipale : « Les Canadiens souhaitent une législature centrale forte avec des institutions municipales qui en dépendent[157]. » La guerre de Sécession offre le spectacle d'un pouvoir central inefficace. Au Canada, le caractère fédéral de l'union sera plutôt symbolique : « Les tristes événements qui se passent de l'autre côté de la frontière prouvent que la seule union fédérale ne suffit pas. Au lieu d'une union fédérale, il faut créer une union qui soit législative en fait, en principe et en pratique[158]. »

De la tyrannie des masses

Conformément à la tradition loyaliste, la souveraineté populaire est condamnée avec vigueur. La carrière de John A. Macdonald est exemplaire à cet égard, car elle s'attache à combattre la « tyrannie des masses », typique de la politique républicaine. Aux yeux de Macdonald, le pouvoir démocratique est un mouvement dangereux qui agite les républiques américaine et française. Une telle interprétation de la démocratie est dominante durant les Débats. Face au mouvement démocratique, Macdonald prône l'adoption d'un frein monarchique — la Couronne — et d'un frein aristocratique — la noblesse. Au grand regret du père fondateur, ces deux freins sont faibles en Amérique du Nord. Il souhaite donc leur renforcement : « [L]'idée de monarchie doit être renforcée dans les colonies et il [faut] ménager la possibilité d'atteindre une classe sociale plus élevée[159]. » C'est précisément au sujet de la nature de la Chambre haute — le Conseil législatif — que les discussions révèlent le mieux l'opinion des pères fondateurs sur la souveraineté populaire. Afin d'échapper au « péril démocratique », disent-ils, la Chambre haute du Parlement doit devenir un frein. Idéalement, le Sénat vise à empêcher les députés canadiens d'instaurer la « tyrannie des masses ». Le Conseil législatif pondère le pouvoir démocratique qui, lui, doit s'exprimer à la Chambre basse. Ainsi, la Confédération crée cette chambre, communément appelée le Sénat, qui se divise en trois unités : le Haut-Canada, le Bas-Canada et les Maritimes. Chaque unité régionale possède vingt-quatre représentants. Pour conférer au Sénat un authentique caractère aristocratique, les pères fondateurs jugent qu'il est plus sage « de revenir au bon vieux principe nominatif ». Ainsi, les pères abandonnent le principe électif, adopté en 1856 à la suite de longues luttes démocratiques. Faut-il être surpris ?

La profonde inquiétude à l'endroit du pouvoir démocratique, après tout, est une constante dans l'histoire du loyalisme canadien. En réponse à la critique des rouges, vitriolique durant les Débats, John A. Macdonald rappelle qu'il n'y avait pas de consensus, à la conférence de Québec, entre les provinces au sujet de la constitution du Sénat. À son avis, les délégués du Canada désiraient maintenir le principe électif. Mais ce n'était pas le vœu des délégués des provinces Maritimes : « Comme on peut le penser, il se déclara d'abord une grande divergence d'opinions sur la constitution du conseil législatif ; de la part du Canada, on voulait un principe électif, tandis que les provinces d'en bas, à l'exception de l'Île-du-Prince-Édouard, demandaient le principe contraire, c'est-à-dire la nomination par la Couronne[160]. » Macdonald n'a aucune difficulté à donner raison au principe aristocratique et explique pourquoi. Le Sénat en Angleterre représente le pouvoir de l'aristocratie terrienne. Cette Chambre a la réputation d'assurer la stabilité du corps politique et est un élément de conservatisme qui tempère les sursauts de la volonté populaire : « [U]ne chambre haute héréditaire est une impossibilité en ce jeune pays, car nous n'avons aucun des éléments propres à former une aristocratie foncière ; nous n'avons aucune classe séparée et distincte du peuple[161]. »

En somme, un pouvoir de type aristocratique garantirait un minimum de stabilité. Le Sénat non élu limiterait la « discorde » provenant de la Chambre basse. Dans l'esprit de Macdonald, seule une telle Chambre permettrait à la Constitution canadienne de résister à l'épreuve du temps. Le député de Kingston affirme que les « hommes de stature » ne sont pas prêts à se soumettre aux impératifs de la souveraineté populaire. Il faut les soustraire au fardeau que représente le processus démocratique. À cause de cette « mesure regrettable » — la nature élective de la Chambre haute, adoptée en 1856 —, le nouveau pays a été privé de ses éléments les plus sages, les plus avertis, les plus expérimentés. Dans l'esprit des pères, toutefois, le Sénat ne suffit pas à « contrer la tyrannie des masses ». Il faut un autre frein, soit le principe monarchique. Loin de penser que la monarchie doit avoir une finalité strictement symbolique, John A. Macdonald reconnaît dans la Couronne un contre-pouvoir indispensable. L'historien William Morton a bien montré, dans *The Canadian Identity,* que les pères fondateurs se sont tournés vers la Couronne pour limiter le pouvoir démocratique[162]. Le gouvernement du Canada, écrit-il, reconnaît des libertés civiles au sujet britannique à la condition que de fortes contraintes soient imposées à l'expression de la souveraineté populaire, dont la principale serait la tradition monarchique, ensemble de principes enracinés dans l'histoire canadienne et qui encadre la gouverne du pays. Selon l'historien, c'est la raison pour laquelle la monarchie est partie intégrante de l'identité canadienne :

> Le Canada n'est pas la création d'un pacte ou d'un contrat social enchâssé dans une Déclaration d'Indépendance et une constitution écrite. Il s'agit plutôt du produit d'un traité et d'un acte, l'aride instrument légal du législateur. Il provient du travail anonyme de fonctionnaires du Colonial Office et d'obscurs politiciens provinciaux. Le noyau moral de la nationalité canadienne se trouve dans le fait que le Canada est une monarchie et dans la nature de l'allégeance à la monarchie. Comme les Américains sont unis à la base par le contrat, les Canadiens sont unis au sommet par l'allégeance[163].

Les pères adoptent le principe monarchique afin de résoudre des problèmes propres à l'imaginaire loyaliste : la peur des factions, l'instabilité des gouvernements locaux et la tyrannie des masses. Cet affrontement des factions, caractéristique de toute vie démocratique, rappelle aux pères fondateurs le souvenir traumatisant de la défaite de 1783. Or, selon eux, les institutions monarchiques apportent neutralité et stabilité à la vie politique. Le renforcement du pouvoir monarchique apparaît, pour Macdonald au moment des Débats, comme une solution à ce qui fait impasse au Canada-Uni :

> À cette époque, l'antagonisme entre les deux sections de la province, le danger d'une anarchie imminente, fruits d'opinions irréconciliables sur la représentation d'après la population dans le Haut et le Bas-Canada, nous présageaient une triste succession de gouvernements faibles, en majorité et en influence, incapables par-là même de réaliser aucun bien. L'état précaire de nos affaires, les graves appréhensions d'une anarchie qui aurait ruiné notre crédit, détruit notre prospérité et anéanti notre progrès, firent surtout impression sur les membres du Parlement actuel[164].

Macdonald appuie ainsi sans équivoque le principe monarchique. Le dominion du Canada restera soumis à la souveraineté de la Couronne britannique : « Nous avons alors reconnu l'opportunité de faire une déclaration distincte de notre opinion sur le sujet, et d'énoncer dès le but de nos négociations, que "le pouvoir ou gouvernement exécutif résiderait dans le souverain du Royaume-Uni de la Grande-Bretagne et d'Irlande, et serait administré par le souverain ou le représentant du souverain, suivant les principes de la Constitution britannique"[165]. » De façon triomphaliste, au moment des Débats, le père fondateur affirme que le million d'individus que regroupera la Confédération « s[er]ont animés de la même loyauté envers la Reine[166] ». Cette « unanimité monarchiste » s'exprime, à son avis, au Parlement. Aucun député ne s'opposerait au maintien du principe monarchique : « Cette résolution rencontra l'approbation unanime de tous les membres de la conférence. Pas un n'exprima le désir de rompre avec la Grande-Bretagne et de ne pas continuer notre allégeance à Sa Majesté[167]. » En fait, Macdonald suggère que l'on reconduise la structure mixte de la Constitution anglaise : roi, lords, communes. Il est impératif de calquer cette Constitution, le plus fidèlement possible, sur le modèle anglais, car « la législature de l'Amérique britannique du Nord sera composée du roi, des lords et des communes ; le Conseil législatif occupera vis-à-vis de la Chambre basse la même position que la Chambre des lords occupe vis-à-vis des Communes en Angleterre, et aura de même le pouvoir de l'initiative de toute espèce de législation, sauf celle des mesures de finances[168] ». Macdonald affirme qu'il y a, au Canada, un large consensus sur le maintien de la Reine en tant que chef de l'exécutif du gouvernement de ce nouveau pays nord-américain : « [N]ous avons décrété que le souverain de la Grande-Bretagne serait indéfiniment celui de l'Amérique britannique du Nord[169]. » L'histoire des républiques montre, à son avis, que l'autorité du chef de l'exécutif y est moins stable que dans un régime monarchique :

> En adhérant au principe monarchique, nous évitons une faiblesse inhérente à la Constitution des États-Unis. Le président étant élu pour une courte période, il ne peut jamais être regardé comme le souverain de la nation ; il est seulement le chef heureux d'un parti politique. Cette anomalie s'aggrave encore davantage par le principe de la réélection ; pendant la durée de ses fonctions, il travaille pour lui et son parti à se maintenir au pouvoir pendant une autre période ; mais en adhérant au principe monarchique nous obvions à tout cela. Je crois qu'il est de la plus grande sagesse que ce principe soit reconnu afin que nous ayons un monarque vers qui pourront se tourner tous les regards, un monarque qui n'appartiendra à aucun parti, en un mot, qui sera le chef et la protection commune de tous[170].

Macdonald a une confiance inébranlable dans le jugement de la reine. Le pouvoir du chef de l'exécutif du nouveau pays s'exercera par l'intermédiaire de son représentant. Le futur premier ministre du Canada laisse une liberté totale à la reine quant au choix du gouverneur général : « [N]ous n'apportons aucune restriction au choix que Sa Majesté fera de son représentant ; sa prérogative sera la même qu'aujourd'hui, et elle sera complètement libre[171]. » Le peuple du Canada, à l'évidence, n'a pas un mot à dire dans le choix du chef de son exécutif. La reine peut nommer qui elle veut : « Nous ne savons pas si ce choix s'arrêtera sur un membre de la famille royale, qui viendra régner ici en qualité de vice-roi, ou bien sur l'un des grands hommes d'État que l'Angleterre enverrait ici administrer les affaires du Canada : nous laissons à Sa Majesté le soin d'en décider[172]. » Quant au nom que l'on donne à ce nouveau pays, Macdonald fait encore confiance à la Couronne : « [J]e suis certain que Sa Gracieuse Majesté considérera le sujet comme il convient, et le nom qui nous sera donné sera digne de notre avenir[173]. » Le père fondateur doit cependant admettre que sa province, le Haut-Canada, ne remporte pas le concours de la loyauté. Il souligne que, si le Canada-Uni est loyal, il est indéniable que les provinces Maritimes le sont encore plus : « [P]artout dans ces provinces, les partis politiques luttent à qui donnera le plus de témoignages de sa loyauté à Sa Majesté et à la Couronne britannique[174]. »

Deuxième partie

La nation canadienne

De la république agraire

L'imaginaire de la nation canadienne est une combinaison originale des thèmes patriotes du Country party, dont le thème principal est la *corruption,* particulièrement la corruption du Parlement anglais[1]. Pour lui, la liberté publique est mise en péril. Cette inquiétude ramène sur la scène publique une figure mythique de l'antique république romaine, Caton d'Utique[2], qui devient pour le citoyen anglais un modèle de vertu[3]. D'ailleurs, le pamphlet le plus célèbre du Country party, œuvre des républicains John Trenchard et Thomas Gordon, s'intitule *Cato's Letters.* Il s'agit d'une série de lettres percutantes attaquant le gouvernement Walpole au début des années 1720. À la corruption du régime, Trenchard et Gordon opposent la vertu publique. Ils s'inspirent de la philosophie de l'humanisme civique. Un parallèle existe donc entre l'attitude de ces républicains anglais et celle des humanistes de la Renaissance florentine.

La *Renaissance anglaise* est l'œuvre de James Harrington, de John Milton, d'Andrew Marvell et d'Algernon Sidney[4]. Ces humanistes anglais, qui vont inspirer plus tard le Country party, puisent dans la grande tradition républicaine et en dégagent une conception du citoyen calquée sur le modèle de l'antique cité grecque. L'individu y représente un animal politique qui se réalise par une participation à la vie de la cité. La liberté y est considérée comme une faculté politique et ne peut exister que si les citoyens vivent ensemble en dehors de l'autorité. Dans l'imaginaire country, la citoyenneté exige l'indépendance, laquelle est assurée par la propriété terrienne. Cette dernière stimule l'intérêt à l'égard du bien public. Dans l'imaginaire country, ce qui est particulièrement harringtonien est le rapprochement entre l'indépendance de propriété et le statut de milicien. C'est dans cette optique qu'il faut comprendre que les publicistes du Country party dénoncent la mise sur pied d'une armée permanente.

Pour eux, la citoyenneté est toujours sujette à la corruption, force destructrice qui érode la vigilance du citoyen à l'égard des affaires de la cité. Le résultat de cette corruption est une sclérose de la liberté publique. Dans l'Angleterre du XVIIIe siècle, l'équilibre est continuellement menacé par les empiètements de la Couronne sur les affaires du Parlement, et l'exécutif possède les instruments propres à distraire le Parlement de sa finalité. Il peut séduire ses membres en leur offrant des emplois dans l'administration publique, en les empêchant de surveiller les ministres, en les persuadant d'appuyer les mesures — taxes, dette publique, armée — par lesquelles la bureaucratie prend de l'expansion au-delà du contrôle du Parlement. Le Country party lie la corruption à l'influence de la classe marchande. Le luxe qu'introduit cette classe, porteuse de corruption, provoque le déclin de la *res publica*.

La défense des libertés du Parlement, par les républicains anglais, entraîne l'adhésion des penseurs politiques de l'Amérique du Nord qui, eux, haussent d'un cran la démarche du Country party[5]. Les principes républicains leur permettent de légitimer l'indépendance des colonies. C'est donc à l'aide de l'arsenal idéologique du Country party que les patriotes américains résistent à la Couronne. Au moment de la Sécession, les Américains ont le sentiment que la Couronne britannique corrompt la Constitution. Pour légitimer l'indépendance, les patriotes américains s'appuient donc sur l'imagerie du Country party. Dans leur esprit, une petite clique de bureaucrates du Colonial Office complote dans les coulisses, usurpant les droits des colons américains. Le meilleur recours pour remédier à cela est d'en appeler à la pensée radicale républicaine : Harrington, Milton, Neville, Sidney, etc., auteurs qui se révèlent de véritables prophètes. Dans le passé, ils ont clamé la mise en péril des libertés en raison de la corruption. Pour les patriotes américains, l'idée de révolution implique un retour à l'origine. Ainsi, l'indépendance des colonies vise, avant tout, à restaurer une Constitution violée. Afin de préserver ses libertés, le citoyen doit échapper à la corruption qui sévit. Il s'agit en un sens d'une *restauration*, d'une résistance.

Entre 1774 et 1867, l'attrait de l'image patriote est fort chez les penseurs de la nation canadienne. Cette attitude de résistance, qui trouve ses fondements dans la figure du rebelle, est beaucoup moins exceptionnelle que l'historiographie a bien voulu le dire. L'imaginaire de la nation canadienne accueille positivement l'image de l'Indépendance américaine[6]. Ce qui y est surtout attirant, pour le rebelle canadien, c'est la tentative pour échapper à un monde corrompu. Durant cette période, l'admiration à l'égard du républicanisme connaît évidemment des fluctuations. Durant les trois premières décennies du XIXe siècle, selon Louis-Georges Harvey, le thème de la vertu publique est central dans le discours de la nation canadienne. Au début du siècle, c'est l'Angleterre qui apparaît comme une république de vertu. Mais peu à peu, les penseurs de la nation canadienne portent leur admiration vers les États-Unis. La désaffection à l'égard de la Couronne croît graduellement jusqu'à la rébellion de 1837. En effet, plus l'insatisfaction grandit chez les Canadiens, plus on envisage la solution républicaine. La corruption de la bureaucratie anglaise rappelle trop les scènes de 1776. On organise spontanément des assemblées publiques et ce n'est pas un hasard si la rébellion oppose des *patriotes* à des *loyalistes*. La perception de cette image est double : l'image patriote, associée au républicanisme agraire, et l'image loyaliste, attachée au monarchisme commercial.

La réaction militaire de 1837 permet toutefois à la Couronne de marginaliser les patriotes. Le combat républicain ne cesse toutefois pas avec l'échec du mouvement de Papineau et l'appel au républicanisme ne s'estompe pas immédiatement. De fait, les républicains songent sérieusement à négocier une alliance avec la république américaine[7]. Les rouges, qui connaissent quelques succès électoraux, flirtent ouvertement avec cette idée. La réussite de l'Institut canadien montre qu'il faut compter, au Bas-Canada, avec la ferveur républicaine, laquelle se manifestera sur une très longue période[8]. Cette tradition républicaine finit toutefois par s'incliner graduellement devant la politique de collaboration des Parent, Lafontaine et Cartier. Les parlementaires qui s'opposent à la Confédération ne sont pas tous des rouges. Il y a des conservateurs dissidents (bleus) et des libéraux catholiques (violets). Ces opposants, moins connus que les rouges, utilisent abondamment les thèmes républicains.

De l'idée patriote

L'idée patriote est la clé qui permet de comprendre la nation canadienne. L'opposition patriote à l'autorité de la Couronne britannique est principalement rattachée à la tradition républicaine. Les patriotes américains y ont recours en 1776 ; les patriotes canadiens, en 1837.

D'ailleurs, dès les premiers affrontements entre les patriotes et les loyalistes, en 1774, l'idée républicaine séduit une partie de la nation canadienne et le combat patriote exerce sur elle un grand attrait. Elle refuse les appels à la loyauté de l'élite aristocratique. Dans les années qui suivent, le conflit politique fait amèrement regretter aux Canadiens l'échec de l'idée patriote. L'image de la révolution américaine est de plus en plus omniprésente et l'indépendance des États-Unis devient une référence centrale. Elle légitime la lutte contre la corruption du Parlement. La légende patriote devient, progressivement, un récit donnant un sens à l'expérience historique de la nation canadienne et occupant une place prépondérante dans les premières fresques historiques. L'auteur qui, durant le XIXe siècle canadien, contribue le plus significativement à l'idée patriote est l'historien François-Xavier Garneau. La naissance de la discipline historique, qui suit l'échec de la rébellion, coïncide avec la parution de son ouvrage intitulé *Histoire du Canada*. Garneau veut, par cette œuvre, enseigner à ses compatriotes les grands événements de leur histoire nationale. Et, de fait, son *Histoire du Canada* nourrit l'imaginaire de générations de patriotes canadiens. C'est cet historien laïque qui, au milieu du XIXe siècle, crée les grands symboles de la légende patriote[9]. Incapable de s'affranchir parfaitement des thèmes bibliques, Garneau voit la Conquête comme le terme d'une espèce de *sortie de France*.

De la sortie de France

Le progrès de l'humanité, dans l'esprit de Garneau, est perceptible dans l'histoire des peuples. Comme pour Michelet, qui l'influence grandement, le *héros de l'histoire* est le peuple. Garneau, qui assiste au début des années 1830 à des séminaires à Paris, mijote le projet d'une histoire de sa patrie. Également influencé par l'œuvre d'Augustin Thierry, Garneau espère éveiller la conscience historique des Canadiens. Il trouve de nombreux parallèles dans la *Conquête de l'Angleterre par les Normands*[10]. La description de la lutte nationale, qui suit la conquête de l'Angleterre par les Normands, et les judicieuses remarques sur la difficulté de supprimer un peuple conquis intéressent plus précisément l'historien canadien. Une citation de Thierry, au sujet de l'histoire des peuples, retient particulièrement son attention. Garneau la place dans le « Discours préliminaire » qui inaugure son *Histoire du Canada* : « Un grand peuple ne se subjugue pas aussi promptement que sembleraient le faire croire les actes officiels de ceux qui le gouvernent par le droit et la force. La résurrection de la nation grecque prouve que l'on s'abuse étrangement en prenant l'histoire des rois ou même des peuples conquérants pour celle de tout le pays sur lequel ils dominent[11]. » La conception de l'histoire d'Augustin Thierry séduit Garneau car le rôle de l'historien est celui d'un patriote. Il doit s'attacher à faire revivre le passé de ses ancêtres afin d'aiguiser la mémoire collective de la nouvelle génération. C'est le projet que Garneau met à exécution au début des années 1840 et qu'il explique dans sa célèbre lettre à lord Elgin : « J'ai entrepris ce travail dans le but de rétablir la vérité, si souvent défigurée, et de repousser les attaques et les insultes dont mes compatriotes ont été et sont encore journellement l'objet de la part d'hommes qui voudraient les opprimer et les exploiter à la folie[12]. » En accomplissant cette tâche, Garneau devient vite le premier historien national. Il est, de fait, le premier historien de la nation canadienne à signaler à ses compatriotes les risques d'une assimilation à la société anglaise. Ce peuple, conquis en 1759, jouirait toutefois, à son avis, d'un singulier avantage. Il a jalousement conservé ses traits nationaux à la suite de son établissement en Amérique :

> Tout démontre que les Français établis en Amérique ont conservé ce trait caractéristique de leurs pères, cette puissance énergique et insaisissable qui réside en eux-mêmes et qui, comme le génie, échappe à l'astuce de la politique ainsi qu'au tranchant de l'épée. Ils se conservent, comme type, même quand tout semble annoncer leur destruction. Un noyau s'en forme-t-il au milieu de races étrangères, il se développe, en restant isolé, pour ainsi dire, au sein de ces populations avec lesquelles il peut vivre, mais avec lesquelles il ne peut s'incorporer[13].

Les traits nationaux de la « race » française, attribuables à sa nature gauloise, sont exclusifs au peuple canadien. Cette dimension gauloise, héritée de la France, est affermie en raison des pressions externes et des attaques des ennemis. Elle est surtout revigorée dans les périodes de conflit : « Cette force de cohésion qui leur est propre, se développe d'autant plus que l'on veut la détruire[14]. » Dans son esprit cependant, le peuple canadien est déjà une nation qualitativement séparée des Français de la métropole. Ayant échappé à la corruption de la vieille Europe, les Canadiens sont supérieurs aux Français. Ils se distinguent par ailleurs des Anglo-Américains en ce qu'ils n'ont pas été expulsés de la mère patrie. Épris de liberté, les Canadiens sont des aventuriers : « [L]eur vie, à la fois insouciante et agitée, soumise et indépendante, [a] une teinte plus chevaleresque, plus poétique que la vie calculatrice de ces derniers[15]. » Ils appartiennent à un peuple de laboureurs, de chasseurs et de soldats. Les Canadiens auraient triomphé si seulement ils avaient été la moitié aussi nombreux que les Anglais : « [C]'étaient des chercheurs d'aventures, courant après une vie nouvelle, ou des vétérans brunis par le soleil de la Hongrie, et qui avaient pris part aux victoires des Turenne et des Condé[16]. » Ceux qui viennent s'établir en Nouvelle-France sont les plus imbus de ce trait gaulois, et ce sont les Français les plus typés qui traversent l'océan où les conflits et les luttes les attendent, tandis que les moins frondeurs restent en France. L'*Histoire du Canada* de Garneau est le récit tragique de batailles gagnées et perdues, car, pour lui, les Canadiens se distinguent par leurs vertus militaires. La supériorité des Canadiens sur les Français de la mère patrie semble évidente. Le cas de la Conquête illustre fort bien cette idée d'autant plus que les vertus militaires du peuple canadien y sont glorifiées. Tel un orphelin, le Canada est abandonné par une « mauvaise mère » française. Les Canadiens vivent assez douloureusement cette séparation. Comme l'écrit le poète Octave Crémazie, en pensant aux vaincus de 1760 :

> De nos bords s'élevaient de longs gémissements,
> Comme ceux d'un enfant qu'on arrache à sa mère ;
> Et le peuple attendait plein de frémissements,
> En implorant le ciel dans sa douleur amère,
> Le jour où pour la France et son nom triomphant,
> Il donnerait encore et son sang et sa vie ;
> Car privé des rayons de ce soleil ardent,
> Il était exilé dans sa propre patrie[17].

Ce texte exprime un lieu commun de la littérature patriote : le sentiment des Canadiens face à une séparation qui, probablement, ne sera jamais réparée. Celui qu'on dénommait le « Victor Hugo canadien », Louis Fréchette, exprime le même regret dans l'épigraphe que porte son œuvre célèbre, *La Légende d'un peuple* :

> À la France !
> Mère, je ne suis pas de ceux qui ont le bonheur
> d'être bercés sur tes genoux.
> Ce sont de bien lointains échos qui m'ont familiarisé
> avec ton nom et ta gloire.
> Ta belle langue, j'ai appris à la balbutier loin de toi.

> J'ose, cependant, aujourd'hui, apporter une nouvelle page
> héroïque à ton histoire déjà si belle et si chevaleresque.
> Cette page est écrite plus avec le cœur qu'avec la plume.
> Je ne te demande pas, en retour, un embrassement
> maternel pour ton enfant, hélas ! oublié.
> Mais permets-lui au moins de baiser, avec attendrissement
> et fierté, le bas de cette robe glorieuse qu'il aurait
> tant aimé voir flotter auprès de son berceau[18].

Cette image du peuple orphelin est très populaire. Le Canadien, après la Conquête anglaise, est seul au monde. L'histoire de la nation canadienne accordera, par la suite, une prépondérance au motif de l'abandon. La Conquête, en tant que grande défaite, devient l'événement organisateur de l'histoire nationale. Comme le souligne l'historien Garneau, la Conquête sépare les deux grands combats de la nation canadienne : « [S]i l'on envisage l'histoire du Canada dans son ensemble, depuis Champlain jusqu'à nos jours, on voit qu'elle se partage en deux grandes phases que divise le passage de cette colonie de la domination française à la domination anglaise[19]. » On peut alors parler d'une transition qui permet d'affirmer la nouvelle nationalité, en opposition avec la nationalité française. Dans l'imaginaire patriote, l'expérience française n'est pas seulement un épisode daté, fini et dépassé. Cette image de la décadence de la France n'est donc pas morte, elle sera toujours vivante. La sortie de France est la dernière image d'une suite de mauvais souvenirs. En effet, la raison fondamentale de la perte de la Nouvelle-France, dans le récit de Garneau, se trouve dans la conduite décadente des Français de la mère patrie. La bureaucratie corrompue, que les extravagances de la Cour de France illustrent fort bien, écrase une petite mais néanmoins dynamique classe marchande canadienne. Le Français est un individu dont le caractère gaulois est faible et dégénéré. L'absolutisme de l'administration coloniale française concourt lui aussi à la défaite. Ainsi, le biais idéologique antimétropole française chez Garneau explique pourquoi le « bon Canadien » Vaudreuil fait si belle figure à côté du Français Montcalm. Garneau poursuit son argumentation en appuyant sur le fait que les Canadiens gagnent la deuxième bataille des plaines d'Abraham au printemps de 1760. La Conquête advient donc parce que, même si les Canadiens ont fait leur part, la France n'a pas fait la sienne. La chute finale de 1760 est le terme d'une longue suite d'abandons. La perte de la colonie était commencée depuis belle lurette, aussi tôt qu'en 1710 ; elle est, de fait, l'aboutissement logique d'un mauvais régime politique : « Si les chefs commirent quelquefois des fautes, on doit dire qu'elles ne changèrent rien à un dénouement devenu inévitable, et dont l'histoire doit laisser peser toute la responsabilité sur la caducité du gouvernement de la métropole[20]. » La défaite de 1760, que l'historiographie whig impose sémantiquement comme « conquête », représente la Défaite des défaites. Car la sortie de France est le dernier d'une série d'échecs, commencée depuis fort longtemps : la structure économique, instable, ne réussit pas à se trouver des assises permanentes ; la croissance démographique est insuffisante ; la main-d'œuvre qualifiée est rare ; la métropole néglige sa colonie américaine. Tous ces facteurs expriment une *distance* croissante entre la France et le Canada.

De la naissance de la patrie

Le second moment du récit légendaire apparaît comme une authentique traversée du désert. Dans l'imaginaire d'une nation, il s'agit d'un moment transitoire. À l'époque de la Conquête, le peuple canadien vit une telle situation, car son statut dans cette nouvelle Amérique britannique est assez ambigu. Comme toute traversée du désert, celle des patriotes canadiens est ponctuée de persécutions, de déceptions, de lamentations. Les récits de la Conquête et de la période qui suit mettent en relief les misères du peuple face au conquérant. Selon Garneau, la domination étrangère est le plus grand mal dont un peuple puisse être frappé. Après la Conquête, l'Angleterre traite les Canadiens comme s'il s'agissait d'une nation barbare : « Les Canadiens ressentaient déjà les malheurs de la domination étrangère. Les sacrifices qu'ils avaient faits n'étaient rien en comparaison des souffrances et des humiliations qui se préparaient pour eux et pour leur postérité[21]. » La proclamation royale de 1763, clairement assimilatrice, est perçue comme un acte de spoliation et de tyrannie. Garneau peste contre le conseil de Murray, composé de huit membres dont un seul du pays, homme inconnu et faible : « Murray n'y mit cependant qu'un seul Canadien, négociant obscur et sans influence, choisi pour faire nombre. Un esprit d'exclusion haineux et jaloux avait dicté les instructions de la métropole, et c'est dans ce document funeste qu'on peut trouver la cause de la profonde antipathie de race qui a servi de prétexte à lord Durham pour recommander la révocation de la Constitution de 1791[22]. »

À partir des années 1770, toutefois, les Canadiens commencent à participer à la discussion de leur avenir politique[23]. Ils se réunissent et signent des pétitions, suivent avidement les conflits constitutionnels qui opposent les Treize colonies à l'Angleterre, lisent et citent les classiques anglais — Harrington, Locke, Bolingbroke, Blackstone — et commentent dans la *Gazette de Québec* les problèmes de taxation et de représentation du système britannique. Ils affirment la liberté de la presse et le principe de l'équilibre des pouvoirs, critiquent avec virulence le mercantilisme de la métropole et dénoncent les abus de la Couronne. Des éléments de la bourgeoisie canadienne évoquent même, à partir de 1772, le projet d'une assemblée élective[24]. De plus, des seigneurs, des marchands et des notables canadiens souhaitent la création d'une Assemblée à majorité canadienne. Irrités par la domination du gouverneur et des marchands britanniques, ils valorisent l'importance d'une Assemblée en tant qu'expression de la volonté du peuple canadien[25]. Les porte-parole de cette première génération de républicains sont l'imprimeur Fleury Mesplet, le journaliste Valentin Jautard et l'avocat Pierre Du Calvet[26]. Ces patriotes posent les assises d'un mouvement patriote canadien d'inspiration américaine et servent d'intermédiaires entre le peuple canadien et les patriotes américains.

Dès 1774, le Congrès américain tente, au moyen d'appels et de lettres aux Canadiens, d'élargir la contestation du régime colonial à l'ensemble de l'Amérique du Nord. Il s'agit du début de l'Indépendance américaine. En ce sens, la défaite de 1760 est vite suivie de l'espoir d'un monde nouveau, dès le début des années 1770, sur l'invitation des patriotes américains. Par l'envoi d'une première *Lettre aux habitants de la province de Québec*, les patriotes font miroiter une « Terre promise » aux Canadiens[27]. Plusieurs lettres suivent. Le Congrès fait appel à Mesplet afin d'imprimer la première *Lettre* qui vise essentiellement à inciter les Canadiens à s'unir aux colonies désireuses de contester les abus de la Couronne britannique. Afin de convaincre les Canadiens, la *Lettre* déclare : « Lorsque après une résistance courageuse et glorieuse le sort des armes vous eut incorporés au nombre des sujets anglais, nous nous réjouîmes autant pour vous que pour nous d'un accroissement si véritablement précieux ; et comme la bravoure et la grandeur d'âme sont jointes naturellement, nous nous attendions que nos courageux ennemis deviendraient nos amis sincères[28]. »

Incidemment, cette *Lettre* préfigure la Déclaration d'indépendance de 1776. Son contenu est empreint du vocabulaire des philosophes du Siècle des lumières. Les patriotes américains soulignent que les sujets canadiens ne jouissent pas des avantages du gouvernement anglais et que les « méchants ministres anglais » désirent maintenir les Canadiens dans la servitude. Un gouvernement arbitraire exerce une domination sur les habitants par le biais de l'Acte de Québec et les lois émanent seulement du gouverneur et du conseil. Pourtant, la Constitution britannique ne devait-elle pas protéger l'individu et ses biens contre la tyrannie royale ? La province de Québec est la seule colonie britannique de l'Amérique du Nord à ne pas posséder une Chambre d'assemblée. Le Congrès américain affirme que l'Acte de Québec est intolérable pour des hommes épris de liberté. Les patriotes américains énumèrent ensuite les droits inaliénables dont tout citoyen américain devrait jouir. D'autre part, le Congrès repousse à l'avance les critiques au sujet des préjugés que la diversité de religion pourrait faire naître. Les patriotes américains rappellent le succès de l'expérience suisse : « Les Cantons suisses, lesquels, quoique composés d'États catholiques et protestants, ne laissent pas cependant de vivre ensemble en paix et en bonne intelligence, ce qui les a mis en état, depuis qu'ils se sont vaillamment acquis leur liberté, de braver et de repousser tous les tyrans qui ont osé les envahir[29]. »

Comment les Canadiens reçoivent-ils le message patriote ? La réception de la première *Lettre* du Congrès, comme des autres lettres qui vont suivre, est sujette à la même division que celle évoquée plus haut : la bourgeoisie et le peuple accueillent favorablement l'idée patriote, tandis que le clergé et les seigneurs s'y opposent farouchement. Fort révélateur de cette division est le *Journal de Baby,* rapport d'une enquête officielle sur le loyalisme des paysans canadiens[30]. Ce document représente le procès-verbal d'une enquête que trois commissaires spéciaux, MM. Baby, Taschereau et Williams, ont effectuée d'urgence en 1776 dans les paroisses du district de Québec. Il s'agit là d'un des rares documents — de grande valeur de surcroît — qui témoignent de l'attitude du peuple à l'égard de la révolution américaine. Comme le souligne l'abbé Ivanhoë Caron :

> Loin de s'opposer à la marche des Bostonnais, les populations rurales leur firent un accueil sympathique. Les soldats de Montgomery et de Arnold ne tardèrent pas à gagner la confiance des habitants. Logés et nourris par eux, ils employèrent tous les moyens en leur pouvoir pour les forcer à embrasser la cause du Congrès. C'est qu'ils les poussèrent à remplacer les officiers de milice un peu indécis par des hommes tout dévoués à leur cause[31].

La majorité des habitants est d'accord avec les arguments des républicains américains. C'est pourquoi plusieurs ne sont pas neutres au moment de l'invasion américaine. Ces francophones tentent par tous les moyens imaginables d'aider les patriotes américains. Le message des patriotes ne persuade pas seulement les jeunes ; les vieux et les anciens partagent l'analyse des patriotes. Même un homme hostile à la cause, comme l'abbé Ivanhoë Caron, ne peut s'empêcher de conclure, après la lecture du *Journal de Baby*, que le peuple canadien était tombé sous le charme des rebelles américains : « Les populations de campagne avaient été séduites par les promesses alléchantes des Américains. La lettre insidieuse du Congrès et les déclamations des agents de la Révolution les avaient entraînées du mauvais côté[32]. » L'élite aristocratique empêche les républicains d'atteindre leur objectif : « [H]eureusement que le clergé, les membres de la noblesse et de la bourgeoisie restèrent fermes ; c'est leur fidélité au drapeau qui sauva le Canada à cette époque critique de son histoire[33]. »

L'enquête Baby révèle que la plupart des cinquante paroisses « succombent aux rebelles ». La « trahison patriote » emprunte différentes formes : prendre les armes aux côtés des Américains, fournir des vivres, du bois et des objets pour le siège ; agir en tant que sentinelles, guides ou informateurs. Dans chaque paroisse, un comité exécutif est élu, que les délégués appellent l'« officier ambulant du Congrès ». On procède périodiquement à la lecture publique des *Lettres* du Congrès. L'opposition aux rebelles républicains, même faible, n'est guère tolérée. Ainsi, lorsque des curés, du haut de leur chaire, y vont de sermons royalistes, les patriotes réagissent. N'appréciant pas les décrets probritanniques, les paysans décident de sévir. Des prêtres sont appréhendés et conduits devant un officier des milices de la liberté. Simon Sanguinet, dans son journal du *Témoin oculaire de la guerre des Bostonnais en Canada*, confirme le constat du *Journal de Baby* : les Américains ont l'appui de « la plus grande partie des habitants[34] ». Les *Lettres* du Congrès américain incitent donc les Canadiens à refuser de servir dans la milice probritannique.

Du salut par l'alliance républicaine

Les républicains échouent, durant les années 1770, à faire de la province de Québec un État américain, les troupes loyalistes ayant réussi à repousser l'armée républicaine. En acceptant l'institution d'un Parlement du Bas-Canada, en 1791, la Couronne s'assure la loyauté des Canadiens pour toute une génération. Toutefois, durant cette période, les thèmes républicains du Country party alimentent toujours abondamment le discours des Canadiens mais servent, paradoxalement, à affirmer l'attachement des Canadiens à la Constitution britannique. Les sources de la corruption, écrit Pierre Bédard dans *Le Canadien*, viennent maintenant des États-Unis. Ce n'est qu'au début de 1820 que l'élite de la nation canadienne commencera à se détourner de l'Angleterre. Graduellement, dans son esprit, la menace de corruption proviendra de la Couronne. Cette réintroduction du républicanisme américain, qui sera cette fois plus massive qu'en 1775, est l'œuvre d'un homme qui deviendra, par la suite, une figure mythique du Québec: Louis-Joseph Papineau. Opposant tenace de l'union des deux Canadas, en 1822, Papineau commence à incarner les aspirations de la nation canadienne. Après qu'il eut vanté les institutions britanniques, Papineau perd progressivement sa foi dans la majesté de l'Angleterre. Il se tourne vers la source américaine, dès la fin des années 1820, pour mieux engager le combat contre la corruption du régime colonial britannique. Au début, par prudence, le Parti patriote cite l'exemple américain de façon incidente. Puis, petit à petit, les références à la république américaine prolifèrent. Que ce soit en Chambre ou dans des assemblées publiques, le Parti patriote fait l'éloge des institutions démocratiques américaines.

Louis-Joseph Papineau commente avec une grande aisance la Constitution fédérale et, parfois, la Constitution d'un État américain particulier. Les journaux, qui se multiplient dans la colonie, imitent le chef canadien et discutent souvent des événements politiques des États-Unis. Aussi, on a publié dans un journal une étude sur les *Mémoires et Correspondance* de Thomas Jefferson. Il est fréquent de lire, dans les analyses politiques du Bas-Canada, des éloges de Washington, de Madison ou de Jackson. Les patriotes de Papineau savent que, depuis la Conquête anglaise, la présence d'un puissant voisin, au sud, stimule une rivalité, laquelle n'est pas étrangère à la reconnaissance officielle de leurs droits. Plus la situation politique semble mener à l'impasse, plus les allusions à la république, à la guerre de l'Indépendance et aux institutions américaines se font explicites. L'analogie que propose Papineau ranime le souvenir de l'enthousiasme patriote à l'égard de la guerre de l'Indépendance. Dans les assemblées publiques, on multiplie les résolutions où revient, comme principal argument, le parallèle entre les libres États-Unis d'Amérique et le Canada, victime d'une administration tyrannique. De plus en plus de patriotes canadiens pensent qu'ils ne doivent compter que sur eux-mêmes et sur la sympathie de la république américaine. On s'enthousiasme à chaque lettre ou article de journal signalant un exemple de sympathie américaine à l'égard des patriotes canadiens. En fait, plus l'heure décisive approche, plus les ennemis de la Grande-Bretagne se tournent vers les États-Unis. Dans la presse américaine, depuis 1827, on rapporte la montée d'un patriotisme canadien anti-impérialiste. De nombreux Canadiens espèrent que la dépression économique aux États-Unis, en multipliant les chômeurs, permettra l'envoi de raids républicains au Canada.

L'admiration devant la formule américaine ne s'estompe pas à la suite de la réaction de 1837. Dès le début des années 1840, un nouveau courant républicain naît de l'ancien et se manifeste dans plusieurs journaux et associations. Il continue, sans trop le dire ouvertement, le combat patriote. Jusque-là, l'annexion était plutôt apparue comme une menace visant à faire frémir le *family compact*. Désormais, ce projet politique est en soi préconisé. L'échec de la révolte incite les patriotes à envisager une alliance avec la république américaine. Ce mouvement, qualifié péjorativement d'annexionniste, n'a jamais reçu une attention sérieuse dans l'historiographie. On le considère comme une réaction émotive, illogique et irrationnelle à l'égard du triomphe de la solution monarchique. On oublie que, dès le début de son existence, la nation canadienne admirait le combat des patriotes américains. La solution annexionniste plaît aux patriotes parce qu'ils jugent que toute l'Amérique doit être républicaine. Dans leur esprit, les institutions démocratiques américaines créent un espace où fleurit la liberté : « [I]l était naturel qu'on pensât aux États-Unis comme à un paradis[35]. » Dans le *Manifeste du Club national démocratique,* Philippe-Gustave Papineau écrit que « l'étoile canadienne viendra indubitablement prendre sa place providentielle dans la colossale république du nouveau monde[36] ». Les rouges de l'Institut canadien, face à la morosité de l'ère Lafontaine, aiment rappeler l'héritage des luttes démocratiques et se disent les continuateurs de la cause patriote : « Au seul cri de *patriote,* on reconnaissait le démocrate canadien et l'on sait quels sacrifices il pouvait s'imposer pour favoriser la cause, pour se rendre utile à sa patrie[37]. »

Les rouges considèrent que l'annexion risque de se révéler moins nuisible à la nationalité canadienne que le maintien de l'Acte d'union. L'État de la Louisiane, dont le peuple est d'origine française, est constamment cité en exemple. Le peuple louisianais n'a-t-il pas conservé sa langue, sa religion et ses lois ? Les rouges ne s'inquiètent pas de la survie culturelle des Canadiens dans la république américaine, car la démocratie ne saurait être nuisible à la nationalité. Au sein d'une Amérique républicaine, le Bas-Canada continuera d'affirmer son identité, grâce au principe de la souveraineté des États. Ainsi, la publication du *Manifeste annexionniste de Montréal*, bien qu'il soit signé par un nombre important d'Anglais de Montréal, reçoit un écho favorable dans la presse républicaine. Le journal *L'Avenir* affirme que le manifeste, depuis les Quatre-vingt-douze Résolutions de 1834, présente le meilleur résumé de l'état du pays. Il faut donc se tourner vers cette grande république qui a généreusement fait une place aux Louisianais :

> Car sans espérance de vie comme Canadiens français, ces six cent mille chercheront alors le meilleur débouché pour leurs produits — la plus grande somme de liberté, la société avec laquelle ils pourront plus facilement se fondre, où ils rencontreront le plus de sympathie, le moins d'antipathie, société nouvelle qui n'aura pas le souvenir d'une longue oppression pour les séparer[38].

De la liberté publique

L'intense activité politique qui caractérise l'histoire de la nation canadienne semble parfois déconcertante. Dans de nombreux écrits, l'historien Fernand Ouellet décrit l'engouement de la « petite bourgeoisie professionnelle » pour l'activité politique[39]. Ce serait une anomalie, une pathologie. Ouellet aborde le phénomène en l'assimilant au problème de l'encombrement des professions libérales dont l'effectif aurait gonflé à un rythme inquiétant[40]. Le raisonnement que porte Ouellet sur l'animal politique canadien s'apparente à celui du Court whig. La critique de la corruption du Parlement est associée à un conservatisme économique. Ouellet conclut à tort que le progrès, au XIXe siècle, emprunte nécessairement la voie que la classe marchande suggère. Pourtant, les positions des patriotes sont cohérentes avec l'imaginaire républicain de l'époque. Si les patriotes redoutent la capacité corruptrice des hommes d'argent, ils estiment tout de même le commerce. Sur le plan de l'esprit d'entreprise, la bourgeoisie patriote est très dynamique. La preuve en est que, durant les années 1830, on assiste à une tentative d'établissement d'une maison canadienne de commerce en Angleterre, à la fondation de la Banque du peuple et à la création de petites entreprises industrielles canadiennes[41]. L'engagement intense du Canadien à l'égard du politique est donc plus complexe qu'un simple encombrement du marché des professions. Car, si dans l'imaginaire du monarchisme, l'homme est un animal commercial, dans l'imaginaire républicain, l'homme est un animal politique. Ce dernier réapparaît sur la scène publique, au début des années 1830, dans la peau du républicain, afin de remettre en marche le mouvement démocratique. L'action du républicain vise à constituer la liberté publique[42].

De l'esprit des Lumières

Avant de triompher dans la France révolutionnaire, la passion pour la liberté fait son apparition dans les colonies américaines. Les habitants se groupent d'abord juridiquement en corps politiques. Ils possèdent le droit de se réunir, à l'échelle municipale, pour y discuter des affaires publiques. Les Américains savent que participer aux affaires publiques, loin de constituer un fardeau, procure un intense sentiment de bonheur. Indubitablement, ce qui les rassemble, c'est la cause publique de la liberté[43]. La lecture des anciens fournit les arguments qui permettent d'affirmer cette liberté. Ce que le républicain nomme liberté publique n'est pas un royaume intérieur où l'homme se réfugie. Cette liberté n'existe qu'en public : « C'est l'espace public dégagé par la main de l'homme, la place du marché qui, pour l'Antiquité, était l'endroit où la liberté apparaît, aux yeux de tous[44]. » L'idéal républicain, qui se diffuse à l'ensemble de l'Occident, est essentiel dans la philosophie des Lumières. Au moment où la nation canadienne effectue sa sortie de France, paradoxalement, l'influence de la philosophie des Lumières se propage. Juste avant la Conquête anglaise, à Montréal, il n'y a ni imprimerie, ni librairie, ni bibliothèque publique. La vie intellectuelle est assez pauvre. Les sulpiciens, les jésuites et les récollets exercent un contrôle serré sur la connaissance. La liberté d'expression existe, mais à l'état embryonnaire. Son émancipation ne se produit toutefois qu'avec la marche victorieuse de l'armée républicaine au Canada, en 1775. Sous l'influence de Benjamin Franklin, qui vient au Canada durant la guerre, la philosophie des Lumières fait une entrée définitive à Montréal. La nation canadienne découvre le bonheur public. Les *Sons of Liberty* obtiennent, en retour, sa complicité.

Dorénavant, les citoyens montréalais emploient sans retenue le vocabulaire voltairien : vertu, raison, tolérance, etc. La réception enthousiaste des *Lettres* (du Congrès) inaugure cette ère nouvelle de la libre expression des idées. Le Français Fleury Mesplet assume, dans cette tâche, un rôle de premier plan[45]. On le sait, les patriotes américains chargent Mesplet d'une mission difficile : devenir l'imprimeur du

Congrès, à Montréal, afin de répandre le message patriote. Ami de Franklin, Mesplet avait accepté auparavant, à Philadelphie, les fonctions d'imprimeur de langue française du Congrès américain. Ses presses sortent les différentes *Lettres* adressées par le Congrès aux Canadiens dont le dessein est d'inciter ces derniers à joindre le mouvement patriote de libération des colonies américaines. À son arrivée à Montréal, il fonde, en plein cœur de la guerre de l'Indépendance, la *Gazette du commerce et littéraire*. Par ailleurs, Benjamin Franklin vient tout juste de réussir sa mission en France : Versailles conclut un traité d'alliance avec les États-Unis dans lequel le roi de France reconnaît l'indépendance des États-Unis. Le marquis de La Fayette et l'amiral d'Estaing tentent d'aider les patriotes à faire du Québec un État appartenant à la grande république.

Le journal de Fleury Mesplet constitue une tribune d'humanité dont le dessein est de faire progresser l'esprit des Lumières. La pensée de Montesquieu, Condorcet, Voltaire et Rousseau inspire les pages du journal. Dès sa publication, la *Gazette* annonce son rôle : « Le citoyen communiquera plus promptement et plus clairement ses idées ; de là le progrès des arts en général, et un acheminement à l'union entre les individus[46]. » La *Gazette littéraire* est l'œuvre d'un républicain inconditionnel, Valentin Jautard, qui en est le rédacteur. C'est justement lui qui accueille, à titre de représentant du peuple, les troupes républicaines à Montréal en 1775. L'éditeur entend se consacrer à la libre circulation des idées, seule voie qui assure le progrès de l'esprit public. La création d'une presse libre est impérative. Au moment de la révolution américaine, au Canada, c'est donc la *Gazette* de Fleury Mesplet qui affirme la liberté publique, de façon prudente évidemment, ne pouvant se permettre de dénoncer la « canaille royaliste » qui reçoit l'appui du haut clergé. Ainsi, lorsqu'il demande la permission au gouverneur général Guy Carleton de publier un journal hebdomadaire à Montréal, Mesplet promet de ne pas porter ombrage au gouvernement et à la religion. Il n'est pas question d'aborder explicitement l'Indépendance des États-Unis, événement de l'heure. C'est à cette seule condition que la *Gazette* peut répandre ses lumières. Valentin Jautard y mène néanmoins un combat pour faire triompher toutes les libertés et dénonce les diverses formes d'injustice. La *Gazette* ne tarde pas à s'attirer les foudres des autorités britanniques. Même en se soumettant, quelques mois plus tard, le noyau patriote est emprisonné : Mesplet, Jautard et Du Calvet. Ces trois rebelles connaissent un emprisonnement inhumain durant plus de trois ans, sans subir de procès. Les accrocs à la liberté publique sont justifiés au nom de l'ordre public.

De la constitution de la liberté

À la suite du retrait des troupes républicaines de la colonie, la nation canadienne doit mettre en veilleuse sa sympathie américaine. Cette dernière fait furtivement son apparition à quelques reprises — au début des années 1790, puis entre 1800 et 1810. Mais l'attrait de 1776 ne redeviendra véritablement durable et massif qu'à partir du milieu des années 1820. À ce moment, le refus répété de l'Angleterre de donner suite aux griefs canadiens modifie radicalement les choses. Les patriotes réévaluent leur allégeance à la Couronne. Ils se demandent si, en 1776, la nation canadienne n'a pas manqué un grand rendez-vous historique. En 1837, les patriotes voient bien que l'action parlementaire est vaine. À l'instar des patriotes de 1776, ils décident de constituer la liberté publique par l'organisation d'assemblées publiques sur le territoire du Bas-Canada. Quarante-cinq mille patriotes, sur une population de cinq cent cinquante mille, se rendent dans ces assemblées de village. Ils adoptent des résolutions d'inspiration républicaine qui proclament la liberté des Canadiens. À la première assemblée, celle de Saint-Ours, les patriotes s'opposent aux résolutions « dont l'effet nécessaire est de nous enlever toute garantie de liberté et de bon gouvernement ». Les patriotes n'attendent plus rien de la mère patrie et se tournent désormais vers la république voisine : « Ce dernier espoir déçu nous a fait renoncer à jamais à l'idée de chercher la justice de l'autre côté de la mer, et de reconnaître enfin combien le pays a été abusé par les promesses mensongères qui l'ont porté à combattre contre un peuple qui lui offrit la liberté et des droits égaux, et pour un peuple qui lui préparait l'esclavage[47]. » La suite est encore plus explicite : « [U]ne triste expérience nous oblige de reconnaître que de l'autre côté de la ligne 45 étaient nos amis et nos alliés naturels[48]. »

Dans les années 1830, les Canadiens prônent massivement l'idéal républicain face à une autorité qu'ils jugent illégitime. Par la suite, la philosophie des Lumières se propage au grand dam de la classe aristocratique. On lit beaucoup Lamennais, qui propose une réconciliation du catholicisme et de la démocratie. Les journaux *Le Canadien* et *La Minerve*, de Parent et de Duvernay, poursuivent le combat pour le triomphe de l'esprit des Lumières. L'échec de la rébellion ne met pas un terme à cette soif de liberté. L'engouement pour la pensée républicaine et libérale connaît son apogée avec la fondation de l'Institut canadien en 1844. L'organisme vise à promouvoir l'esprit philosophique qui balaie le monde occidental et contribue à populariser la cause républicaine. Jean-Baptiste-Éric Dorion résume ici sa finalité :

> Répondant à l'appel de plusieurs jeunes amis de leur pays qui sentaient le besoin de créer un point de ralliement pour la jeunesse de Montréal, un centre d'émulation, où chaque jeune homme entrant dans le monde pourrait venir s'inspirer d'un patriotisme, s'instruire en profitant des avantages d'une bibliothèque commune et s'habituer à parler en prenant part aux travaux de cette tribune ouverte à toutes les classes et à toutes les conditions, plus de deux cents jeunes s'étaient réunis dans ce forum improvisé, où l'on discutait l'opportunité, l'utilité et la nécessité de jeter les bases d'une association qui pourrait atteindre ce triple but[49].

Une constellation de journaux et de revues du Bas-Canada véhiculent la pensée des Lumières. Ces publications discutent les conférences de l'Institut. Il s'agit de *L'Avenir*, du *Pays*, du *Moniteur canadien*, du *Journal de Saint-Hyacinthe*. Ces journaux tentent de poursuivre la tradition républicaine de 1837 et s'inspirent des mouvements progressistes américains et européens. Plus les années passent, toutefois, plus la libre discussion devient un exercice périlleux. Le haut clergé impose une politique de censure. L'Institut doit se défendre de posséder des livres de nature obscène ou immorale : « Que l'Institut canadien, tout en accomplissant sa noble mission d'union, d'instruction mutuelle et de progrès général, suivant la haute conception de ses fondateurs, a toujours veillé avec la plus scrupuleuse sollicitude à ce que la bibliothèque fût exclusivement composée de livres moraux, scientifiques, philosophiques, historiques et propres à nourrir le cœur et à développer l'intelligence[50]. » Le journal *Le Pays* juge que la nation canadienne est en retard du point de vue de l'éducation politique. Il s'attache donc à lutter contre l'absolutisme et l'intolérance. Chaque citoyen a le devoir de combattre la corruption du gouvernement colonial. Il s'agit de participer au triomphe de l'esprit démocratique. Ce projet n'est pas étroitement politique. Les journalistes du *Pays* se réjouissent de l'absence, en Amérique du Nord, des distinctions sociales caractéristiques du féodalisme européen. La république américaine apparaît comme le modèle d'une société où la démocratie s'est systématisée.

Dès le milieu des années 1840, un courant politique tente de réanimer cette poursuite de la liberté publique. Les rouges insèrent dans le programme électoral de 1851 les articles suivants[51] : « décentralisation du pouvoir », « liberté de presse », « la plus grande somme de liberté et d'égalité possible dans les limites de l'ordre et de la paix » et « responsabilité du pouvoir envers le peuple ». Dans une optique typiquement républicaine, les rouges désirent décentraliser le système politique et judiciaire afin de rapprocher le plus possible le pouvoir du peuple. On ne peut comprendre l'attrait de la société américaine sans faire référence à l'image d'une république de libertés. Philippe-Gustave Papineau pense à « la dignité de pouvoir se dire citoyens d'un pays libre[52] ». Louis-Antoine Dessaulles discute de cette question dans son essai, *Six lectures sur l'annexion du Canada aux États-Unis*. Il met l'accent sur l'identité commune des Nord-Américains. Le fondement de cette identité nord-américaine est le principe de la liberté et de l'égalité des citoyens. Le Congrès, à son avis, ne peut pas violer les droits individuels, car il n'existe que pour les garantir : « [J]e puis donc dire que la Cour suprême des États-Unis, par la nature de ses pouvoirs, forme la garantie la plus infaillible et la plus étendue des libertés publiques aussi bien que des droits individuels qu'un peuple se soit jamais donnée[53]. »

Vers la fin des années 1840, le gouvernement réformiste de Louis-Hippolyte Lafontaine déçoit grandement les républicains canadiens. Le réformisme s'est transformé en un conservatisme rampant. Le gouvernement apparaît, une fois de plus, comme le défenseur du pacte aristocratique. Les bureaucrates, les seigneurs et le haut clergé réussissent à étouffer toute idée de liberté publique. Selon le journal *L'Avenir*, le parti de Lafontaine déserte cette « cause sacrée » : « [I]l existe un parti nouveau dans le Canada ! un parti qui a déserté la grande cause des libertés canadiennes pour se rétrécir aux proportions d'une faction ennemie de toute institution équitable et agissant par et pour les intérêts du petit nombre au détriment du grand nombre[54]. » Les républicains exigent que, dans les réformes politiques, l'on garantisse les libertés publiques. C'est la raison pour laquelle les rouges accueillent très froidement le plan de confédération que l'ultramontain Joseph-Charles Taché propose. Ce dernier publie à l'automne de 1857, dans *Le Courrier du Canada*, le premier vrai plan d'union fédérale des provinces britanniques de l'Amérique du Nord. *Le Pays* estime que sa notion de liberté « sent l'absolutisme ». Taché écrit dans son journal, *Le Courrier du Canada*, qu'il s'oppose au postulat selon lequel les « hommes naissent égaux ». Mais l'Institut canadien, même s'il commence sérieusement à souffrir de la réaction ultramontaine, refuse de déroger à ses principes : « Liberté de penser, liberté de discussion, libéralité, tolérance ; point d'exclusion, point de censure. La conscience de chacun, les lois éternelles de la morale, de la justice et de la charité sont les seuls guides et les seuls juges[55]. » L'Institut a cependant de bonnes raisons de croire que le déclin dont il est l'objet possède de multiples causes. Selon Louis-Antoine Dessaulles, ces causes convergent toutes vers l'existence d'un pouvoir central :

> Les diverses causes qui ont détruit les germes féconds semés par l'Institut canadien de Montréal peuvent toutes se résumer par une seule, car elles se lient toutes à un tronc commun. De même que nous avons le Grand Tronc pour dévorer nos ressources matérielles, de même nous possédons le grand tronc de l'obscurantisme pour atrophier toutes nos ressources intellectuelles. Le premier pompe jusqu'à la moelle notre corps financier et ne laissera bientôt plus que les os ; le second couvre d'un immense éteignoir la tête de la nation, pour l'empêcher de voir le soleil de son siècle[56].

Au moment des Débats, les républicains s'opposent au projet de la Grande Coalition, notamment en raison de son effet rétrograde du point de vue des libertés publiques. Ils reviennent constamment sur l'idée que les libertés, au Canada, sont le fruit de longues luttes historiques. Le projet confédératif n'assure aucunement le maintien des libertés. Au Conseil législatif, Louis-Auguste Olivier discute longuement de cette question : « [J]e veux voir les libertés du pays se déployer et s'étendre ; mais, au lieu de cela, nos gouvernants les amoindrissent et en restreignent le libre exercice[57]. » Ce projet apparaît, toujours selon lui, comme un pas en arrière dans le progrès politique du Canada : « L'esprit des sociétés modernes est de donner au peuple autant de liberté politique que possible et je crois que par ce plan de confédération on sacrifie la liberté que le peuple de ce pays possède déjà[58]. » Dans son esprit, les libertés politiques ont été chèrement acquises par le peuple. Lui retirer ses acquis sans le consulter, comme le faisait le projet confédératif, est antidémocratique. Le député Perrault reprend l'argument, plus tard durant les Débats, en soulignant que la métropole impériale n'a pas généreusement octroyé les libertés canadiennes. Au contraire, ces libertés sont le résultat d'une lutte ardue et ont été concédées grâce au voisinage des États de l'Union américaine : « [C]haque fois que l'Angleterre a eu besoin de nous, pour défendre sa puissance, elle nous a fait des concessions ; mais une fois le danger passé, le fanatisme impérial a toujours essayé de reprendre ces concessions et d'anéantir l'influence et les libertés de la race française en Canada[59]. »

De l'opposition à l'armée permanente

Le républicanisme agraire s'oppose farouchement à l'établissement d'une armée permanente[60]. Le débat sur la question militaire commence, en fait, dans les années 1860. La Couronne veut obliger les Canadiens à se doter d'une puissante armée. En 1862, on prévoit l'organisation d'une armée de cinquante mille hommes. Sur cette question cruciale, les rouges constituent une opposition redoutable. Ils reçoivent un large appui au sein de la population bas-canadienne. *Le Journal de Saint-Hyacinthe* écrit que, au lieu de créer une telle armée, le gouvernement serait mieux avisé d'empêcher les vieux miliciens de 1812 de mourir de faim. Le journal considère que les coûts prévus sont exorbitants. L'opposition, massive chez les Canadiens français, désapprouve le zèle loyaliste du gouvernement. À son avis, plutôt que de se demander ce que les Canadiens entendent investir pour leur défense, peut-être serait-il plus pertinent de savoir jusqu'à quel point l'Angleterre tient à défendre ses colonies ? Cette opinion des rouges se fonde sur une analyse du nouveau contexte politique anglais, fortement influencé par le mouvement du Little England de Richard Cobden, qui désire que l'Angleterre abandonne ses colonies.

L'opposition au projet sur la milice ne vient pas seulement des rouges, mais aussi d'acteurs associés au courant modéré et au courant conservateur. Faut-il se surprendre du fait que, le 20 mai 1862, le projet de loi est rejeté ? Une douzaine de députés canadiens alliés de George-Étienne Cartier lui faussent compagnie. Cette désertion politique, qui s'ajoute à la dizaine de députés rouges et à la dizaine de députés libéraux modérés, place le gouvernement en minorité. Par conséquent, le gouvernement Cartier est défait. C'est ainsi que les Canadiens français provoquent la chute du gouvernement. Les analystes attribuent la défaite de Cartier à deux facteurs. D'une part, le projet est trop coûteux et, d'autre part, le chef conservateur est trop servile à l'égard de la Grande-Bretagne. Mais il ne faut pas oublier que la position antiarmée permanente repose sur une longue tradition républicaine.

Les rouges semblent peu alarmés parce qu'ils ne redoutent pas une invasion américaine. Pour eux, les Américains sont moins hostiles au Bas-Canada que ne l'affirme la Couronne. Dans l'esprit d'Antoine-Aimé Dorion, le projet de loi sur l'armée est le dessein de ceux qui ont une dent contre les Américains[61]. Ce n'est toutefois que partie remise. La Grande Coalition ramène la question sur le tapis au cours de la discussion du projet fédératif. L'union des colonies permettrait la création d'une frontière qui protégerait les intérêts britanniques en Amérique du Nord. Le chemin de fer Intercolonial représenterait l'instrument qui relierait des colonies possédant, à cette époque, très peu de liens. Ainsi, il importe de comprendre que la question de la défense militaire du Canada est intimement liée à celle du chemin de fer. Sur cette question, les rouges sont fidèles à la position républicaine. La défense de la patrie doit reposer au premier chef sur le courage de chaque citoyen et non pas sur une armée permanente constituée de soldats salariés : « Le gouvernement s'évertue à ruiner le peuple en doublant les impôts, pour enrichir quelques misérables spéculateurs. Des milliers de volontaires dévorent une partie de ces impôts en jouant au soldat et en s'accoutumant à la paresse et aux vices qui en découlent[62]. » Au cours des Débats, Antoine-Aimé Dorion exprime bien la position des rouges là-dessus :

> Je veux bien que nous fassions des sacrifices, s'il est nécessaire, afin de l'organiser sur un bon pied ; mais je suis fortement opposé à une armée permanente, et je ne pense pas que nous pourrions maintenant soutenir une armée qui serait de quelque utilité contre celle que l'on pourrait lancer contre nous dans le cas d'une guerre avec nos voisins[63].

Le parti rouge ne conteste pas l'idée que le Canada doit assurer sa propre défense. Il rejette toutefois la constitution d'une armée permanente. Une telle organisation de la défense serait, à son avis, ruineuse et augmenterait de ce fait la dette publique : « [S]i les honorables messieurs proposent que nous établissions une armée permanente, que nous équipions une marine, que nous entrions dans un système coûteux de fortifications, ils proposent ce qui est au-delà des moyens du pays[64]. » Une nouvelle Constitution, un réseau ferroviaire et une armée permanente ne sont aucunement une garantie contre l'agression étrangère. La seule chose qui permettrait d'éviter un affrontement avec les Américains est l'adoption d'une attitude moins hostile à leur endroit. À cet égard, l'allégeance aveugle des Britanniques face aux desseins de la Couronne irrite beaucoup les rouges. Le fait que l'Anglais, lorsqu'il vient au Canada, considère qu'il appartient encore à la nation anglaise agace le Canadien français. Cette réalité est bien décrite durant les Débats par Jean-Baptiste-Éric Dorion. Un obstacle majeur au progrès politique de notre pays, affirme-t-il, se trouve dans le grand nombre de ceux qui arrivent chaque année des Îles britanniques :

> Ils sont ici en personne, mais leurs esprits voyagent sur la mer, entre les deux hémisphères, et ils agissent comme s'ils étaient en Angleterre, en Écosse ou en Irlande, sans considérer notre position, nos relations sociales et politiques ; et ils croient qu'il suffit de crier « loyauté ! loyauté ! » pour que le peuple coure aux armes[65].

Les rouges estiment que la création d'un immense territoire canadien, loin d'être une force, peut se révéler une faiblesse : « La forme géographique de la confédération ressemblerait à celle d'une anguille ; le pays serait tout sur la longueur, rien sur la largeur ; rien ne serait plus facile que de le couper en petits bouts, et aucune des parties ainsi tranchées ne pourrait porter secours à l'autre[66]. » Le Canada n'a pas les moyens de défendre sa frontière sans courir à la faillite. L'opinion du rouge Jean-Baptiste-Éric Dorion, à ce sujet, est fort révélatrice :

> Ont-ils jamais songé combien il serait facile de venir dans une seule nuit et en détruire assez pour le rendre impraticable pendant des mois ? Ont-ils jamais songé combien il faudrait de soldats pour le protéger et le tenir en opération ? L'expérience de la guerre américaine actuelle nous apprend que, pour tenir un chemin de fer en opération, il faut presque autant de soldats qu'il y a de pieds de parcours à protéger[67] !

Le jeune Dorion pense que l'Angleterre doit être plus prudente dans ses relations avec les États-Unis. Il n'est pas du tout certain que les Canadiens, advenant un conflit militaire avec la république, soient disposés à prendre les armes. Dans un discours antimilitariste, Dorion énumère les erreurs politiques commises par la Grande Coalition. Ses erreurs, affirme le jeune député, constituent des raisons suffisantes pour refuser de défendre l'Empire britannique[68]. Conformément à la position du républicanisme classique, les rouges pensent qu'un bon système de milice volontaire suffit à assurer la défense du Canada. Comme toujours, les républicains pensent que l'expérience américaine se révèle instructive. On cite ainsi un État voisin qui a longtemps refusé d'engager des dépenses exorbitantes pour mettre sur pied une armée : « Pour la milice, le peuple vous dira qu'il pourrait faire comme le Vermont, qui fait partie de l'Union américaine depuis sa fondation, et qui n'a jamais adopté de loi de milice avant 1864[69]. »

De l'agriculture

Les intellectuels du Québec moderne ont durement attaqué une des idées centrales de la culture canadienne-française : le mythe agraire. Or, il est peut-être temps de considérer ce mythe avec une certaine dose de sérénité. Il importe de rappeler que, durant cet intervalle qui sépare la révolution anglaise de la révolution américaine, il existe un groupe politique en Angleterre qui défend, d'un point de vue républicain, une vision moderne du monde rural. Attachée au progrès de l'agriculture, la classe terrienne admire le courage du Country party. Inquiet face à la montée de la bureaucratie, ce groupe politique idéalise les républiques agraires. Il critique la révolution financière, qui a permis à la Couronne d'accentuer la corruption du Parlement. De la même façon, en Amérique, les pères de 1776, qui sont pour la plupart de grands propriétaires terriens, vont s'inspirer de cet imaginaire. Il est particulièrement fort dans les États du Sud. C'est sous cet angle que l'on doit saisir l'attrait du mythe agraire pour la nation canadienne. Durant la première partie du XIXe siècle, cet imaginaire fournit à la nation canadienne de redoutables arguments[70].

De la vie paysanne

La vie paysanne devient la référence qui structure les métaphores du discours de la nation canadienne. Cette référence paysanne rattache habituellement la « nation orpheline » à une mère symbolisée par la terre[71]. La métaphore maternelle exprime la relation intime entre l'habitant et sa terre. Tel un foetus, il vit en son sein. Il existe, entre l'habitant et sa terre, une relation symbiotique. L'habitant dépend de la terre pour s'alimenter et, par ailleurs, il entretient, cultive et nourrit cette terre pour qu'elle puisse produire en retour[72]. L'imaginaire de la nation canadienne, à la suite de la Conquête, accentue ces traits. Les habitants canadiens et leur terre font partie d'un seul et même univers : le milieu rural. Ils sèment et récoltent selon le rythme de la nature ; labourent, cultivent, moissonnent, fauchent, battent en suivant le rythme des saisons. Les grandeurs comme les misères des récoltes les affectent tous au même titre, au gré des circonstances. Ils connaissent les mêmes inquiétudes et effectuent les mêmes tâches. Ils partagent dans le champ la même condition et se reconnaissent instantanément un caractère commun. Typique de la vie paysanne, cette proximité de la nature s'exprime par la flamboyance, la festivité, la gaieté[73].

Nulle part ailleurs que dans le journal républicain *Le Défricheur*, fondé à la veille de la Confédération, on ne peut trouver un éloge aussi vibrant de la vie de l'habitant canadien. À l'automne de 1862, le député Jean-Baptiste-Éric Dorion lance dans son comté de Drummond-Arthabaska cet hebdomadaire qui s'adresse à la population des Cantons de l'Est. Le jeune Dorion est réputé dans tout le pays pour être le spécialiste des problèmes de colonisation. Son journal poursuit une réflexion sur l'avenir de la nation ainsi que sur les perspectives de l'économie canadienne et entretient une prédilection pour les thèmes de l'agriculture et de l'annexion aux États-Unis. À son avis, la spéculation des grands propriétaires anglais est à l'origine de l'exode des Canadiens français vers les États-Unis. Dans son discours transparaît une vieille idée républicaine : le simple citoyen est écrasé sous le fardeau des taxes et impôts de toutes sortes. La polémique au sujet de la dîme illustre bien cet accent républicain. Au cours d'une tournée de cantons, Dorion affirme que le système en vigueur protège « certaines classes de la société au grand détriment des autres ». Le tout commence avec la lettre au journal *L'Avenir* d'un « cultivateur démocrate », qui suggère qu'on se penche sur le sujet des dîmes. Il souligne que, à la campagne, les gens éclairés que sont les docteurs, les notaires et les instituteurs, parce qu'ils sont dans les bonnes grâces du curé, n'osent pas appuyer l'abolition des dîmes parce qu'ils craignent de perdre cette amitié curiale. Or, il est injuste, à son avis, qu'on laisse au cultivateur seul tout le fardeau de la subsistance du curé.

> La population de ces villages est généralement en état de vivre aussi bien que les cultivateurs. Il y a des marchands, des rentiers, des notaires, des avocats, des médecins, des commerçants, etc. Toutes ces différentes classes de personnes ne paient rien au curé et ne sont pas plus privées des soins religieux du curé de la paroisse et même on pourrait dire que le pauvre payeur de dîmes n'est pas toujours salué de son curé qui bien souvent, n'a d'attention et de politesse que pour la bourgeoisie du village qui ne lui paie rien[74].

Durant les Débats, la voix du monde paysan se fait entendre principalement au sein de l'opposition. Ces députés représentent des comtés à prédominance rurale. Les politiciens des campagnes critiquent le Canada industriel en train de se former. L'influence croissante de la classe marchande dans les colonies britanniques accentue l'attachement des Canadiens à la vie paysanne. Critique à l'égard de l'industrialisation, l'élite rurale s'inquiète de ce processus qui transforme la société. Certes, les intérêts de la classe seigneuriale s'opposent, à plusieurs égards, aux intérêts des habitants. Mais au moment de la Confédération, la ligne de démarcation se situe plutôt entre le monde industriel et le monde rural : « [I]l n'est pas étonnant que ce plan ait été bien vu en Angleterre car l'opinion publique se forme surtout de celle des classes industrielles et commerciales, et il est de l'intérêt de ces classes de favoriser la confédération ; mais il faut savoir si l'intérêt de ces classes est bien le nôtre. Je crois que notre politique doit être d'abord de regarder à l'intérêt de l'agriculture avant de travailler à celui des commerçants et industriels anglais[75]. » Les rouges plaident prioritairement pour la cause des colons et des habitants. Durant les Débats, ils défendent également les intérêts des seigneurs. Cette déclaration de Charles Laberge, qui appartient au camp violet, en est un bel exemple : « Je ne vois rien dans ces résolutions qui donne aux seigneurs la garantie de la confédération pour assurer leur créance[76]. » C'est toutefois Jean-Baptiste-Éric Dorion qui prend véritablement la défense des intérêts des agriculteurs. Il craint que, dans la future fédération, les projets de loi favorisant les colons ne soient encore bloqués : « Je suppose que votre confédération soit organisée, qu'elle adopte un projet de loi pour protéger les colons, comme il en a été passé dans cette Chambre six fois depuis dix ans sans devenir loi par l'opposition qui lui est faite dans le Conseil législatif par les conseillers du Haut-Canada, qu'arrivera-t-il[77] ? »

Le parti rouge n'est évidemment pas défavorable au commerce puisqu'il pense que les intérêts du pays sont mieux servis par la libéralisation des échanges économiques avec les Américains. Au moment des Débats, le traité de réciprocité commerciale avec les États-Unis est sur le point d'être abrogé. Selon lui, « le 16 mars 1865, date de l'abrogation du traité, sera un jour de deuil encore bien plus grand car il marquera le commencement d'une crise commerciale[78] ». Pour soutenir ses dires, Dorion rappelle qu'il parcourt souvent les campagnes du Bas-Canada. Il observe, chez les habitants, la crainte que leurs produits ne puissent plus être achetés par les Américains. Lorsqu'il pense aux conséquences de l'abrogation du traité de réciprocité, il se dit alarmé[79]. Dans l'argumentation des rouges, la dimension géopolitique est capitale. Leur perspective est résolument favorable à l'intégration nord-américaine, car ils considèrent que la voie naturelle est l'axe nord-sud. Le jeune Dorion attribue peu de légitimité au développement est-ouest. Les républicains ne veulent pas d'un chemin qui les mettrait en communication directe avec la mer : « Pense-t-on que celui qui aura de la *fleur* à exporter l'enverra à Halifax, quand il pourra l'expédier par Portland ? Le commerce ne fait pas de sentiment : il passe par le chemin le plus court, le plus profitable, et toute votre confédération ne changera pas cette règle immuable du commerce de tous les pays[80]. » En somme, soutient-il, la structure politique en place leur est moins préjudiciable : « Je prétends qu'il est plus avantageux pour le progrès de la colonisation des terres incultes qu'elles restent entre les mains du gouvernement actuel[81]. »

De la vertu publique

La publication, en 1863, de *Jean Rivard* d'Antoine Gérin-Lajoie dans les pages du *Défricheur* ne relève pas du hasard. Étant donné sa valeur ethnographique, il est impératif de s'arrêter un peu à cette œuvre romanesque. Des générations d'écoliers canadiens lisent l'ouvrage dans les dernières décennies du XIXe siècle. Le roman est une expression parfaite du mythe agraire. L'objectif de Gérin-Lajoie est de dramatiser la vie du défricheur canadien. N'écrit-il pas, dans ses Mémoires, que « le cultivateur éclairé et vertueux est le plus beau type d'homme[82] » ? Dans le roman, la thèse du républicanisme agraire est centrale. La propriété terrienne stimule la vertu publique : « On ne trouvera dans ce récit que l'histoire simple et vraie d'un jeune homme sans fortune, né dans une condition modeste, qui sut s'élever par le mérite à l'indépendance de fortune et aux premiers honneurs de son pays[83]. » Ainsi, après n'avoir eu en poche qu'un « maigre cinquante louis », Jean Rivard devient un propriétaire terrien prospère qui, par la suite, fonde la cité de Rivardville et se consacre à une vie publique vertueuse. Par ce tableau optimiste, Gérin-Lajoie veut sortir de l'impasse la jeunesse de son pays. Le surplus de population de la vallée du Saint-Laurent brise les rêves de cette jeunesse. Inutile de songer au commerce et à l'industrie, les Canadiens en sont éloignés depuis longtemps. Chez Gérin-Lajoie, la conception de l'agriculture s'inspire de l'école des physiocrates. À la suite de l'économiste François Quesnay, il soutient que l'agriculture est le seul travail vraiment productif. Les autres types de travail transforment la matière première sans toutefois en augmenter la richesse. Une économie n'est prospère que dans la mesure où elle est largement dominée par les productions agricoles. Sans une élite agricole pour rationaliser la culture du sol et introduire dans les campagnes le goût de la méthode et de l'instruction, aucun redressement économique n'est possible. Pour Gérin-Lajoie, les fils instruits des cultivateurs doivent retourner dans leur milieu d'origine.

L'antinomie républicaine, vertu-corruption, occupe une place dominante dans le discours des rouges. Leur journal, *Le Pays,* associe la corruption à l'influence des hommes d'argent : « Avant 1837, où était la corruption ? Dans vos rangs et non chez nous ! Depuis 1840, plusieurs d'entre nous se sont sans doute *formés à votre école,* et plusieurs canadiens-français ont fléchi : mais voyez la masse chez nous ; politiquement parlant elle est meilleure que chez vous[84]. » Le phénomène de la corruption comporte toutefois plusieurs dimensions. L'une est électorale. Le Parti conservateur de George-Étienne Cartier est passé maître dans l'art de contourner les règles du jeu politique. Cartier parle de religion à tour de bras, s'exclame Dorion, mais pour se faire élire, on se parjure des centaines de fois : « [E]st-on bien sincèrement religieux quand on fait commettre sans sourciller le parjure *par ambition personnelle*. Voilà pourtant ce qu'a fait George-Étienne Cartier. Plus de la moitié de ses voteurs ont reçu de l'argent ; un sixième au moins ont été assermentés[85]. » Les républicains accusent le Parti conservateur de Cartier d'être le centre nerveux du système de corruption politique. Ils aiment dire que ce parti, loin d'être le parti des Canadiens français, est le ministère du Grand Tronc. C'est un État dans l'État. La politique des conservateurs obéit aux désirs des capitalistes anglais : « Un des caractères saillants de la politique générale du torysme consiste dans la protection aveugle, systématique, presque exclusive qu'il accorde aux capitalistes, au haut commerce et aux spéculateurs, au détriment de l'immense majorité de la population représentée par les classes agricoles et ouvrières[86]. » Lorsque le gouvernement propose son plan de confédération, le rouge Charles Daoust rappelle les prescriptions de lord Durham. Ce dernier proposait la corruption des rebelles en satisfaisant leur soif d'ambition[87]. C'est précisément ce que le gouvernement a mis en œuvre, selon les républicains. Depuis longtemps, les républicains proposaient une mesure pour lutter contre la corruption : « Défense par une loi spéciale à tout représentant du peuple d'accepter aucune charge lucrative de la Couronne pendant l'exercice de son mandat et un an après son expiration, à moins que cette nomination ne soit ratifiée par l'élection[88]. »

Durant les Débats, les rouges critiquent sévèrement plusieurs actions du gouvernement qui s'apparentent à la corruption. Les républicains rappellent d'ailleurs au gouvernement qu'un scandale de corruption est à l'origine du projet confédératif. Jean-Baptiste-Éric Dorion souligne que tout a commencé lorsque a éclaté une crise ministérielle.

Ce dernier événement a incité deux partis politiques à se fondre en une grande coalition. Que s'est-il passé ? Le ministère Macdonald-Taché, qui représente le Parti conservateur dans le pays, vient d'être défait par la majorité de l'Assemblée législative. Le gouvernement est battu sur une question de corruption. Le gouvernement accorde une aide de 100 000 $ au Grand Tronc, sans autorisation parlementaire. Pourriez-vous me dire, interroge Dorion, où est allée la question des 100 000 $? « [E]lle a disparu dans la crise ministérielle en nous léguant la coalition extraordinaire qui nous gouverne et dans laquelle sont entrés des hommes qui, pendant dix ans, s'étaient comportés comme des hommes sans principes politiques[89]. » Le conseiller législatif Letellier de Saint-Just accuse, par exemple, les membres du gouvernement de s'octroyer, par vote, à la Conférence de Québec, des « jobs à vie » au moyen de la constitution du nouveau sénat[90]. Antoine-Aimé Dorion rappelle un discours qu'a prononcé un membre de la Grande Coalition. On y énumérait les avantages « que l'on avait fait miroiter aux yeux des délégués, pendant qu'ils étaient ici, sous forme de nominations en perspective, comme celles de juges de la Cour d'appel, d'orateur du Conseil législatif, et de gouverneurs locaux comme l'une des raisons de l'unanimité qui a régné parmi les membres de la conférence[91] ». On s'attaque aux anciens républicains qui succombent aux charmes des titres. Par exemple, le député Perrault dénonce D'Arcy McGee qui, après une longue période d'opposition au monarchisme britannique, accepte de collaborer à cette entreprise de corruption généralisée, qui n'est pas sans rappeler le destin de l'Irlande :

> Il veut, avec l'appui d'une majorité hostile, imposer au Bas-Canada, sa patrie d'adoption, une union qui lui répugne, et renouveler ici le système d'oppression qu'il a pleuré en Irlande. Voici les moyens dont on s'est servi pour imposer à l'Irlande cette union qui devait amener l'exode en masse de sa population : après la crise de 1798, l'Angleterre, tenant sous sa main l'Irlande rebelle et vaincue, l'a châtié sans réserve et sans pitié. Le parlement d'Irlande, depuis qu'il a recouvré son indépendance, est devenu gênant pour l'Angleterre ; il faut, pour s'en rendre maître, des soins infinis de corruption[92].

L'analogie avec la cause irlandaise n'est pas nouvelle. Elle revient dans le discours des Canadiens de façon constante. Dans son manifeste électoral de 1851, Jean-Baptiste-Éric Dorion se sert de l'exemple irlandais pour montrer les répercussions de la corruption des élites locales :

« [L]'or anglais, le pouvoir et le patronage appuyés sur la force ont fait pourrir la société politique de l'Irlande[93]. » La gangrène de la corruption politique, poursuit-il, s'est infiltrée dans tous les rangs de sa population au grand détriment de ses intérêts nationaux et politiques : « L'Irlande vendue et livrée à l'Angleterre par sa propre représentation ; l'Irlande unie à l'Angleterre et soumise à une législation étrangère ; l'Irlande sans représentation, pour ainsi dire, dans le Parlement anglais ; l'Irlande tyrannisée par des lois injustes et arbitraires se débat dans les angoisses de la mort depuis plus d'un demi-siècle[94]. » Et il poursuit : « L'Irlande s'anglifiant par l'effet de ses institutions contre-nature, s'appauvrissant de jour en jour par les énormes impôts dont elle est surchargée, dépérit, se dépeuple d'une manière extraordinaire ; on la dirait morte ou mourante sous les coups de ses assassins politiques[95]. » Jean-Baptiste-Éric Dorion continue son plaidoyer contre la corruption des Canadiens en leur enjoignant de ne pas tomber dans le piège qu'a tendu la Couronne britannique : « Prenons garde d'être les instruments de l'Angleterre dans l'œuvre de notre propre destruction comme cela est malheureusement trop souvent arrivé[96]. » Dans son esprit, le Bas-Canada est comme une femme que l'on marie par la force. La corruption, l'intimidation, la violence, écrit-il, « tout fut mis en jeu pour assurer au gouvernement une majorité disposée à ratifier l'union inique des deux provinces, *le mariage forcé du Haut et du Bas-Canada*[97] ». La Couronne voulait, en effet, « avoir *le consentement du père de la mariée* et pour cela, on essaya de le corrompre, de l'enivrer ; on lui donna même de forts coups de bâtons pour lui faire signer le contrat[98] ».

De la frugalité et de l'austérité

Les tenants du républicanisme agraire valorisent la frugalité du citoyen et une politique d'austérité. Ainsi, l'opposition rouge critique sévèrement le luxe et l'utilisation du crédit par les gouvernements. Le thème de l'endettement public possède une longue tradition au Canada français. Le Parti canadien de Pierre Bédard le fait sien, le Parti patriote de Louis-Joseph Papineau également et, plus tard, le parti rouge d'Antoine-Aimé Dorion. Les journaux républicains, qui se multiplient entre 1830 et 1860, s'attachent à dénoncer toutes ces « folles dépenses » payées par le gouvernement avec l'argent du peuple. Dans les programmes électoraux de l'époque, on lit souvent qu'un gouvernement républicain tiendrait l'endettement public à un niveau très bas : « Nous n'avions pas de dette publique, nous en avons une qui est énorme pour les ressources du pays ; nous ne payions que peu d'impôts, nous en avons maintenant qui sont exorbitants[99]. » En écho au programme du parti rouge, le journal *L'Avenir* écrit en 1849 qu'il est impératif que le gouvernement réduise les dépenses publiques. L'éloge de l'austérité rime avec l'idée de la simplicité. L'économie des deniers publics doit nécessairement, à leur avis, impliquer la « simplification des rouages administratifs », « la diminution du nombre de portefeuilles exécutifs » et « la réduction des salaires versés aux employés de l'État[100] ». L'on s'oppose à tous les grands projets de développement économique à long terme exigeant des dépenses publiques importantes : « La Constitution est défectueuse parce qu'elle ne limite pas le droit qu'a la législature d'endetter le pays sans son consentement et surtout de lier les générations futures[101]. »

L'exemple américain revient à répétition. La dépendance envers l'Angleterre nuit à la prospérité du Canada. Denis-Benjamin Papineau et Louis-Antoine Dessaulles insistent, dans des conférences publiques, pour montrer que la dette publique américaine est plus petite compte tenu des populations[102]. L'annexion présente plusieurs avantages : accès à un gigantesque marché, élargissement du crédit, amélioration des installations portuaires. Suivre l'exemple américain serait, selon l'Irlandais rouge O'Halloran, une attitude avisée : « Je regrette beaucoup qu'ils n'aient pas appris de Washington ou de toute autre partie des États-Unis, l'économie dans l'administration des deniers publics ; je regrette qu'ils n'y aient pas puisé ce principe qui prédomine de l'autre côté de la frontière, savoir : que le gouvernement doit imposer au pays le moins de fardeau possible[103]. » Jean-Baptiste-Éric Dorion renchérit pour soutenir la référence américaine : « Il n'est pas nécessaire d'en dire bien long pour faire comprendre toute la différence qui existe entre le système fédéral américain et celui que nous examinons ; aux États-Unis, chaque État est souverain sur tout ce qui le concerne immédiatement ; le Bas-Canada, qui ne veut pas du commerce libre, de l'argent, qui voudrait limiter le taux d'intérêt, ne pourrait pas le faire parce que cette question serait du ressort du gouvernement général[104]. » Le jeune Dorion s'agite devant la perspective d'un gouvernement provincial dont la finalité sera réduite à la taxation : « On le désignera bientôt pour ce qu'il devra être : une machine à taxer[105]. »

Dans une autre conférence, le rouge Joseph Doutre rappelle l'énormité de la dette publique canadienne : « Les extravagances des dépenses locales, dans des vues de corruption parlementaire, la dispersion des fonds publics, faite aux quatre vents, sous le nom d'emprunts municipaux, au profit de quelques localités insolvables, enfin la corruption des représentants du peuple et de l'opinion publique, érigée comme base et premier élément de gouvernement[106]. » Les républicains font aussi la guerre à tous les types de taxes. Le journal *Le Pays* prend souvent la défense des ennemis du gouvernement : les squatters, les colons qui réclament des routes de colonisation et, à l'occasion, les ouvriers congédiés par le Grand Tronc[107]. Le conseiller législatif Olivier renchérit, plus tard, en analysant le projet du point de vue agricole : « [L]a Confédération me paraît devoir être très coûteuse car on jette l'argent à pleines mains de côté et d'autre[108]. » Les députés opposés à l'endettement public sont intraitables sur cette question et déclarent que le projet de l'Intercolonial ne fait pas l'objet d'un examen sérieux. Olivier affirme que l'Intercolonial représente un véritable gouffre financier : « Ne sait-on pas encore qu'il est arrivé très souvent que des travaux publics dont on avait fixé le coût à un million de piastres, par exemple, se sont trouvés une fois complétés en avoir coûté le double et quelquefois même plus que le double[109] ? »

Les rouges prétendent que le Grand Tronc est un nid de corruption. Dans leur optique, un gouvernement ne peut se permettre d'accumuler des déficits. Les républicains aiment bien rappeler les dénonciations de gaspillage lancées au Grand Tronc par des membres du gouvernement qui, maintenant, appuient l'Intercolonial. On cite par exemple une condamnation virulente de l'administration Macdonald-Cartier par Thomas D'Arcy McGee, à l'époque où il était dans les rangs républicains. Le septième et dernier point de cette dénonciation touche au financement public : « Parce qu'ils ont continuellement et systématiquement violé la Constitution en dépensant d'immenses sommes d'argent, s'élevant en tout à plusieurs millions de piastres, sans l'autorisation du Parlement[110]. » Les républicains canadiens sont d'autant plus véhéments sur cette question que, avant l'Acte d'union, le gouvernement du Bas-Canada n'avait contracté aucune dette publique. Ce n'est que depuis 1840 que les Canadiens assument le poids d'une dette nationale : « Cette dette avait été créée par le conseil spécial, car la législature du Bas-Canada, sous l'ancienne Constitution, ne devait pas un seul denier lorsqu'elle cessa d'exister[111]. » Les républicains distinguent à ce sujet deux conceptions de l'économie : pour leurs adversaires, la grandeur d'un État se mesure au degré de son endettement public ; pour eux, un État puissant a peu ou prou de dettes. Le député Joly, qui appartient au camp violet, expose cette idée : « L'honorable ministre des finances, fidèle à la doctrine que la grandeur d'un État est proportionnée à la grandeur de sa dette, nous annonce que notre crédit va augmenter considérablement, et que nous pourrons emprunter beaucoup plus d'argent que nous ne l'avons fait jusqu'ici — perspective qui paraît fort le réjouir ; cette facilité d'emprunter n'est pas toujours un bien[112]. »

Les républicains dénoncent l'incorporation du projet de chemin de fer Intercolonial au projet confédératif. Ils ne comprennent pas l'idée de rattacher à la nouvelle Constitution la construction d'un chemin de fer continental. C'est la première fois, disent les rouges, qu'on voit un gouvernement insérer dans sa Constitution un article pourvoyant à la construction d'un chemin de fer[113]. Antoine-Aimé Dorion considère que le projet du Grand Tronc explique l'empressement du gouvernement. À son avis, la fédération de toutes les provinces de l'Amérique du Nord britannique se présenta d'elle-même aux officiers du Grand Tronc comme le moyen le plus sûr d'entraîner la construction de l'Intercolonial. On ne s'oppose certes pas à la construction d'un réseau ferroviaire. On refuse toutefois qu'il soit financé par le peuple. Le projet d'un chemin de fer transcontinental dénote une propension à la folie des grandeurs :

> La manie des chemins de fer a tellement bouleversé le cerveau déjà malade de nos législateurs canadiens, qu'il sera bientôt nécessaire de les interdire et de leur nommer des curateurs *ad mentem*, autrement ces maniaques finiraient par renverser de fond en comble l'ordre social. On ne se contente plus du chemin de fer de Québec à Halifax. Bah ! Cela ne coûterait que la bagatelle de six ou sept millions de louis. Il nous faut quelque chose de plus digne de notre position coloniale ! C'est la construction d'une ligne de chemins de fer qui partirait d'Halifax, traverserait les provinces britanniques, et relierait l'Océan Atlantique à l'Océan Pacifique[114].

Selon Dorion, la Confédération introduit le luxe dans une société frugale : « On trouve que notre système n'est pas assez extravagant ; on veut lui en substituer un autre qui le sera encore plus[115]. » Dorion rappelle la réputation de « dépensiers » que les délégués du Canada-Uni semblent s'être forgée à la Conférence de Charlottetown. Cette réputation explique pourquoi les provinces Maritimes hésitent à entrer dans l'union fédérale : « Il fallait que notre réputation pour l'extravagance fût bien mauvaise pour les effrayer ainsi, et nul doute que lorsqu'on nous a vus dépenser, en un mois ou deux, pour des réceptions, des voyages, des festins, des sommes aussi fortes que tout le revenu annuel de l'Île-du-Prince-Édouard, on ne s'en soit retourné avec une triste idée de notre manière de conduire les affaires publiques[116]. » Le peuple perçoit les grands projets du gouvernement comme des extravagances : « [C]e projet devra sûrement nous engager dans toute espèce d'entreprises extravagantes[117]. » Dorion explique que, si les salaires des fonctionnaires américains sont moins élevés, c'est parce que le luxe y est moins valorisé : « [S]i les salaires sont comparativement faibles aux États-Unis, c'est que l'on y a compris que l'on pouvait obtenir une bonne administration des affaires du pays en pratiquant une sage économie, sans faire étalage de luxe qui nous ruine ici[118]. »

De l'égalité des conditions

Dans l'esprit des tenants du républicanisme agraire, tels ceux qui écrivent dans *L'Avenir*, *Le Pays* ou *Le Défricheur*, la terre promise de l'égalité des conditions se trouve plus au sud. La dépendance à l'égard de la métropole britannique coûte trop cher au simple citoyen. L'intégration à la république mènerait à une diminution de la dette publique et, par conséquent, à une évidente libération du potentiel économique des habitants du Bas-Canada. Ainsi, dans une conférence portant sur les avantages économiques de l'annexion, le rouge Pierre Blanchet envisage la solution au problème de l'exode de la population. Les Canadiens qui s'exilent, à son avis, désirent se soustraire aux impôts exorbitants du Canada. Les charges ici sont écrasantes : impôts de la dîme, des écoles, des municipalités, des constructions d'églises et de presbytères. Les jeunes Canadiens émigrent aux États-Unis pour y trouver « le pain, l'espace et la liberté ». Jean-Baptiste-Éric Dorion exprime bien l'américanité de la nation canadienne. Il s'inquiète de l'exode massif des jeunes Canadiens et constate que les relations constantes entre ces Canadiens en exil et leurs familles au Bas-Canada accentuent l'américanité des Canadiens :

> Dans toute cette partie du pays, il y a un grand nombre de jeunes gens qui vont aux États-Unis pour chercher de l'emploi. Ces enfants du peuple trouvent un champ plus vaste pour leur esprit d'entreprise. De fait, ils sont obligés de s'éloigner du Bas-Canada pour gagner de l'argent. Une fois fixés aux États-Unis, ils correspondent avec leurs parents, qu'ils ont laissés derrière eux. Dans toutes ces correspondances, ils disent comment

ils sont bien traités ; ils vantent leur position, la condition qu'on leur fait dans les relations sociales qui existent entre eux et les Américains[119].

Dorion souligne que le bilan dressé par ces exilés est envoûtant. Les États-Unis ne sont pas le pays que décrit la Grande Coalition. La république américaine est loin d'être une tyrannie des masses. Au contraire, à son avis, ce pays est celui de l'égalitarisme. Selon la version des exilés, il s'agit d'un pays où chaque homme est l'égal de son voisin. Il affirme que ces communications entre les Canadiens fixés aux États-Unis et ceux d'ici contribuent à établir des sympathies favorables aux Américains. Ces relations dénotent qu'une « partie du cœur du peuple » est transportée à l'étranger, par la force des circonstances : « [C]es relations leur prouvent que les Américains ne sont pas d'aussi horribles monstres qu'on le leur dit dans certains quartiers, et qu'ils ont des institutions politiques bien supérieures aux nôtres ; que chaque homme est l'égal de son voisin, et qu'il possède des droits politiques qu'on ne peut pas lui enlever[120]. » De fait, dans l'imaginaire des républicains, la figure de l'habitant est profondément associée à l'égalité, à la liberté et à l'indépendance.

L'opposition à la confédération, durant les Débats, est souvent légitimée par cette idée que la structure politique canadienne doit épouser la nature libre et démocratique du continent. Cette citation de Jean-Baptiste-Éric Dorion est exemplaire. Il s'oppose au projet de confédération parce que l'on veut perpétuer sur une plus grande échelle un état des choses qui ne convient pas aux populations d'Amérique. Dans celles-ci, « il n'y a pas de castes, pas de privilégiés, pas d'aristocratie héréditaire[121] ». Les rouges ne s'opposent pas à la confédération seulement parce qu'ils rejettent la forme monarchique. Ils prétendent que le type de société que le gouvernement désire fonder est foncièrement inégalitaire. Les éléments de la monarchie au Canada n'auront pas seulement une fonction symbolique : « [L]'on veut créer une monarchie, un nouveau royaume sur ce continent, et […] l'on désire avoir une cour, de la noblesse, un vice-roi et du clinquant ; je suis alarmé de la position que l'on veut nous faire, car de l'extravagance on veut passer à la folie, avec tous ces projets ridicules et absurdes[122]. »

Le succès de *Jean Rivard,* dans les années suivant la Confédération, n'est pas le fruit du hasard. Le roman illustre les aspirations modestes d'un peuple résigné à une condition paysanne. Cette dernière impose l'austérité, la frugalité et la simplicité. Comme l'écrit Gérin-Lajoie :

« [...] jeunes et belles citadines qui ne rêvez que de modes, bals et conquêtes amoureuses ; jeunes élégants qui parcourez, joyeux et sans soucis, le cercle des plaisirs mondains, il va sans dire que cette histoire n'est pas pour vous[123]. » L'idéal de Jean Rivard apparaît au *moderne québécois* un peu archaïque ; mais c'était aussi, en d'autres temps et en d'autres lieux, celui de Thomas Jefferson et de James Harrington.

De la république

Durant les années qui mènent aux rébellions de 1837-1838, les patriotes, on l'a vu, avouent de plus en plus explicitement leur admiration devant le modèle américain. Il serait erroné de penser que cette admiration s'estompe avec l'échec des rébellions. Dès 1845, les membres de l'Institut canadien perpétuent cette tradition d'américanisme. Sur le plan politique, les rouges parlent ouvertement d'une forme d'adhésion à la grande république. En 1851, dans son manifeste électoral, Jean-Baptiste-Éric Dorion énonce une série de propositions inspirées par le républicanisme américain et suggère des réformes à l'américaine, telles la décentralisation du pouvoir législatif et judiciaire et la consolidation du système municipal. La limitation de la durée des sessions parlementaires est aussi une vieille idée républicaine, visant à restreindre la corruption et les dépenses publiques : « Les sessions devraient être fixées par la loi. Le peuple saurait quand il lui faudrait faire parvenir ses demandes, la législation serait plus régulière, moins précipitée et meilleure ; la durée devrait aussi en être limitée car alors on n'aurait pas d'intérêt à traîner les affaires en longueur pour recevoir une meilleure part d'indemnité[124]. » Le fédéralisme est un autre emprunt à l'exemple américain. En effet, les rouges privilégient, vers la fin des années 1850, une union fédérale du Bas et du Haut-Canada. Ils préfèrent cette avenue, car la simple abrogation de l'Union paraît désormais impossible. À leurs yeux, l'union fédérale permettrait que chaque section du Canada-Uni, le Bas et le Haut-Canada, gouverne ses propres affaires locales[125]. L'exemple américain est instructif, comme l'écrit le journal *Le Pays* :

> L'exemple des États voisins où l'application du système fédéral a démontré combien il était propre au gouvernement d'un immense territoire, habité par des peuples de différentes origines, croyances, lois et coutumes, en a sans doute suggéré l'idée ; mais ce n'est qu'en 1856 que cette proposition a été énoncée devant la magistrature, par l'opposition du Bas-

Canada, comme offrant, dans son opinion, le seul remède efficace aux abus produits par le système actuel[126].

Du fédéralisme américain

Les rouges du Bas-Canada tentent donc, entre 1856 et 1865, de s'entendre avec les réformistes du Haut-Canada sur une formule confédérative. Pour y arriver, ils sont même prêts à accepter le principe de la « représentation selon la population ». Et pour justifier cette concession, *Le Pays* souligne, en s'appuyant sur l'exemple américain, que ce principe y est la règle pour la branche inférieure de la législature fédérale. En somme, le fédéralisme américain connaît un vif succès : « [L]es gouvernements les mieux administrés jouissent de ce système [...] il commande une rapidité d'action qui n'est égalée par aucun autre système ; il est le seul gouvernement dans lequel soient possibles l'ordre et la régularité, la justice administrative, l'économie et l'impartialité de la distribution des fonds publics[127]. » Les rouges ne sont donc pas opposés à l'idée de créer une confédération. Toutefois ils divergent radicalement avec le gouvernement conservateur sur le type de confédération qu'il faut créer. Le chef rouge soutient qu'il s'est opposé, depuis toujours, à une union de *toutes* les provinces britanniques :

> Il n'y a absolument rien dans tout ce que j'ai dit (ou écrit) qui puisse être interprété comme démontrant que j'ai été en faveur d'une pareille proposition. Au contraire, chaque fois que la question s'est présentée, je l'ai combattue. J'ai toujours dit qu'une pareille confédération ne pouvait causer que trouble et embarras ; qu'il n'y avait ni relations sociales, ni relations commerciales entre les provinces que l'on veut unir, en un mot qu'il n'y avait rien qui pût justifier leur union dans les circonstances actuelles. Nécessairement, je ne veux pas dire que je serai toujours opposé à la confédération. La population peut s'étendre et couvrir les forêts vierges qui existent aujourd'hui entre les provinces Maritimes et le Canada, et les relations commerciales peuvent s'accroître de manière à rendre la confédération désirable[128].

Antoine-Aimé Dorion rappelle que la confédération doit, jusqu'à nouvel ordre, embrasser seulement deux provinces. Elle doit surtout, calquant en cela le modèle américain, accorder des pouvoirs limités à l'État central. Le chef rouge juge que le projet d'union fédérale de la Grande Coalition est trop centralisé. Une confédération des deux provinces du Haut et du Bas-Canada serait, à son avis, le meilleur moyen de protéger les intérêts des deux sections : « La confédération que je demandais était une confédération réelle, donnant les plus grands pouvoirs aux gouvernements locaux, et seulement une autorité déléguée au gouvernement général — différant totalement sous ce rapport de celle qui est aujourd'hui proposée, et qui donne tous les pouvoirs au gouvernement central, en réservant aux gouvernements locaux le moins de liberté d'action possible[129]. » Joseph-François Perrault prend le relais de la critique et souligne que le temps n'est pas venu pour le Bas-Canada de s'associer avec les autres colonies britanniques : « [O]n ne viendra pas remplacer nos droits politiques actuels si chèrement acquis, au prix d'un siècle de luttes, par des gouvernements locaux qui ne seront que des conseils municipaux revêtus de pouvoirs mesquins et ridicules, indignes d'un peuple libre, qui nous permettront tout au plus le contrôle de nos chemins, de nos écoles et de nos terres[130]. » Lorsque le temps sera venu, le Bas-Canada jouira d'une puissance plus considérable. Selon Perrault, cette union devra alors être fondée, comme aux États-Unis, sur le principe de la souveraineté des États : « [N]ous obtiendrons alors des législatures locales basées sur la souveraineté des États, comme elles le sont sous la Constitution des États-Unis. Avec une Constitution comme celle des États-Unis, basée sur le principe de la souveraineté des États, le Bas-Canada élira lui-même son gouverneur, ses représentants au Parlement et au Conseil législatif fédéral, ainsi que tous les ministres de l'exécutif[131]. »

Au Conseil législatif, le conseiller Olivier est le premier à sonner la charge contre le degré de centralisation de la future fédération. Il remarque que le gouvernement local doit posséder le maximum de pouvoirs, car c'est la seule façon d'éviter que l'État canadien ne devienne boulimique : « Mon opinion est que l'on aurait dû donner autant de pouvoir que possible aux gouvernements locaux, et aussi peu qu'il aurait été indispensable avec les devoirs qu'il aurait à remplir au gouvernement fédéral[132]. » Puis, il ajoute : « [L]a raison pour laquelle j'entretiens cette opinion est que le gouvernement suprême, avec le pouvoir que lui donnera le contrôle de la bourse publique et de l'armée, sera toujours porté à étendre ses prérogatives et à empiéter sur le domaine des gouvernements locaux[133]. » Le discours de cet homme public, qui veut démontrer la supériorité de la république sur la monarchie, dénote une influence américaine. Durant les Débats, Olivier formule la critique du projet du point de vue de la théorie fédéraliste. Il rappelle dans un savant exposé l'importance de l'analyse historique pour comprendre le phénomène fédéraliste :

> Les mêmes événements passent et repassent devant nos yeux, sous des formes assez variées ; mais celui qui veut penser et approfondir n'aura pas de peine à découvrir que les hommes se sont laissé dominer dans tous les temps, par les mêmes motifs et les mêmes passions et il en viendra à la conclusion que les mêmes causes produisent les mêmes effets. Les honorables messieurs qui ont déroulé devant nous le projet de confédération ont appuyé tous leurs arguments sur le futur ; ils ont voulu prophétiser ; mais l'histoire est une lettre morte pour eux. Avant de prédire le sort de notre confédération future, ils auraient dû nous dire quel avait été le sort des confédérations passées[134].

Son collègue, le député Joly, passe ensuite en revue l'expérience confédérative dans plusieurs pays : la Grèce, l'Italie, la Hollande et la Belgique, et conclut que les rébellions qui ébranlent ces confédérations ont pour cause, d'une part, le défaut d'homogénéité et, d'autre part, le manque de lumières. Un député l'interrompt alors, lui signalant que le problème de ces confédérations tient en ce qu'elles sont républicaines, tandis que la confédération canadienne, elle, sera monarchique. Joly se défend ainsi : « Je n'ai cité aucune confédération monarchique pour la raison qu'il n'y en a jamais eu et qu'il ne peut pas en exister ; le principe de la monarchie est que le pouvoir réside en un seul ; le principe de la fédération est que le pouvoir réside en tous les membres de la confédération[135]. » Il précise : « [L]a confédération serait donc toujours républicaine, lors même qu'elle serait formée de plusieurs États monarchiques, puisque le pouvoir ne résiderait pas en un seul, mais dans chacun de ces États différents[136]. » Pour lui, il est tout à fait cohérent que des États indépendants, ne relevant d'aucune autorité, se confédèrent dans le but d'être plus forts face à un ennemi. Mais il ne s'agit pas de cela, au Canada. Il s'étonne que des provinces, qui relèvent de la même autorité, désirent cimenter une union qui existe déjà :

> On ne comprend pas comment des provinces comme les nôtres, qui n'ont pas une existence indépendante l'une de l'autre, mais qui relèvent toutes de la même autorité, ont recours au régime fédératif dans le but de cimenter l'union qui existe déjà... Nous sommes comme des barres de fer fortement soudées ensemble que l'on proposerait de réunir encore plus sûrement l'une à l'autre en en substituant à la soudure de la colle de farine[137].

Joly conclut en soulignant que le gouvernement général aura le pouvoir, à long terme, d'éliminer les gouvernements provinciaux. Selon lui, plusieurs conservateurs, tel John A. Macdonald, désirent que les gouvernements provinciaux aient l'envergure de municipalités. Les gouvernements locaux, si ce système est adopté, n'ayant plus aucune part dans le gouvernement, deviendront bientôt « parfaitement inutiles » et seront supprimés comme l'on élimine dans une machine des rouages inutiles et dispendieux : « Le Haut-Canada ne désire faire de sa législature locale qu'un grand conseil municipal ; il videra ses querelles de partis dans l'arène plus vaste du Parlement fédéral ; les Anglais du Bas-Canada, qui ne gagneront rien à avoir un gouvernement local responsable, puisque ce gouvernement est le gouvernement de la majorité, joindront leurs votes à ceux du Haut-Canada, pour nous imposer la même forme de gouvernement qu'à l'autre section[138]. »

De la suprématie du local

La dénonciation de l'empiètement du gouvernement central sur le gouvernement local est une constante de la pensée républicaine anglaise. En Angleterre, au XVIIIe siècle, le Country party dénonce constamment les empiètements de la Couronne dans les affaires du Parlement. Fidèle à cette tradition, au moment des Débats, le conseiller Olivier voit dans le pouvoir presque illimité du gouvernement fédéral une menace pour les intérêts locaux des Canadiens : « Le fait de l'énumération de ces trente-sept sujets ne restreint pas du tout le pouvoir du gouvernement fédéral de légiférer sur tous les sujets ; j'ai donc raison de dire que pour les choses auxquelles le Bas-Canada tient le plus, la confédération est en réalité une union législative, parce que l'on donne au gouvernement fédéral le droit de légiférer sur ce que le Bas-Canada a de plus cher[139]. » Il en va de même du « pouvoir de désaveu » du gouvernement fédéral, qui irrite fortement les rouges. Ils y voient un cheval de Troie qui permettra de miner la souveraineté du gouvernement local. La citation suivante d'Antoine-Aimé Dorion exprime bien cette appréhension :

> Lorsque j'examine les dispositions de ce projet, j'en trouve une qui est parfaitement inacceptable. C'est celle qui donne au gouvernement général le contrôle sur tous les actes des législatures locales. Quelles difficultés ce système ne fera-t-il pas surgir ? Sachant que le gouvernement général sera un gouvernement de parti, ne pourra-t-il pas, par esprit de parti, rejeter des lois passées par les législatures locales et réclamées par la grande

majorité de ceux qu'elles devront affecter ? Ce pouvoir conféré au gouvernement général a été comparé au *veto* qui existe en Angleterre à l'égard de notre législation[140].

Les rouges craignent que l'union fédérale proposée ne soit qu'une forme transitoire menant inévitablement à l'union législative. Cette crainte est d'autant plus fondée qu'il s'agit là du projet explicite de plusieurs pères fondateurs. Comme le suggère Antoine-Aimé Dorion, il est évident, d'après plusieurs déclarations, que l'on a l'intention de former plus tard une union législative de toutes les provinces : « Les gouvernements locaux deviendront un tel fardeau qu'une majorité de la population anglaise demandera au gouvernement impérial une union législative[141]. » Il lance ensuite un appel à ses collègues : « [L]es honorables membres du Bas-Canada sont avertis que tous les délégués désiraient une union législative, mais qu'elle ne pouvait avoir lieu immédiatement. Cette confédération est le premier pas vers son accomplissement[142]. » Jean-Baptiste-Éric Dorion est encore plus radical :

> Ce n'est pas une union fédérale qu'on nous propose, mais bien une union législative déguisée. Le fédéralisme est passé bien loin de ce projet, qui concentre tout dans le pouvoir général. Fédéralisme veut dire union de certains États qui conservent leur pleine souveraineté en tout ce qui les concerne immédiatement, mais qui soumettent à un gouvernement général les questions de paix, de guerre, des relations étrangères, du commerce extérieur, des douanes et des postes. Est-ce là ce que l'on nous propose ? pas le moins du monde. Dans le projet que nous examinons, tout est force, puissance, dans le gouvernement général ; tout est faiblesse, insignifiance, anéantissement dans les gouvernements locaux[143] !

L'opinion des rouges du Bas-Canada, au sujet du gouvernement local, est à l'origine de mésententes avec les réformistes du Haut-Canada. Les journaux républicains du Bas-Canada s'opposent au caractère centralisé du projet confédératif. La lecture d'un article du *Globe* de George Brown, où l'on affirme que les gouvernements locaux ne devraient posséder que des pouvoirs délégués, consolide l'opinion des rouges[144]. Il n'est donc pas étonnant que le gouvernement local soit l'objet d'une grande attention. Or, le projet confédératif ne précise pas dans le menu détail l'organisation de ce gouvernement. Les pères fondateurs refusent durant les Débats d'aborder cette question. Le conseiller rouge Jacques-Olivier Bureau voit dans ce refus des intentions préjudiciables aux intérêts du Bas-Canada :

> Il nous a dit tout naïvement que si le ministère soumettait un bill concernant l'organisation des gouvernements locaux, ce serait mal car, dit-il, il est probable qu'il surgira des difficultés à ce sujet qui pourraient entraîner la résignation de plusieurs membres du cabinet actuel ; l'honorable membre de Toronto, dans ces quelques paroles, a donné le meilleur argument pour justifier le délai que nous demandons[145].

Antoine-Aimé Dorion tient à rappeler l'histoire des dix dernières années pour justifier sa position. Il souligne que, à travers tous ces épisodes de la vie politique, il a toujours préconisé un système conférant les pouvoirs principaux aux gouvernements locaux et seulement une autorité déléguée au gouvernement général. Il ne s'étonne toutefois pas que le gouvernement conservateur tente de donner le plus de pouvoir possible à la Couronne britannique :

> C'est le propre du Parti conservateur dans tous les pays ; c'est là exactement ce qui distingue les tories des whigs et des libéraux. Les tories favorisent le pouvoir de la Couronne ; d'un autre côté, les libéraux cherchent à étendre le pouvoir et l'influence du peuple. Les instincts des honorables messieurs de la droite les font toujours agir dans le sens du pouvoir. Ils croient que le pouvoir n'est jamais assez fort et qu'il doit être soutenu et même augmenté, tandis qu'ils sont d'opinion que l'influence du peuple doit être diminuée autant que possible. La Constitution qu'ils nous proposent indique leurs dispositions[146].

L'opposition désapprouve le gouvernement qui veut procéder à la réforme du Conseil législatif sans en avoir obtenu le mandat de la population. « Qui nous donne le droit de siéger en cette Chambre le reste de notre vie ? » demandent les rouges du Conseil législatif. Ces députés ne croient pas qu'ils détiennent le mandat de réaliser une telle réforme[147]. Jean-Baptiste-Éric Dorion rappelle que le Conseil législatif électif est le résultat d'une longue lutte démocratique : « [T]out le monde sait que ce sont en grande partie des actes de ce Conseil législatif nominatif qui ont poussé le peuple du Bas-Canada à la résistance en 1837[148] ! » La réforme de 1856 avait apporté une solution durable à un vieux problème. L'ancien Conseil législatif était devenu fort impopulaire ; il était tombé dans un état d'insignifiance complet : « [E]n y faisant entrer l'élément populaire au moyen d'élections périodiques, on le galvanisa et il devint un tout autre corps dans l'esprit public. Le système électif l'a rétabli complètement, lui a attiré le respect des populations et donné une importance qu'il n'avait point auparavant[149]. » Le conseiller Olivier voit dans la réforme du Conseil législatif un avantage pour le gouvernement conservateur : les sièges du Conseil peuvent servir d'appâts pour les conseillers actuels. Il regrette beaucoup d'avoir entendu l'honorable chevalier, sir Étienne-Pascal Taché, affirmer qu'il voulait revenir à l'ancien système nominatif : « [P]eut-être qu'en avançant en âge on peut changer ses vues et ses opinions ; mais il me semble qu'on ne devrait pas les changer en aussi peu de temps que l'honorable chevalier l'a fait à propos de la constitution du Conseil législatif[150]. » Olivier avait rappelé plus tôt durant les Débats qu'il avait été élu pour rendre compte, devant ses commettants, de ses actes et non dans le but de profiter de sa position pour se procurer un « siège à vie » au Sénat. Olivier doute fortement que le futur Sénat reçoive une quelconque estime dans l'opinion publique : « N'y aura-t-il pas un préjugé plus fort que jamais contre eux, parce que l'on dira que ceux qui auront voté pour le projet qui nous est soumis, l'auront fait dans le but de garder leur siège pour le reste de leur vie[151] ? »

Le conseiller Olivier dit ne pas comprendre la raison pour laquelle les pères fondateurs accordent tant de pouvoir à la Couronne. « Je ne vois pas qu'il soit nécessaire de donner à la Couronne de plus grands privilèges qu'elle n'en possède en Angleterre même[152]. » En Angleterre, dit-il, ce n'est pas la Couronne qui choisit les membres de la Chambre des lords ; les pairs se succèdent par héritage de père en fils. Il ne comprend pas pourquoi les membres du Conseil législatif doivent être choisis par la Couronne : « Est-ce que la Couronne se plaint de n'avoir pas assez de pouvoir ici[153] ? » Selon Antoine-Aimé Dorion, la branche monarchique du gouvernement reste trop puissante : « Avec un gouverneur général nommé par la Couronne ; avec des gouverneurs locaux aussi nommés par la Couronne ; avec des Conseils législatifs dans la législature générale [...] nous nous trouverons avec la Constitution la plus conservatrice qui ait été implantée dans aucun pays régi par un gouvernement constitutionnel[154]. » Mais il devine les avantages que comporte un tel système pour leurs adversaires. Le Sénat, en vertu des nouvelles règles, serait conservateur durant des décennies : « [I]l faudra un siècle avant que sa composition ne puisse être changée ; l'on aura un Conseil législatif qui sera à jamais contrôlé par l'influence qui domine aujourd'hui dans notre gouvernement et dans ceux des provinces Maritimes[155]. » Le caractère non électif du futur Sénat est précisément ce qui déplaît à Joseph-François Perrault :

C'est cela ; on s'abrite derrière un Conseil composé de créatures nommées à vie, puis, tout en vantant bien haut la libéralité du régime colonial de l'Angleterre, on tire les ficelles et on fait jouer à ces hommes le rôle d'oppresseurs. Et c'est absolument la même organisation politique qui nous est proposée dans le projet de confédération. Avec le Conseil législatif nommé à vie, nous aurons des hommes qui, dans leur morgue aristocratique, seront toujours prêts à nier au peuple les mesures dont il aura besoin ; si ces mesures touchent à quelque privilège des classes aristocratiques quelles que soient les instances des députés envoyés à la Chambre élective, nous serons dans l'impossibilité d'obtenir ces mesures[156].

De l'assemblée publique

En fait, la finalité de la république est d'instituer un espace public de libertés. Le système des assemblées locales, qui a donné naissance à la révolution américaine, vise à donner à chaque citoyen une liberté publique. Au Canada, cette tradition des assemblées publiques remonte aux premiers échanges entre les patriotes américains et les habitants canadiens. Dès ce moment, le peuple canadien goûte au bonheur public. Dans les années qui suivent, les Canadiens prennent l'habitude d'organiser des assemblées publiques.

Le conflit opposant le haut clergé et l'Institut canadien, durant les années 1850, nuit à la diffusion de cette activité publique. Au milieu des années 1860, on assistera à une forme de renaissance de l'assemblée publique. L'attitude autocratique de la Grande Coalition, qui refuse de soumettre son projet au peuple, incite plusieurs Bas-Canadiens à y avoir recours. L'opposition extraparlementaire, par l'organisation d'assemblées publiques, tourne autour de Médéric Lanctôt. Dès la formation de la Grande Coalition, en juin 1864, Lanctôt rédige dans son journal, *La Presse*, des articles très sévères à l'égard du projet confédératif[157]. Au mois d'août, il réussit à créer un comité national qui a l'avantage de réunir des rouges et des bleus, des libéraux et des conservateurs. Le comité publie un manifeste, signé par quarante-six adhérents, et transforme *La Presse* en un nouveau journal : *L'Union nationale*[158]. La Grande Coalition, selon le comité, n'a pas prouvé que les bienfaits du changement introduit dans la constitution. Cette idée est inscrite dès les premières lignes du programme :

> Considérant qu'en principe tout changement organique ou constitutionnel est dangereux, et que les gouvernants ne doivent y avoir recours que dans le cas de nécessité absolue.

> Considérant que la nécessité d'aucun tel changement dans la Constitution actuelle du pays n'a été établi ni prouvée d'une manière satisfaisante… En conséquence votre comité en est arrivé à la conclusion que la confédération et la fédération seraient préjudiciables aux intérêts du Bas-Canada, mettraient son autonomie en danger et seraient une renonciation virtuelle au plus important de ses droits, savoir : le rappel pur et simple de l'union législative actuelle[159].

La tenue d'assemblées publiques s'est produite principalement entre la Conférence de Québec et les Débats. L'organisation est commune à l'Union nationale et aux rouges. La croisade se produit en deux temps : entre août et novembre, les assemblées publiques dénoncent le principe de la confédération ; à partir de novembre, elles réclament un appel au peuple et font signer des requêtes en ce sens. La diversité du mouvement d'opposition est impressionnante. En témoigne, par exemple, la présence du journaliste George Clerk, du journal *The True Witness*. Mis sur pied à la demande de Mgr Bourget, afin d'offrir une tribune anglophone pour les Irlandais anglophones de Montréal, ce journal sympathisait ouvertement avec le mouvement d'opposition à la Grande Coalition :

> En 1865, une assemblée publique convoquée par les adversaires du projet de confédération avait lieu dans une des salles de l'Institut canadien-français. Dans le cours de la discussion, un homme se leva et prit la parole en anglais ; il se prononça énergiquement contre ce changement de Constitution et donna, comme exemple des dangers qu'elle renfermait pour la minorité catholique canadienne-française, l'histoire des catholiques de l'Écosse et de l'Irlande[160].

Dès le début des Débats, les rouges remettent en question le caractère privé du processus. Ils réclament l'organisation d'assemblées locales et se demandent quels sont les motifs de la Grande Coalition pour tant craindre d'affronter la lumière du public. À de multiples reprises, les députés de l'opposition demandent : « […] pour prouver que le pays n'est pas préparé à ce changement, je demanderai dans combien d'assemblées publiques la question a été discutée[161] ? » Dans leur esprit, l'assemblée est un lieu où chaque partie est amenée, au moyen du jugement, à nuancer son opinion et, à long terme, à corriger la mesure proposée. En effet, affirme-t-on, si le projet est si avantageux, pourquoi ne pas l'étudier article par article ? L'opposition critique fermement cette philosophie du « tout ou rien[162] ». L'attitude du gouvernement manque de transparence. Elle serait antiparlementaire : « Nous sommes dans une fausse position ; d'une part on nous invite à discuter librement cette grande question, on demande notre avis et assistance, mais en même temps on nous informe qu'aucun changement n'est possible, en un mot on nous demande de voter les yeux fermés[163]. »

Troisième partie

La résistance

> L'histoire n'est jamais écrite que par les vainqueurs, qui cherchent à s'y montrer sous un jour avantageux, alors que les victimes sont inexorablement réduites au silence.
> Walter Benjamin

Du rebelle

Les deux imaginaires qui rivalisent au milieu du XIXe siècle canadien se structurent autour de l'image de la révolution américaine. L'imaginaire de l'Amérique du Nord britannique exprime un projet impérial, tandis que l'imaginaire des Canadiens véhicule plutôt un dessein national. C'est durant la résistance de 1837 que la rivalité entre eux atteint son apogée. Certains Canadiens sont alors incités à se transformer en rebelles, et d'autres à rester loyaux. La fresque magistrale de Hannah Arendt, *Les Origines du totalitarisme*, permet de saisir la logique du système de collaboration qui s'instaurera dans ce contexte. L'étude révèle en effet que, contrairement à l'idée reçue, le déclin du système de l'État-nation s'accompagne de la défaite des droits de l'Homme[1]. Dans le deuxième tome des *Origines*, intitulé *L'Impérialisme*, elle dépeint ce déclin. Les événements du XXe siècle, écrit-elle, nous enseignent qu'une petite nation est toujours en danger de devenir un peuple paria. Les droits de l'Homme, loin d'être inaliénables, ne peuvent être garantis que par la possession de droits nationaux[2]. Une petite nation sans État existe seulement par procuration. Le sort réservé aux Juifs d'Europe, peuple paria par excellence, inaugurait l'entreprise de domination des autres petites nations d'Europe.

Au cours de la Seconde Guerre mondiale, la mise hors la loi du peuple juif a été suivie de près par celle de la plupart des petites nations européennes : « Le bon accord des nations européennes s'est effondré lorsque et précisément parce qu'elles ont permis à leur membre le plus faible d'être exclu et persécuté[3]. » La vulnérabilité de la petite nation fait naître une relation intime entre le paria et le parvenu. La citation suivante synthétise toute l'analyse d'Arendt : « Aussi longtemps qu'il y aura des peuples et des classes que l'on diffame, les traits propres au parvenu et au paria se reproduiront de génération en génération avec la même monotonie, chez les Juifs comme dans toute autre société[4]. » La dernière partie de la citation est décisive. Elle permet de répondre à la question suivante : la notion de paria ne s'applique-t-elle qu'au peuple juif ? La réponse est non. S'attardant à la méthode employée dans les *Origines*, Agnes Heller et Ferenc Fehér écrivent :

> Le récit du totalitarisme commence avec le récit du paria, et par conséquent avec l'exception, avec l'anomalie politique qui est utilisée pour expliquer le reste de la société, plutôt que l'inverse. Dans ce livre et partout dans l'œuvre de Arendt, le concept de paria est généralisé du paradigme du paria juif à l'indigène colonial, puis ensuite aux peuples sans État de l'Europe[5].

Arendt retient la notion de peuple paria au moment du triomphe de l'antisémitisme, en Allemagne, soit au début des années 1930. Les événements l'obligent à repenser l'émancipation juive. À cette époque, deux thèses s'affrontent au sujet de l'émancipation[6]. Il y a d'une part la thèse de l'émancipation individuelle, qui privilégie l'attribution de privilèges au cas par cas. Cette voie, qui est celle de l'assimilation, attribue des privilèges en fonction du mérite respectif de chaque Juif. Il y a d'autre part la thèse de l'émancipation collective, qui prône l'attribution de droits civiques et politiques à tous les Juifs. L'histoire de l'Europe offrirait un paradoxe bizarre, selon Arendt, au sujet de ces deux thèses. Lorsque les États prônent la première thèse, l'antisémitisme social connaît un regain. S'ils appliquent plutôt la seconde thèse, c'est un antisémitisme politique qui trouve un large public. Il ressort de cette analyse que la réussite sociale du paria est acquise au prix d'un grand désespoir politique et, réciproquement, son succès politique est réalisé au prix de défaites sociales : « Durant les cent cinquante années où les Juifs vécurent parmi les populations d'Europe occidentale et non pas seulement dans leur voisinage, leur succès social fut toujours acquis au prix de la détresse politique, et leurs succès politiques au prix de profonds déboires sociaux[7]. »

Dans l'étude du peuple paria juif, Arendt distingue deux phénomènes que les analystes amalgament, hélas, trop souvent : la discrimination sociale et l'antisémitisme politique. La discrimination sociale, qui n'a strictement rien à voir avec le chauvinisme, est intimement liée à la montée de la démocratie moderne[8]. Cette discrimination est stimulée par l'égalité croissante entre le peuple paria et les autres groupes sociaux relevant du même État. Mais cette égalisation ne tempère pas la rivalité entre Juifs et non-Juifs ; au contraire, elle l'exacerbe. La discrimination sociale, provoquée par la montée de l'égalité politique, donne naissance à l'image fictive du « Juif ». En effet, partout où les Juifs obtiennent des droits politiques, écrit Arendt, les autres groupes sociaux réagissent en pratiquant une discrimination sociale : « [P]artout où les Juifs cessèrent d'avoir une condition inférieure d'un point de vue politique et civique, ils devinrent des parias sur le plan social[9]. »

L'antisémitisme de type politique est un tout autre phénomène. Il est lié au fait que les Juifs constituent un groupe séparé[10]. Les partisans de ce type d'antisémitisme, refusant toute idée d'émancipation collective pour les Juifs, prônent l'acquisition de droits sous forme de privilèges individuels. C'est ainsi que la société non juive ouvre ses portes à des Juifs d'exception, c'est-à-dire des Juifs qui ont renoncé aux préjugés de leurs compatriotes. Le Juif d'exception se fait admettre parce qu'il accepte les règles du jeu de la société non juive. Le fondement de l'émancipation a trait à l'ambiguïté du paria : « Ils étaient juifs, et ils ne ressemblaient pourtant pas à des Juifs. Ceux qui désiraient ce type de relations s'efforcèrent donc d'être et de ne pas être des Juifs[11]. » Le Juif assimilé, écrit Arendt, ne veut pas appartenir au peuple juif mais, paradoxalement, il désire rester juif. En d'autres termes, le parvenu juif cherche à être une exception parmi le peuple juif. Il souhaite jouer un rôle marquant dans la société non juive, tout en ne disparaissant pas dans l'anonymat du monde non juif. Le parvenu juif affirme être un humain ordinaire en public, mais un Juif chez lui. Il considère qu'il est différent des autres en public parce qu'il est juif, mais différent des autres Juifs en privé parce qu'il est supérieur aux Juifs ordinaires.

Cette situation paradoxale, confinant à un certain masochisme, explique la naissance de la figure du rebelle, laquelle, soulignons-le, apparaît plutôt tardivement dans l'histoire des Juifs européens. Le rebelle juif fait son entrée sur la scène de l'histoire à l'apparition des premières générations de Juifs qui désirent s'intégrer à la société européenne, ceux que l'on nomme les Juifs cultivés[12]. Afin d'être admis dans la société, rappelle Arendt, ces derniers cherchent à maquiller leur identité. La conversion, par le biais du baptême, apparaît comme la solution toute désignée. Le baptême ne constitue toutefois qu'un simple indicateur de l'assimilation. En fait, il n'est pas vraiment le billet d'entrée dans la société non juive. Le baptême ne fait que consacrer un Juif cultivé déjà pénétré par la culture européenne. Le Juif cultivé s'aperçoit que, dorénavant, il doit abandonner le judaïsme pour gagner sa vie. Cette situation révoltante, qui encourage le manque de caractère, contribue à l'émergence de la figure du rebelle :

> C'était une prime à la lâcheté. Toute une génération de Juifs se trouva ainsi rejetée dans une âpre opposition à l'État et à la société. Les « nouveaux spécimens de l'humanité », s'ils avaient un peu de fierté, devinrent tous des révoltés, et, comme les gouvernements les plus réactionnaires de l'époque étaient soutenus et financés par des banquiers juifs, leur révolte se tourna avec une violence particulière contre les représentants officiels du peuple juif[13].

La révolte des grands rebelles juifs, selon Arendt, est intimement liée à la nécessité de quitter le judaïsme. La situation que vit le paria juif, au moment de son entrée dans le monde, est fort déchirante. Il pressent, d'une part, le regret du paria de n'être pas devenu un parvenu et, d'autre part, la mauvaise conscience du parvenu qui a troqué l'égalité politique contre des privilèges jugés sordides[14]. En somme, à son entrée dans la vie adulte, le paria qui désire améliorer sa condition est placé dans une situation intenable. Il fait face à ce triste dilemme : soit se transformer en rebelle, soit devenir un parvenu. Le premier choix l'exclura pour longtemps de la société. Le second le forcera à s'adapter constamment à la société au prix d'un honneur dégradé : « La personnalité de générations de Juifs avait été influencée par le simple fait que chaque Juif appartenait ou bien à une classe supérieure dotée de privilèges exceptionnels, ou bien à une masse défavorisée, la seule façon d'échapper aux termes de cette alternative résidant dans la solution douteuse d'abandonner le judaïsme[15]. » C'est dans l'itinéraire de Bernard Lazare qu'Arendt fait la découverte de ce grand dilemme[16]. Lazare est, dans la France de la fin du XIXe siècle, un journaliste qui pourfend la société bourgeoise. Juif assimilé, il partage les préjugés de la société française à l'égard du « parasite juif ». Il écrit même une *Histoire de l'antisémitisme*, truffée de ces préjugés, qu'il renie cependant lorsqu'il devient rebelle[17]. La rupture, qui donne chez lui naissance à un patriotisme juif, survient au moment de la réaction antisémite contre Alfred Dreyfus[18]. Lazare est le premier intellectuel à s'en prendre à la France d'Édouard Drumont, envers et contre tous, pour défendre l'innocent officier. Attaqué en tant que Juif, Lazare juge qu'il doit se défendre en tant que Juif : « Je suis désormais paria et je ne sais de quels éléments me refaire une dignité et une personnalité. Il faut que je sache qui je suis et pourquoi je suis haï, et ce que je puis être[19]. » Le paria inconscient qu'il était jusque-là se transforme en un *paria conscient*, c'est-à-dire en un rebelle qui s'attache à défendre son peuple. Selon Arendt, Bernard Lazare a compris que le paria conscient doit refuser la « philosophie bâtarde » de l'assimilation : « Il eut alors à cœur de dresser en un combat politique le Juif paria contre le Juif parvenu pour l'empêcher de partager le destin du parvenu qui ne pouvait que le mener à sa perte. Il avait compris que le paria aurait non seulement souffert de la domination du parvenu mais qu'il serait tôt ou tard contraint de faire les frais de tout le processus[20] ».

Lazare soutient que le paria n'est pas seulement dépendant de sa propre élite. Il doit aussi subir les foudres de l'autre société. En effet, comme il l'écrit : « [J]e ne veux plus avoir contre moi non seulement mes propres riches qui m'exploitent et me vendent, mais encore les riches et les pauvres des autres peuples qui, au nom de mes riches, me persécutent et me traquent[21]. » La condition d'un peuple paria consiste en une double servitude. Il subit la dépendance des forces hostiles du monde environnant *et* la domination de sa propre élite. Il s'agit de cette très vieille tactique de la collaboration. Afin de conserver le pouvoir, l'ennemi recourt à une partie opprimée de la population dont il s'assure les services en la récompensant par des privilèges spéciaux[22]. Selon Arendt, le rebelle est celui qui s'attaque à ce lien existant entre les deux forces hostiles au paria. Dans *Le Fumier de Job*, Lazare suggère une interprétation tragique[23]. À son avis, il est à peu près impossible de faire du paria un authentique rebelle. Cette impossibilité ne tient pas tant à l'emprise du parvenu sur le paria qu'à la grande vulnérabilité de ce dernier. Lorsque le rebelle veut délivrer le paria de son existence de *misérable*, le propulser sur la scène politique, il ne rencontre que le mendiant[24]. Or, une fois que le paria se fait mendiant, il perd sa dignité. Il renonce à sa fierté non parce qu'il est pauvre, mais parce qu'il quête précisément auprès de ceux qu'il devrait combattre[25].

Les considérations qui précèdent permettent de saisir la naissance d'une conscience de *résistant*, au Bas-Canada, durant les années 1830.

Les Canadiens — en particulier les jeunes hommes — se rendent compte que la renonciation à leur nationalité et à leur culture est le préalable obligé de l'émancipation. Ce dilemme déchirant, rester un paria ou accéder au statut de parvenu, incite une masse de jeunes Canadiens à se transformer en résistants. Clairement, les Canadiens refuseront l'émancipation individuelle, qui exige l'assimilation, préférant l'émancipation collective. L'échec de la rébellion, à la fin des années 1830, tient bien moins au rôle du clergé qu'à celui d'un autre francophone d'exception : le parvenu. Contrairement au clerc, ce parvenu désire ardemment s'intégrer à la société anglaise. Si le clerc s'intéresse bien indirectement à la politique, le parvenu en fait sa vocation. En fait, il est le grand pilier qui assure, au Parlement, la stabilité et la permanence du système de collaboration. En compagnie du bureaucrate anglais, il permet à la Couronne de contrecarrer l'action d'un inquiétant mouvement républicain.

La rébellion, en un sens, est une résistance. Les patriotes cherchent avant tout à défendre les chefs du mouvement, au cours de l'agression armée des bureaucrates[26]. Cette déclaration d'Étienne Parent en témoigne : « La principale cause des événements récents ne se trouve pas écrite sur le papier, mais gravée dans le cœur d'un peuple exaspéré par ce qu'une caste dominatrice peut employer de plus provocant pour pousser un peuple au désespoir et avoir l'occasion de l'écraser[27]. » En effet, les patriotes sont divisés sur l'opportunité de la lutte armée. Ils prennent finalement les armes *après les loyalistes,* afin de défendre leurs chefs. Leurs têtes étant désormais mises à prix, il s'agit surtout de les protéger. Comme le concède lord Durham dans son rapport, la rébellion commence par une agression de l'armée britannique : « Dans le but de maintenir une forme de gouvernement quelconque, l'on disposa des deniers publics contre la volonté des Canadiens représentés à l'Assemblée. La rébellion qui devait en résulter n'aurait pu être évitée, même si elle fut précipitée par les Anglais qui, instinctivement, sentaient le danger qu'il y avait pour eux à laisser aux Canadiens le temps de se préparer[28]. » Les patriotes hésitent à prendre part aux hostilités. La pauvreté de leur arsenal, comparativement à celui des troupes du général Colborne, en est un bel indice. Ils n'ont pas assez de fusils, ils manquent de canons et de poudre ; ils ont peu d'argent et, surtout, ils ne disposent pas du savoir-faire militaire suffisant. Ils connaissent pourtant des victoires : « Avec des effectifs numériquement inférieurs et un armement souvent désuet, les insurgés remportent néanmoins des succès, notamment à Saint-Denis, où ils battent des troupes régulières commandées par un officier qui a vu le feu à Waterloo[29]. » Mais ils envisagent si peu la possibilité de terrasser l'ennemi bureaucrate que, après la victoire de Saint-Denis, les patriotes refusent de passer à l'offensive. En effet, ils n'osent pas « profiter de leur victoire et donner la chasse aux compagnies de Gore en pleine déroute[30] ». C'est que les patriotes sont bouleversés par un événement qu'ils n'ont pas prévu : remporter la victoire. Or, voilà qu'à Saint-Denis ils triomphent. Ils ne savent plus quoi faire, surpris par l'invraisemblable. Ils sont paralysés par cette victoire parce qu'ils se préparent plutôt à une autre défaite.

> Ce qui m'afflige dans cette rébellion, c'est justement cette passivité du vaincu : passivité noble et désespérée de l'homme qui ne s'étonnera jamais de perdre, mais sera désemparé de gagner. Ce qui m'afflige encore plus c'est que leur aventure ratée avec insistance véhicule, de génération en génération, l'image du héros vaincu : certains peuples vénèrent un soldat inconnu, nous, nous n'avons pas le choix ; c'est un soldat défait et célèbre que nous vénérons, un combattant dont la tristesse incroyable continue d'opérer en nous, comme une force d'inertie[31].

L'échec de la résistance montre combien il est difficile de faire du paria un rebelle. En témoigne l'incapacité de l'élément francophone du mouvement patriote à envisager la lutte armée. Hautement révélatrice, cette donnée recèle peut-être la clé de l'explication. Au sein de sa faction radicale, le mouvement compte une part démesurée de patriotes qui ne sont pas d'origine française : Wolfred Nelson, Robert Nelson, T. S. Brown, Edmund O'Callaghan, etc. Comment interpréter ce fait ? Les patriotes anglophones, à mon avis, sont plus prompts à prôner la lutte armée parce qu'ils sont dépourvus du caractère de paria. Le Canadien français préfère rester sous la bienveillante protection des parvenus de la Couronne. Ce n'est pas sans raison que la direction du mouvement passera, en 1838, aux mains d'un rebelle anglophone : Robert Nelson. En fait, en l'espace de cinq ans, le mouvement patriote perdra à trois reprises une faction modérée, qui reculera face aux bureaucrates et à la Couronne. La première saignée se produit en 1834, au moment de l'adoption des Quatre-vingt-douze Résolutions. Les modérés de Québec, menés par John Neilson, abandonnent Papineau. La deuxième saignée a lieu en 1837. Les partisans de la lutte parlementaire, menés par Étienne Parent, rejettent la résistance armée. La troisième saignée se produit en 1838. Les partisans de Papineau laissent la direction du mouvement à Robert Nelson, qu'ils jugent trop téméraire. Ces trois reculs illustrent la terrible vulnérabilité du paria canadien.

Du bureaucrate

L'origine politique de la résistance tient beaucoup à l'Acte constitutionnel de 1791. Souffrant d'une grande imprécision, ce dernier ouvre la porte à une série d'abus[32]. Le vague dans l'attribution des différents pouvoirs représente le cheval de Troie du Parti bureaucrate. L'imprécision lui permet d'obstruer les lois votées démocratiquement par la Chambre d'assemblée. Les Canadiens ne s'opposent toutefois pas à cette Constitution. Ils critiquent certes ses lacunes, mais ils pensent qu'avec un minimum de bonne foi elle peut se révéler un bon instrument de gouvernement. Puis, de plus en plus, l'application de la Constitution les déçoit[33]. La classe marchande anglaise, par l'intermédiaire de ses hommes publics, s'empare rapidement de certains rouages essentiels. Les « bureaucrates », c'est ainsi qu'on les appelle, se maintiennent au pouvoir au moyen du patronage et de la corruption[34]. C'est ce groupe qui, dans la structure coloniale britannique, donne naissance à une nouvelle structure décisionnelle : le gouvernement par décrets, où le pouvoir d'un bureaucrate devient source directe de toute législation[35]. Les décrets du bureaucrate restent souvent anonymes et semblent, par conséquent, découler de quelque autorité n'ayant à fournir aucune justification[36]. Le bureaucrate honnit tout système décisionnel trop astreignant. Il préfère affronter chaque situation une à une, par décrets, car la stabilité fondamentale d'une loi menace ses privilèges. Le gouvernement par décrets, caractéristique de l'impérialisme britannique, apparaît hautement utile car il offre l'avantage de s'assurer la domination de territoires lointains habités par un peuple étranger. L'efficacité du décret réside dans l'astuce suivante : les sujets ignorent les étapes intermédiaires entre la promulgation d'une directive et son application. En retenant l'information, le bureaucrate empêche le peuple conquis d'exercer son jugement politique. Le décret, qui est toujours temporaire, changeant et éphémère, se substitue à la loi votée démocratiquement. Ce faisant, le bureaucrate peut contourner tous les obstacles nuisant à l'expansion de l'Empire.

Au Bas-Canada, l'instauration d'un gouvernement bureaucratique se produit en deux temps. La Couronne attribue d'abord massivement les postes de l'administration à des Anglais. À cause de leur origine nationale, les Canadiens n'ont, en pratique, pas accès à ces postes. Avec un brin d'ironie, ils appellent ce problème le « péché originel ». La deuxième étape consiste à assurer la protection de la minorité anglaise en lui donnant le contrôle du Conseil législatif. La classe marchande anglaise revendique ce privilège, affirmant que l'Assemblée, entièrement contrôlée par la majorité canadienne, l'empêcherait de se faire entendre. En somme, dès 1791, le Parlement canadien est l'objet d'une tension nationale où le pouvoir démocratique se trouve entre les mains des Canadiens et le pouvoir aristocratique entre les mains des Anglais. Les bureaucrates ne sont pas contre les réformes. Ils exigent des politiques qui s'inspirent du monarchisme commercial. Mais, dans l'esprit des patriotes, les bureaucrates détraquent le gouvernement du Bas-Canada. Il faut dire que l'imprécision des sphères d'influence, dans la Constitution de 1791, provoque des empiètements réciproques. La clique des bureaucrates méprise l'Assemblée législative, et le bureaucrate craint les votes d'une Assemblée qui est, à son avis, dénuée de « sens pratique » et qu'il considère comme un obstacle. Le décret, au contraire de la loi, se caractérise par sa grande efficacité. Il n'a besoin d'aucune autre justification que sa nécessité absolue.

Dans sa composition, le Parti bureaucrate recoupe, en fait, trois groupes sociopolitiques distincts : 1) l'oligarchie ; 2) les constitutionnels ; 3) les Chouayens. Le premier groupe, l'oligarchie, comprend le Conseil exécutif et l'entourage du gouverneur. Limitée en nombre, l'oligarchie jouit toutefois de beaucoup d'influence. Elle tient pratiquement le gouverneur à sa merci, façonnant de cette manière la politique coloniale. L'oligarchie est puissamment organisée en vertu de liens familiaux et d'intérêts tissés très serré. Le deuxième groupe, les constitutionnels, forme le noyau le plus nombreux du Parti bureaucrate[37]. Ce groupe se constitue après les élections de 1834, afin de faire échec au Comité central et permanent des patriotes. Du radical Adam Thom au modéré John Neilson, les constitutionnels comptent un large éventail d'adhérents, mais qui sont à peu près tous d'origine britannique. Ce groupe a une base commerciale et industrielle très puissante, recevant l'appui de la British American Land, de la Molson, de la Compagnie de la baie d'Hudson. Il désire, au premier chef, fonder une société à l'image de l'Angleterre. Le journaliste Adam Thom, du journal *Herald,* affirme que le Canada doit « être anglais même si pour cela il devait cesser d'être britannique[38] ». Le troisième groupe, les Chouayens, est formé de francophones qui refusent les revendications des patriotes[39]. Ce groupe a beau comporter peu de membres, il est symboliquement fort important. Les patriotes haïssent plus que tout les Chouayens, qui incarnent la trahison nationale. En somme, les Chouayens occupent une position très inconfortable : si les patriotes les détestent, les Anglais s'en méfient. Le Parti bureaucrate est toutefois assez rusé pour les placer au-devant de la scène : il peut ainsi faire croire à l'Angleterre qu'une forte proportion de Canadiens se rallient aux Chouayens. Dans la très populaire chanson patriote *C'est la faute à Papineau*, un couplet s'adresse à ces « parvenus » pour lesquels le chef canadien est coupable de tous les crimes. Papineau est, d'une certaine façon, le bouc émissaire des Chouayens :

> Si Mondelet est apostat,
> Cuvillier un renégat,
> Heney, Quesnel et leur suite
> S'ils prêchent le « statu quo »
> C'est la faute à Papineau[40].

L'idée que la corruption est introduite par les bureaucrates n'apparaît nulle part mieux que dans les Quatre-vingt-douze Résolutions. En effet, les patriotes en viennent à désirer la destitution de cette « clique » qu'ils jugent parasitaire. Pour y arriver, ils vont revendiquer la démocratisation systématique des institutions du Bas-Canada. S'apercevant que le gouvernement anglais est intraitable, les Canadiens décident, en s'inspirant de la Déclaration (américaine) des Droits, de faire une déclaration solennelle de principe, doublée d'une longue énumération de faits[41]. Le 21 février 1834, l'Assemblée législative du Bas-Canada adopte, avec une forte majorité, la déclaration. La critique du Parti bureaucrate se trouve ainsi traduite et résumée dans les Quatre-vingt-douze Résolutions. Les griefs patriotes condamnent cette « clique » jugée corrompue. En effet, plus du tiers des résolutions, soit plus d'une trentaine, dénoncent l'action « pernicieuse » et « vicieuse » des bureaucrates du Conseil législatif. Il est donc utile, pour saisir la logique de la pensée patriote, de comprendre la signification des Quatre-vingt-douze Résolutions.

La critique s'amorce en rappelant la prophétie d'un penseur attaché au républicanisme agraire : Charles James Fox. Cet homme politique anglais, dont la pensée influence considérablement Louis-Joseph Papineau, s'inscrit dans la tradition du Country party[42]. En 1791, au Parlement britannique, Fox s'oppose à l'adoption de l'Acte constitutionnel et prédit qu'un Conseil nommé par la Couronne deviendra un obstacle à la législation. Cette entrave, dit-il, va devenir intolérable. La neuvième résolution des patriotes signale à son tour cette disposition non judicieuse, qui prépare le terrain aux abus :

> Celle qui donne à la Couronne le pouvoir exorbitant, incompatible avec tout gouvernement tempéré et basé sur la loi et la justice et non sur la force et la coercition, de choisir et composer sans règles, sans limites, sans qualifications prédéterminées, toute une branche de la Législature réputée indépendante par la nature de ses attributions, mais inévitablement asservie à l'autorité qui la choisit, la compose, la décompose, peut la modifier chaque jour au gré de ses intérêts ou de ses passions du moment[43].

Les Quatre-vingt-douze Résolutions tentent d'établir l'origine du problème politique. Les abus perpétuels des bureaucrates proviennent, y lit-on, du pouvoir illimité dont jouit la Couronne. « Le pouvoir corrompt, le pouvoir absolu corrompt absolument », dira lord Acton un demi-siècle plus tard. La dixième résolution des patriotes exprime déjà cette maxime d'une façon parfaite : « Que l'abus est inséparable de l'usage d'un pouvoir aussi illimité, et que son exercice dans le choix de la majorité des membres du Conseil législatif, tel que constitué pour cette province, a toujours eu lieu dans l'intérêt du monopole et du despotisme exécutif, judiciaire et administratif, et jamais en vue de l'intérêt général[44]. » Les patriotes rappellent, dans la onzième résolution, qu'il existe deux moyens d'améliorer la composition d'un Conseil législatif : choisir des candidats indépendants du Conseil exécutif, ou rendre le Conseil électif. Le premier moyen est vite exclu, le gouvernement anglais ayant déjà accordé la permission au gouverneur de l'utiliser. Cependant, les candidatures retenues par lord Aylmer, depuis son arrivée au pays, s'avèrent un désastre. En grossissant le nombre des conseillers législatifs, le gouverneur n'a fait qu'empirer le problème, disent les auteurs. Le Conseil législatif est encore mieux en mesure « de perpétuer et de rendre plus offensant et plus nuisible pour le pays le système d'abus[45] ». Puisque cette avenue se révèle inutile, les patriotes s'attachent à montrer, dans les autres résolutions, que la seule réforme possible consiste à rendre électif le Conseil législatif. L'argument de taille pour légitimer l'adoption de ce principe tient à la nature égalitariste de l'Amérique du Nord :

> Cette Chambre paraît plutôt avoir en vue de ménager les opinions reçues en Europe où la loi et les mœurs donnent tant de privilèges et d'avantages artificiels à la naissance, au rang et à la fortune, qu'aux croyances reçues

en Amérique, où l'influence de la naissance est nulle, et où malgré l'importance naturelle que la fortune commandera toujours, l'introduction artificielle de grands privilèges dans l'ordre public, en faveur de la grande propriété, ne pourrait se soutenir longtemps contre la préférence donnée, dans les élections libres, aux vertus, aux talents et aux lumières[46].

Les patriotes sont en effet sceptiques. Ils ont cru, un temps, que si le gouverneur procédait à des nominations éclairées, le Conseil législatif pourrait exercer son rôle. Mais au moment de la proclamation des Quatre-vingt-douze Résolutions, cet espoir s'estompe. Les patriotes en viennent à penser que le mode de gouvernement est vicié à sa racine même et qu'il faut le changer. C'est ce que souligne la vingt-huitième résolution : « L'extension du principe électif est le seul refuge dans lequel cette Chambre puisse entrevoir un avenir de protection égale et suffisante pour tous les habitants de la province indistinctement[47]. » D'une manière fort subtile, les patriotes suggèrent que la réforme des institutions coloniales s'adapte à la nature de la société nord-américaine. De façon concrète, cela signifie de suivre la même pente que les institutions de la républicaine américaine, où le principe électif est généralisé. La quatorzième résolution propose de s'inspirer du système américain :

> Ce système [électif] devrait être étendu au Conseil législatif, quoiqu'il puisse être considéré par le Secrétaire colonial comme incompatible avec le gouvernement britannique, appelé par lui gouvernement monarchique, ou comme analogue aux institutions que se sont données les divers États qui composent l'industrieuse, morale et prospère confédération des États-Unis d'Amérique[48].

Le Conseil législatif apparaît comme un mur qui sépare le gouvernement du peuple, empêchant par le fait même toute réforme. C'est en lorgnant du côté des États-Unis et de son principe électif que les patriotes pensent pouvoir lier le gouvernement au peuple. Tout comme les patriotes américains, ceux du Bas-Canada revendiquent le droit de modifier leur Constitution. L'analogie proposée avec la république américaine apparaît, aux yeux des bureaucrates, comme du chantage. La vingt et unième résolution, qui provoque l'émoi des bureaucrates anglais, est assez explicite à cet égard : « Par cette mesure d'une vaste libéralité et d'une saine et sage politique, le Parlement du Royaume-Uni, dans une noble rivalité avec les États-Unis d'Amérique, empêcherait que les sujets de Sa Majesté en Canada n'eussent rien à leur envier, et conserverait des relations amicales avec cette province comme colonie, tant que durera notre liaison, et comme alliée, si la suite des temps amenait des relations nouvelles[49]. » Dans l'esprit des patriotes, le Parti bureaucrate bloque par son opposition farouche la démocratisation des institutions coloniales. Il monopolise le pouvoir au Conseil législatif, et il défend explicitement les intérêts de la classe marchande anglaise. Le gouverneur Aylmer lui-même ne dit-il pas que le Conseil a pour finalité première de protéger cette classe ? La dix-neuvième résolution dénonce donc la nature parasitaire de la classe marchande anglaise. Depuis sa réforme, le Conseil législatif a renouvelé sa prétention à n'avoir « pour mission que de donner de la sécurité à une classe particulière des sujets de Sa Majesté en cette Province[50] ». L'hostilité des patriotes à l'égard du Parti bureaucrate se renforce du fait que le Conseil législatif est de moins en moins lié avec les habitants de la colonie. Au contraire, tout se passe comme si les intérêts des bureaucrates étaient en contradiction avec ceux des Canadiens. La vingt-troisième résolution présente cette conviction des patriotes :

> Que le Conseil législatif est aujourd'hui moins lié d'intérêt avec la Colonie, qu'il ne l'a été à aucune époque antérieure ; que sa composition actuelle, au lieu d'être propre à changer le caractère du corps, à faire cesser les plaintes et à effectuer, entre les deux Chambres de la Législature provinciale, un rapprochement nécessaire au bien du pays, est telle qu'elle détruit toute espérance de voir adopter par ce corps les opinions et les sentiments du peuple de la province et de cette chambre, sur son droit inaliénable au contrôle plein et entier de tout le revenu prélevé dans la province[51].

Si les patriotes réprouvent le fait que le Conseil législatif vise à protéger la minorité anglaise, ils affirment néanmoins avec vigueur leur loyauté à l'égard de la Grande-Bretagne. Si bien qu'ils sont choqués de ce que les bureaucrates les accusent de trahison. Au contraire, soulignent les patriotes, les résolutions tendent à restaurer le sens véritable de la Constitution britannique. Il faut retrouver l'équilibre des pouvoirs en restreignant ceux de la Couronne, « sur quoi cette Chambre déclare que ses accusations n'ont jamais été calomnieuses, mais sont vraies et fondées[52] ». La loyauté du peuple canadien n'est toutefois pas illimitée. S'il s'avérait que le gouvernement impérial refuse de réformer le Conseil législatif, les Canadiens ne pourraient surmonter leur dégoût croissant à l'égard des bureaucrates, ces « ennemis des droits du peuple ». La trente et unième résolution souligne cette possibilité de rupture :

> [Le gouvernement impérial] doit se tenir assuré que si sa protection donnée à des fonctionnaires accusés par une autorité compétente, cette Chambre, au nom de tout le peuple, pouvait, pendant un temps, par la force et la crainte, aggraver en leur faveur, et contre les droits et l'intérêt du peuple, le système d'insulte et d'oppression qu'il souffre impatiemment, le résultat serait d'affaiblir les sentiments de confiance et d'attachement que nous avons eus pour le gouvernement de Sa Majesté, et finirait par enraciner les mécontentements et le dégoût insurmontable qu'ont inspirés de déplorables administrations, et qu'inspire encore actuellement la majorité des fonctionnaires coloniaux combinés en faction et portés par l'intérêt seul à lutter pour le soutien d'un gouvernement corrompu, ennemi des droits et contraire aux vœux du peuple[53].

Les patriotes affirment par là que le Parti bureaucrate est responsable de la crise. Il est « animé d'odieuses et d'aveugles antipathies nationales[54] ». Il proclame des « principes iniques » et des « maximes arbitraires[55] ». Le Conseil législatif tente d'acheter, de corrompre et d'exciter cette minorité anglaise[56]. Ce sont les membres du Conseil législatif, en vérité, qui mettent de l'huile sur le feu. Les conseillers affirment par exemple, au grand désarroi des patriotes, que si le principe électif est accepté, le pays va se couvrir de sang. Les patriotes tentent de rétablir les faits dans la vingt-neuvième résolution. La dénonciation du Conseil législatif se termine par un rappel du climat idéologique et politique qui caractérise l'Europe contemporaine. Ainsi, dans la trente-septième résolution, on affirme que le monde politique européen est divisé en deux grands partis, groupés sous différentes appellations : d'un côté les serviles (royalistes, conservateurs, torys), de l'autre les libéraux (constitutionnels, républicains, whigs, radicaux, réformateurs). Les patriotes soulignent que le premier parti est sans influence chez le peuple du continent nord-américain, à l'exception de quelques « suppôts européens ». Le second parti, au contraire, couvre l'Amérique entière. Par conséquent, les patriotes formulent cet avertissement : « Que le Secrétaire colonial se méprend s'il pense que l'exclusion du Conseil législatif de quelques fonctionnaires salariés suffirait pour le mettre en harmonie avec les vœux, les opinions et les besoins du peuple, tant que les gouverneurs coloniaux conserveront la faculté de le recruter en majorité des membres serviles, par leurs antipathies contre les idées libérales[57] ».

Le patriote Denis-Benjamin Viger affirme que, dans une seule et même journée, le bureaucrate peut effectuer les tâches suivantes : siéger comme juge à la Cour, délibérer au Conseil exécutif, puis au Conseil législatif, promulguer une loi, ordonner son exécution et, enfin, rendre jugement sur un délit commis contre cette loi[58]. Le Conseil législatif n'est donc qu'une succursale du Conseil exécutif. Faut-il s'étonner qu'il soit la principale source d'indignation dans l'opinion publique ? On appelle ses membres parfois des « vieillards malfaisants », parfois des « édentés furieux ». Le patriote irlandais O'Callaghan parle, dans son journal le *Vindicator*, du « moribond pestiféré qui serre le Canada dans ses funestes embrassements[59] ». Que l'intérêt du Conseil législatif et celui des habitants du Bas-Canada divergent est attribuable, dans une large mesure, au fait que les conseillers sont indifférents au bien public. En effet, à divers titres, ces conseillers sont bien peu enracinés dans les affaires du Bas-Canada. On a l'intime conviction, chez les patriotes, que les bureaucrates se servent du Conseil législatif dans le seul but de s'enrichir. Aussi, la vingt-quatrième résolution dénonce le noyautage du Conseil par des individus étrangers au pays. Ce détachement brise le lien social. Il n'y a plus dans cette identité du bureaucrate que le suprême anonymat de l'homme fier d'agir dans le sens de l'histoire impériale et possédé du sentiment d'être le symbole de la vie elle-même : « Un homme peut avoir le sentiment de vivre la seule vie qui vaille parce qu'il a été dépouillé de tout ce qui peut encore passer pour accessoire ; il semble que l'on quitte la vie elle-même, dans une pureté extraordinairement intense, lorsque l'on s'est coupé de tous ses habituels liens sociaux, famille, occupations régulières, buts précis, ambitions, place réservée dans la communauté à laquelle on appartient de naissance[60]. » C'est précisément le sentiment décrit par un historien de l'époque, Robert Christie. Cet homme, qui adhère pourtant au Parti bureaucrate, ne peut s'empêcher de reprocher à ses amis leur absence d'enracinement :

> Le gouvernement était conduit, ou pour mieux dire égaré, par quelques fonctionnaires rapaces, arrogants, irresponsables, sans autre but ni autre lien avec le pays que leurs charges, n'ayant aucune sympathie ni communauté d'intérêt ou de sentiment avec la masse des habitants […] ils semblaient se croire princes au milieu d'une population qu'ils affectaient de prendre de haut, prévenant en autant qu'ils le pouvaient toute relation directe ou intimité[61].

L'établissement du pouvoir des bureaucrates, depuis la Conquête, a été possible grâce à la collaboration d'un petit groupe de parvenus d'origine française. Durant les années 1830, ces francophones d'exception portent le nom de Chouayens. Une portion sympathise avec le mouvement réformiste canadien jusqu'au début des années 1830, date charnière où Papineau devient résolument républicain. Puis les différents événements politiques qui se produisent entre 1830 et 1837 détachent graduellement du mouvement patriote des membres parmi ceux qui composent l'élément aristocratique : Cuvillier, Sabrevois de Bleury, Debartzch, Mondelet, Quesnel, Heney, Vallières de Saint-Réal, de Saint-Ours, Hertel de Rouville, etc. On remarque justement, dans le discours de ces francophones d'exception, le rappel des souvenirs évoquant la loyauté à la Couronne. Durant la période où il est le chef du Parti canadien — entre 1815 et 1828 —, Louis-Joseph Papineau reçoit l'appui de la vieille aristocratie canadienne. Puis il perd graduellement cet appui durant les années où il est le chef du Parti patriote — entre 1828 et 1838. Le changement de nom du parti exprime la transformation d'un parti aristocratique en un parti démocratique. Et, chez les parvenus, admis dans la société anglaise, s'installe la crainte de perdre leurs privilèges.

Du colon

Dans les années qui précèdent la résistance, les Canadiens sont à la recherche d'une nouvelle définition de leur collectivité. Cette recherche est empreinte d'un sentiment de marginalité. Quand un tel sentiment les habite, les collectivités ont tendance à s'identifier symboliquement à d'autres groupes marginaux. Ainsi, les Sudistes, avant la guerre de Sécession, se reconnaissaient dans trois figures marginales : l'Indien, le Noir et la femme[62]. Au moment de la résistance au Bas-Canada, deux figures symbolisent le caractère paria de la nation canadienne : le colon et l'Irlandais. Le premier représente l'aliénation économique du Canadien. Depuis la Conquête, la situation du colon s'est nettement détériorée. Auparavant, sous le Régime français, la mère patrie avait échoué à implanter les règles féodales. Le colon échappait aux décrets de l'administration coloniale. Les seigneurs, censés appliquer les normes, étaient souvent absents. Indéniablement, cette situation favorisait la naissance d'une certaine égalité des conditions[63]. L'activité économique, plutôt que les privilèges de naissance, servait de plus en plus de référence pour juger un individu.

Avant la Conquête, donc, le régime seigneurial apparaît, aux yeux des Canadiens, relativement satisfaisant. Puis survient la défaite de 1759, qui constitue un grand tournant. Elle met un terme à une espèce d'âge d'or de la seigneurie. Les Anglais s'emparent non seulement du commerce, mais aussi des domaines seigneuriaux[64]. Dans l'imaginaire de la nation canadienne, l'accès des Anglais aux seigneuries se répercute sur la tenure de terres, un mode de possession totalement opposé à la notion anglaise du droit de propriété. Cette montée du monarchisme commercial marginalise le colon. Les politiques du régime anglais introduisent une vision du monde contraire à celle que préconisent les habitants. Au tout début du XIXe siècle, par exemple, le gouverneur Milnes déplore l'absence d'aristocratie seigneuriale au Canada. Cette lacune, dit-il, ouvre la voie à un grand danger : l'égalitarisme paysan. Cette citation du gouverneur Milnes est typique de la façon dont l'élite anglaise voit la situation des paysans canadiens :

> Il faudra s'attendre aux pires conséquences si jamais ils se rendent compte entièrement de leur indépendance, car ils sont de fait les seuls propriétaires de presque toutes les terres cultivées… Ils peuvent se procurer par eux-mêmes d'une année à l'autre les choses nécessaires, ils constituent la race la plus indépendante que je connaisse, et je ne crois pas que dans aucune autre partie du monde, il y ait un pays où se trouve établie à ce point l'égalité de situation que dans la masse des Canadiens[65].

La nouvelle politique coloniale britannique, sous l'influence des thèses d'Edward Gibbon Wakefield, accentue la précarité de l'habitant. Dans l'essai *A View of the Art of Colonization,* Wakefield réussit une curieuse synthèse des idées de David Ricardo et de Thomas Malthus[66]. Il accepte d'une part l'objectif ricardien d'une Angleterre industrielle devant rechercher la suprématie mondiale par le biais d'une politique libre-échangiste. Il accepte d'autre part la critique malthusienne selon laquelle le système industriel ne peut pas être stable et prospère au moyen d'une politique libérale. À son avis, l'Angleterre pourra éviter les crises sociales et économiques uniquement si elle implante un programme de colonisation systématique. Selon ce modèle, les colonies britanniques deviennent des espaces d'investissement pour les surplus d'hommes, de capitaux et de marchandises provenant de l'Angleterre. Le principe wakefieldien s'énonce en quelques propositions. D'abord, l'octroi de terres coloniales aux colons, au lieu de se faire selon un principe de gratuité presque intégrale, est fixé à un prix plus élevé. Quant au vendeur de terres, ce n'est plus le gouvernement britannique, mais une compagnie privée de colonisation, à laquelle le gouvernement attribue des certificats de colonisation. En échange, la compagnie s'engage à mettre sur pied un programme de colonisation systématique. Cette mesure est nécessaire, selon Wakefield, car la gratuité des terres empêche la constitution d'une classe ouvrière. Et sans la constitution d'une telle classe, écrit-il, le capital ne peut émigrer. Les immigrants sans capitaux suffisants deviennent, par le mécanisme wakefieldien, une véritable classe ouvrière, prêts à vendre leur force de travail... jusqu'au jour où ils ont eux-mêmes accumulé assez d'argent pour acquérir une terre et devenir, à leur tour, employeurs d'immigrants.

La marginalisation du colon se détecte à plusieurs signes. Le premier signe, dans l'esprit des Canadiens, est le retard du gouvernement à ouvrir de nouvelles régions à la colonisation. On le sait, avec l'augmentation rapide de la population, le gouvernement se doit d'accroître le domaine cultivé. Ne reste-t-il plus aucune terre seigneuriale à coloniser dans la région de Montréal et dans la vallée du Richelieu ? Le seul débouché véritable réside dans la colonisation de terres neuves. Au moyen de diverses astuces, les bureaucrates du Conseil législatif s'y opposent, provoquant un enclavement presque total des seigneuries. Tout à l'entour s'étend une *zone interdite,* confinant les Canadiens dans les vieilles terres. Les bureaucrates nient le problème. Et ni les marchands, ni les fonctionnaires, ni les conseillers législatifs ne s'y intéressent sérieusement : « On avait tout intérêt à ne rien faire, car améliorer l'agriculture, favoriser la colonisation, c'était, par le fait même, augmenter la force des Canadiens, et cela à l'encontre du parti officiel[67]. » Les bureaucrates affirment que le problème tient à la nature du régime seigneurial. Or, les habitants trouvent cette explication trop simpliste. L'abolition du régime seigneurial, à leur avis, servirait à assimiler la nation canadienne.

Le deuxième signe de marginalisation est l'immigration massive de Britanniques sur les terres des *Eastern townships.* Dans la foulée de la nouvelle politique de colonisation systématique, au début des années 1830, la British American Land Company achète à la Couronne à peu près tout ce qui reste de terres dans les Cantons de l'Est[68]. Ces terres, qui représentent un « petit royaume » aux yeux des colons canadiens, reçoivent les immigrants venus des quartiers pauvres de Londres, de Bristol et de Liverpool. De fait, le programme de Wakefield est moulé sur les réalités socioéconomiques de l'Angleterre des années 1830. La hausse prodigieuse de la production qu'y entraînait la révolution industrielle sécrétait des excédents de capitaux, de marchandises et d'hommes. L'exportation massive de surplus vers les colonies d'Amérique devient donc un élément central de la politique britannique d'industrialisation. Certes, les Canadiens protestent : « Il n'y a pas de terres disponibles pour les Canadiens, fils du sol, mais on en trouve pour les Anglais de la métropole ! » Les milieux patriotes font circuler une rumeur : les bureaucrates mijotent un plan d'assimilation de la population canadienne. L'instrument de cette assimilation est la dépossession des habitants de leurs terres. Les colons se souviennent de la déportation des Acadiens, survenue moins d'un demi-siècle plus tôt.

Le troisième signe de marginalisation consiste à égarer le colon dans un labyrinthe bureaucratique. En dépit de la politique britannique, les Canadiens tentent de s'emparer de certaines parties des *townships* qui échappent à l'emprise des grands spéculateurs terriens : dans les comtés de Mégantic, Bois-Francs, Nicolet, Stanstead et Beauharnois. Officiellement, le colon n'a qu'à payer quelques dollars par acre. Dans les faits, lorsque le candidat ayant choisi sa terre demande les lettres patentes, on lui répond souvent que le lot demandé vient d'être vendu à, disons, M. Smith — qui n'est que le prête-nom d'un fonctionnaire spéculant sur les concessions. Le colon doit donc se mettre en rapport avec M. Smith et débourser le double, sinon le triple du prix réel. Si, par chance, un colon parvient à éviter les griffes d'un fonctionnaire spéculateur, il n'a pas pour autant obtenu son titre de propriété. Il doit s'engager dans une autre procédure compliquée et interminable. Le labyrinthe bureaucratique se caractérise par une série de formalités visant à lui extorquer des honoraires de toute nature. Après avoir payé son lot, le colon entreprend une tournée des bureaux du gouvernement. Il commence par l'agent des terres. Ensuite, il va chez l'arpenteur général qui doit lui remettre un certificat d'arpentage. La tournée se poursuit chez le commissaire des terres à qui il doit, bien sûr, laisser un peu d'argent. De là, il se rend chez le secrétaire du gouverneur, pour y laisser encore une petite somme d'argent. Puis il rencontre le secrétaire provincial qui rédige les lettres patentes moyennant une petite rétribution. Les titres obtenus, le colon retourne chez le secrétaire du gouverneur, qui lui obtient la signature de cet officier. Hélas ! dans tous ces déplacements, un document peut s'être égaré. Il faut alors reprendre toute la procédure. La période minimale pour obtenir une terre est de six semaines et la période moyenne, de quinze mois. Certains colons ont attendu plus longtemps : quatre, cinq, huit ans.

Le quatrième signe de la marginalisation est la soumission du colon aux grands propriétaires terriens anglais. Ces derniers, qui n'habitent pas le pays, ne se soucient guère d'attirer des colons. Leurs domaines, immenses, restent des forêts. Ils attendent que les terres atteignent une plus grande valeur. Souvent, on ne connaît même pas le nom du propriétaire de ces terres inexploitées. Les paysans canadiens critiquent ces propriétaires absents, songeant à leurs lots neufs et plantureux comme à une terre promise inatteignable. Conscients des méfaits des bureaucrates, les patriotes critiquent de plus en plus ouvertement la « régie stupide » des terres par le gouvernement. Ils dénoncent aussi l'opportunisme des spéculateurs anglais. Selon les patriotes, l'organe de colonisation a tristement fait place à un instrument de spéculation foncière. Les propriétaires absents, de plus en plus irresponsables, continuent de profiter de la situation. En effet, si après quelques centaines de piastres de déboursés et des mois d'attente le colon reçoit la permission de s'installer sur une terre, les problèmes avec les propriétaires absents ne sont pas nécessairement terminés. Le colon peut travailler sa terre quelques années, puis avoir une mauvaise surprise : un jour, un agent s'amène et lui dit qu'il n'est pas chez lui, qu'il y a erreur. Un arpenteur procède à son travail et conclut que le terrain vaillamment défriché appartient, en fait, au lot voisin. C'est donc en vain que le colon a peiné durant toutes ces années.

Le cinquième signe de marginalisation de l'habitant est la dispersion maximale des terres disponibles[69]. Le colon canadien constate, après avoir enfin reçu son terrain, que les autres lots du canton appartiennent à des spéculateurs. Ce reste de canton demeure en outre longtemps inexploité. Le colon qui acquiert l'un de ces lots se trouve par conséquent seul au milieu de la forêt. Il est souvent à quelques milles du premier voisin. Le Canadien, habitué de vivre en communauté, ressent vivement cet isolement. Il défriche, construit une route pour rejoindre son lot, creuse des fossés, édifie des ponts. Ses travaux, qui exigent des dépenses importantes, conjugués à une mauvaise récolte, peuvent vite l'acculer à la faillite. Il ne lui reste qu'à quitter cette terre qu'il vient de mettre en valeur et où il a perdu quelques années de sa vie. Le propriétaire absent profite de l'insolvabilité du colon pour faire saisir et vendre la terre. Puis il peut recommencer son petit jeu. À ce sujet, lord Durham cite un dénommé Kerr : « Le présent système, disait candidement Kerr à Gosford, est si profitable aux agents anglais, que parlant comme agent, je serais vraiment fâché de le voir abolir[70]. » La bureaucratie coloniale, en somme, est complice de ces abus. Les terres de la

Couronne et celles des grands propriétaires anglais constituent une zone fermée aux colons canadiens[71].

Le sixième signe de marginalisation a trait à l'expropriation de colons, qui se double de l'apparition de *squatters*[72]. Témoins des multiples vexations qu'ont vécues leurs compatriotes et incapables de faire face aux exigences pécuniaires des distributeurs de terres, un groupe impressionnant de colons défient la bureaucratie. Ces « hors-la-loi », établis sans autorisation dans la *zone interdite,* se multiplient dans Mégantic, Shefford, Stanstead, Drummond. Parce qu'ils ne peuvent obtenir des titres de terres par la voie officielle, ils s'approprient le lot qui leur plaît sans se soucier du propriétaire légal. Dans l'esprit de nombreux Canadiens, ces colons n'ont pas tort[73]. Ils occupent les terres qui forment le patrimoine national. La bureaucratie a beau leur interdire l'accès aux terres, ils s'y installent pour y demeurer et en jouir. Jusqu'à ce qu'un huissier vienne leur signifier de déguerpir (ou d'acheter le lopin à un prix inabordable). S'ils ont pu amasser quelque argent, ils paient et s'en tirent mieux, finalement, que ceux qui ont commencé par payer mais ont dû se déplacer par la suite. S'ils sont sans le sou, ils partent pour aller squatter ailleurs. Ils travaillent dur ; ils souffrent, eux et leur famille, mais au moins ils ont l'impression de mener une existence normale et de jouir d'un droit inaliénable : celui de posséder et de faire fructifier une petite propriété. La Couronne, en fait, s'occupe bien peu des squatters. Les terres qu'ils occupent ne lui appartiennent plus. Elle les a données ou vendues il y a des lustres. Quant au vrai propriétaire, il laisse d'abord faire le « colon irrégulier », sachant bien que celui-ci ne fait que donner de la valeur à sa terre. Puis, lorsque le paysan a assez peiné et qu'à force de privations il a réussi à se construire une habitation convenable, à défricher une terre suffisante pour assurer sa subsistance, le propriétaire intervient. Il procède à l'éviction de l'usurpateur, saisit la propriété sans compensation et la revend au plus offrant. Ces grands propriétaires cachent leur jeu pendant de longues années. C'est seulement durant les années 1830 que commencent les évictions, qui iront par la suite en s'accélérant. Dans certaines régions, il s'agit même d'expulsions en masse.

Le septième signe de marginalisation est le déracinement des colons. Pour se rendre aux seuls cantons auxquels ils ont accès, les Canadiens ne possèdent aucune voie de communication. Ils empruntent alors des sentiers où il faut portager à dos d'homme les matériaux et les provisions. L'Assemblée a certes fait voter des subsides pour ouvrir des routes, mais les bureaucrates dilapident les fonds. Le déracinement géographique est doublé d'un déracinement religieux. En effet, l'Église catholique n'est pas admise dans cette partie du pays érigée en cantons. La Couronne britannique tolère l'Église catholique uniquement dans les limites des seigneuries. Les paroisses, qui s'érigent selon le droit français, n'existent donc que dans la sphère seigneuriale. En fonder ailleurs est en réalité impossible. Ayant vécu toute son enfance dans un contexte religieux, le Canadien y pense à deux fois avant de s'éloigner de sa communauté spirituelle. La lettre d'un colon déraciné, publiée dans la *Gazette de Québec*, met bien en relief ce dilemme :

> C'est avec beaucoup de chagrin que je déclare que, dans les townships de ce district, on estime qu'il y a près de 2 000 enfants qui vivent sans baptême, plus de 600 hommes et femmes qui vivent ensemble, sans être mariés légalement, et que la plus grande partie du monde, ces dix dernières années, n'y ont pas entendu la parole de Dieu le dimanche. Quant à nos morts, on en dispose de la même manière que la plupart du monde dispose d'un chien favori qui meurt, en le mettant tranquillement sous un arbre. Pour des docteurs, pour nos pauvres malades, nous n'en avons point et nous n'avons point de chemin pour aller en chercher[74].

Le huitième signe de marginalisation est l'exil, qui pour de nombreux colons canadiens est la seule avenue logique. Parce qu'on freine le développement de vastes territoires, les fils d'habitants canadiens n'ont d'autre choix que de se diriger vers les États-Unis. Ces États, selon la formule de lord Durham, sont désormais plus hospitaliers que les colonies britanniques[75]. Le phénomène de l'exode massif est caractéristique de toute société qui fait face au surpeuplement. Aurait-il dû se produire au Canada, où des millions d'acres de terre étaient inexploités ? Les colons canadiens, en vérité, quittent une patrie aux neuf dixièmes vide, dans laquelle ils sont devenus des parias[76]. L'exil est précisément le thème d'une chanson, *Un Canadien errant*, qui connaît un grand succès populaire au début des années 1840[77]. Écrite après la seconde rébellion, celle de 1838, cette chanson, qui évoque l'expérience acadienne, prophétise l'exil massif que l'on nommera plus tard la grande hémorragie. Le mouvement patriote canalise cette révolte de paysans dont les revendications ne sont jamais prises en considération[78]. Le sort réservé à l'habitant est si injuste que le mouvement ne se limite pas au groupe francophone. Les chefs patriotes reçoivent parfois l'appui de paysans anglais et américains. Mais l'appui le plus enthousiaste viendra d'un autre groupe dont le destin est fort évocateur : les Irlandais.

De l'Irlande

> Les petites nations. Ce concept n'est pas quantitatif ; il désigne une situation ; un destin : les petites nations ne connaissent jamais la sensation heureuse d'être là depuis toujours et à jamais ; elles sont toutes passées, à tel ou tel moment de leur histoire, par l'antichambre de la mort ; toujours confrontées à l'arrogance des grands, elles voient leur existence perpétuellement menacée ou mise en question ; car leur existence *est* question.
>
> Milan Kundera

Si l'image du colon dépossédé agit comme première métaphore du destin de la nation canadienne, une seconde métaphore se dégage durant les années 1830. C'est l'image de l'Irlande, qui permet d'anticiper le sort d'une nation écrasée sous le poids de la corruption. À cette époque, l'avenir du Bas-Canada apparaît inextricablement lié à celui de l'Irlande, les deux nations vivant une expérience similaire. Elles sont soumises par la force à l'Angleterre, et elles subissent la corruption d'une clique de bureaucrates. En 1837, les Irlandais d'ici s'identifient fortement aux Canadiens, et vice versa[79]. Le grand leader irlandais à la Chambre des communes d'Angleterre, Daniel O'Connell, n'affirme-t-il pas : « Le Canada n'aura bientôt rien à envier à l'Irlande[80] » ? L'alliance entre les Irlandais et les Canadiens ne sera jamais aussi forte que durant cet épisode historique. En effet, de tous les groupes marginaux auxquels s'identifient les patriotes, le plus souvent évoqué est celui des Irlandais. L'image des catholiques de l'Irlande exprime avec éloquence le sentiment d'aliénation de la nation canadienne face à l'Angleterre. Papineau évoque à de nombreuses reprises la situation commune de ces deux peuples au sein de l'Empire britannique, situation qui explique pourquoi la communauté irlandaise penche du côté de la cause patriote. Quelques leaders patriotes sont même d'origine irlandaise. Durant les années 1830, lorsque Papineau commence à renoncer au lien impérial, il affirme la cause commune des deux peuples : « Une nation ne sut jamais gouverner une autre. Les affections bretonnes [britanniques] pour l'Irlande et les Colonies n'ont jamais été que l'amour du pillage de l'Irlande et des colonies abandonnées à l'exploitation de l'aristocratie bretonne et de ses créatures[81]. »

Cette alliance trouve une base solide en 1822, lorsque la communauté irlandaise de Montréal invite l'Irlandais Jocelyn Waller à collaborer au journal *Montreal Gazette*[82]. Cependant, l'indépendance d'esprit de cet homme lui vaut rapidement la désapprobation des propriétaires du journal. Congédié, il se retire à la campagne. Mais il retourne au journalisme à la demande expresse de patriotes canadiens qui, face au projet d'union de 1823, veulent faire connaître leur point de vue à la population anglophone du Bas-Canada. On peut dire, sans se tromper, qu'il s'agit là du début d'une complicité politique entre Canadiens et Irlandais. Pour ce faire, on transforme le *Spectateur canadien* en *Canadian Spectator*, en plaçant Waller au poste de rédacteur en chef. Apparenté aux illustres familles d'Irlande et d'Angleterre, Waller est lu avec intérêt au Canada, aux États-Unis et en Angleterre. Par ses articles, il contribue à faire échouer ce premier projet d'union du Bas et du Haut-Canada. Les propositions en faveur de cette union se poursuivent, mais l'opposition de Waller et des patriotes canadiens est très ferme. L'alliance républicaine se consolide. En effet, Waller a ses entrées chez ses nouveaux amis patriotes : Denis-Benjamin Viger, Louis-Joseph Papineau, Amable Berthelot, Augustin Cuvillier. Le rédacteur en chef appuie les griefs patriotes qui visent à protéger la nationalité canadienne. Il fournit de plus des arguments qui s'inspirent de la tradition britannique[83]. Par exemple, il refuse que des changements soient apportés à l'Acte constitutionnel de 1791 sans qu'on ait obtenu le consentement des habitants de la colonie.

Les articles de Waller sont si percutants qu'on les republie souvent dans des journaux républicains nord-américains, suscitant d'autant plus l'hostilité des bureaucrates. Comme les autres journalistes républicains qui travaillent sur le territoire de l'Empire britannique, Waller est harcelé par la Couronne. On l'accuse d'outrage au tribunal et de diffamation. Dans ses textes, il dénonce sans retenue les actes arbitraires de la bureaucratie coloniale. Il soutient le droit pour l'Assemblée législative de contrôler le revenu public et critique le gouverneur dans son refus de sanctionner l'élection de Louis-Joseph Papineau à la fonction de président de la Chambre. Il affirme le droit des sujets britanniques de se réunir en assemblées publiques et rappelle le nécessaire équilibre entre les pouvoirs exécutif et législatif dans la Constitution britannique. Le harcèlement de la Couronne britannique réussit : en 1827, le journaliste Waller sera gratifié d'un petit séjour en prison[84]. En même temps que Ludger Duvernay, il est arrêté pour diffamation contre le gouvernement et conduit derrière les barreaux. Après qu'on eut versé un cautionnement, il peut sortir. L'arrestation du « pauvre Irlandais » devient toutefois un symbole de la tyrannie des bureaucrates, ce qui ajoute une forte charge émotive au mouvement de protestation. Le combat de Waller prend fin de façon abrupte : l'homme meurt, terrassé par la maladie, l'épuisement et le harcèlement des bureaucrates. Il devient ainsi le premier d'une longue série de martyrs patriotes. Dans ses *Souvenirs d'un demi-siècle,* Joseph-Guillaume Barthe écrit au sujet du journaliste irlandais : « Il se dévoua sur l'heure avec son journal à la défense de la cause franco-canadienne et devint l'ami inaltérable des Viger et des Papineau et le parangon des patriotes qui marchaient à leur suite, en dedans comme en dehors du Parlement[85]. »

Le combat du *Spectator* est repris par un autre Irlandais, Daniel Tracey. Cet orphelin, qui émigre au Canada en 1825, ne tarde pas à s'associer aux malheurs de la nation canadienne. Dès son entrée en politique, il se consacre à populariser la cause irlandaise en Amérique et, plus encore, à soutenir les griefs des Canadiens. Sa haine des bureaucrates, qui prend naissance en Irlande, se renforce à Montréal. En 1828, il fonde le bihebdomadaire *Irish Vindicator and Canada General Advertiser.* Il ne cache pas son admiration pour Louis-Joseph Papineau. Pour souder la cause irlandaise à la cause canadienne, Tracey appelle le chef patriote le « O'Connell canadien ». C'est en prenant la défense des deux luttes nationales qu'il continue le combat de Jocelyn Waller. La position éditoriale du *Vindicator* est, en général, plus antibureaucrate que celle des journaux patriotes. En 1832, Tracey lance un appel en faveur de l'anéantissement du Conseil législatif, qui bloque les projets de loi qu'adopte l'Assemblée. Cette position lui vaut l'emprisonnement, tout comme Ludger Duvernay peu après. Le geste des bureaucrates fait de Tracey et de Duvernay des héros, victimes de la tyrannie britannique.

Tracey devient dès lors le nouveau symbole de l'alliance entre les Canadiens et les Irlandais catholiques. Cela apparaît clairement au cours d'un événement célèbre qu'on appelle le « massacre du 21 mai[86] ». Il s'agit d'une simple élection partielle, tenue en 1832, anodine en apparence, visant à pourvoir le siège du district Montréal-Ouest. Conformément à la tradition, l'élection doit se tenir six jours par semaine, jusqu'à ce qu'une heure se soit écoulée sans qu'aucun vote ait été enregistré[87]. Tracey se présente pour l'alliance irlandaise et canadienne, contre un puissant commerçant, Stanley Bagg, représentant le bloc formé par les Anglais et les Écossais. Il s'agit véritablement d'un conflit entre le républicanisme antibritannique et le commercialisme britannique. Jour après jour le pointage montre une presque égalité. Selon la vieille tradition politique, les fiers-à-bras des deux camps s'affrontent afin d'empêcher les voteurs de l'autre camp de se rendre à l'urne[88]. Après vingt-deux jours de vote et d'escarmouches, la bagarre éclate : le camp anglais accuse les partisans de Tracey de provoquer l'émeute, tandis que le camp patriote affirme qu'il s'agit d'un massacre concocté par les bureaucrates. Les militaires tuent trois patriotes canadiens. Le jour suivant, Tracey remporte la victoire. Mais il ne peut continuer longtemps le combat des patriotes : deux mois plus tard, en soignant un malade, il contracte le choléra et en meurt. Sa victoire a néanmoins raffermi les rapports entre les Canadiens et les Irlandais. Elle laisse de plus présager la rébellion : « Le fossé entre patriotes et bureaucrates se creuserait davantage à partir de cette date, et cette situation conflictuelle allait s'envenimer pour conduire aux événements de 1837[89]. » Ces conflits ne sont pas restreints au monde des adultes. Au sortir de l'école, les gamins se querellent selon la même ligne de démarcation. Comme l'écrit Gérard Filteau, d'un côté, il y a les Irlandais et les Canadiens, de l'autre, on trouve les Anglais et les Écossais :

> Jusqu'aux enfants d'école qui adoptaient cette ligne de conduite. Chaque nationalité avait ses écoles séparées. La rue était le seul terrain de rencontre des enfants. Animés de moins de prudence que leurs parents, ils s'y querellaient souvent. Toute rencontre singulière entre deux enfants de race différente aboutissait à une bagarre générale de tous les gamins du quartier, avec l'inévitable division en deux camps opposés, l'un de petits Anglais ou de petits Écossais, l'autre de petits Canadiens, assistés généralement de petits Irlandais[90].

L'achat du *Vindicator* par le libraire patriote Édouard-Raymond Fabre, en 1832, suscite l'embauche du médecin Edmund O'Callaghan à titre de rédacteur[91]. O'Callaghan poursuit l'alliance entre Canadiens et Irlandais, entreprise par Tracey. Plus, il est l'homme qui parachève cette alliance. Arrivé d'Irlande durant les années 1820, O'Callaghan travaille à faire reconnaître la présence irlandaise dans la vie politique et religieuse de la capitale. Actif au sein de plusieurs sociétés — Society for the Friends of Ireland, Quebec Emigrant Society, etc. —, il consacre ses efforts à continuer de rapprocher la communauté irlandaise et la communauté francophone. Les Canadiens, pris d'affection pour cet Irlandais dont ils arrivent mal à prononcer le nom, le surnomment « le Docteur qui a la gale ». O'Callaghan sera rédacteur du *Vindicator* durant près de cinq ans, soit jusqu'à son exil définitif aux États-Unis durant la rébellion[92]. Ses pamphlets défendent les revendications du Parti patriote, dirigé par son ami Papineau. L'alliance républicaine exprime un attachement indéfectible à l'égard des cousins de la république américaine. Nous ne savons pas, écrit-il, à quelle condition le Canada voudrait se joindre à l'Union américaine : « [Mais] il fera probablement son marché lui-même, on ne lui accordera aucun pouvoir que les autres États ne possèdent point, on ne lui refusera aucun de ceux qu'ils possèdent, et il serait un État souverain, avec une entière juridiction sur ses propres termes, un membre de cette heureuse famille américaine de nations puissantes[93]. »

Louis-Joseph Papineau incite O'Callaghan à se porter candidat patriote dans le comté de Yamaska. Il est élu et devient un orateur fougueux et perspicace, bras droit de Papineau. À l'ouverture de la session de 1836, O'Callaghan fait de l'effet lorsque, avec d'autres députés papineauistes, il se présente à la barre du Conseil habillé en étoffe du pays pour signifier le boycott des produits anglais. Son costume amuse et flatte ses amis patriotes, qui tiennent en haute estime leur allié républicain. Dans son éloge du « brave Irlandais », le patriote Amury Girod ne peut s'empêcher de rappeler la persécution dont ce peuple a été aussi l'objet. Ils ont quitté le sol paternel, souligne-t-il, pour échapper à une persécution insupportable, à une oppression sans égale dans l'histoire du monde : « [I]ls sont si braves, si intrépides, ils ont tant d'esprit que je dois les aimer malgré moi, et, si je ris quelquefois de leurs coq-à-l'âne, je ne puis m'empêcher d'admirer leur bonne humeur et leur esprit jusque dans leurs folies[94]. » Tant pour les Canadiens que pour les Irlandais, le Conseil législatif est le foyer de l'oppression des simples citoyens. Un événement qui rallie les deux camps est le non-renouvellement de la loi sur l'éducation qui, en 1836, devient périmée. En bloquant la nouvelle loi que l'Assemblée a votée, le Conseil législatif voue à une mort certaine quinze cents écoles soutenues par le gouvernement. La décision du Conseil provoque la rage chez les catholiques du pays, Canadiens comme Irlandais. Le 1er mai, le *Vindicator* et *La Minerve* revêtent le deuil : ils s'encadrent d'une large bordure noire pour souligner le « geste odieux » des bureaucrates. Le journal des Irlandais écrit : « Que sur leur tête aussi bien que sur la tête d'Archibald, comte de Gosford, retombe la terrible responsabilité d'avoir privé la génération naissante de cette province des bienfaits de l'éducation[95]. »

O'Callaghan, qui a un goût prononcé pour la polémique et s'enflamme souvent contre les bureaucrates, se fait beaucoup d'ennemis chez les Anglais. Au mois de mars 1836, il conseille aux patriotes de se procurer des fusils et d'apprendre à s'en servir[96]. Ses opinions avant-gardistes lui valent une réputation d'anticlérical. Ce qui n'est pas justifié. N'a-t-il pas contribué à la fondation de l'église Saint-Patrick ? Lorsque des évêques publient leurs mandements défavorables à la lutte armée, O'Callaghan réplique avec humour : « Je suis de l'avis de saint Paul, et j'entends qu'on soit soumis aux puissances supérieures. Mais c'est du peuple que voulait parler l'Apôtre parce que c'est le peuple qui est la puissance au-dessus de tout[97]. » Un exemple de l'opiniâtreté d'O'Callaghan est fourni par la position qu'il adopte à l'égard des résolutions Russell, votées au Parlement anglais, qui suggèrent au gouverneur de puiser dans le Trésor public sans l'autorisation de la Chambre. Dans un article que reproduisent la plupart des journaux du pays, il exprime une grande indignation. D'abord, il dénonce une combinaison déshonorante de whigs et de tories à la Chambre des communes. Les résolutions, écrit-il, éteignent le flambeau de la liberté laissé aux législatures coloniales. Il poursuit : « Une Chambre des lords, dont le principe fondamental est hostile à la liberté humaine, peut endosser la détermination des ennemis coalisés de la liberté dans la Chambre basse, mais ni leurs résolutions, ni leurs auteurs, ni leurs supporteurs ne peuvent changer la nature des choses : le vol restera toujours le vol[98]. » O'Callaghan conclut :

> Russell peut commander à son lieutenant Gosford de piller la caisse publique [...] son lieutenant et copain peut la piller : mais cela ne peut légaliser le pillage [...] Un hurlement d'indignation doit être poussé d'un bout à l'autre de la province contre les voleurs, et contre ceux qui participent au butin. Il ne doit plus y avoir de paix dans la province, pas de quartier pour les pillards[99].

Le grand ami du docteur irlandais, Louis-Joseph Papineau, insiste pour rappeler que ce que l'Irlande et le Bas-Canada demandent est une simple question de justice, fondée sur le sens commun. Il s'agit d'accorder à chaque gouvernement local un statut national et responsable : « [C]'est là ce que demandent l'Irlande et l'Amérique britannique ; c'est là ce qu'avant un très petit nombre d'années, elles seraient assez fortes pour prendre, si l'on n'était pas assez juste pour le leur donner[100]. » Au cours de la première des assemblées de protestation, tenue à Saint-Ours le 7 mai 1837, les patriotes évoquent dans leur déclaration la cause commune de l'Irlande et du Canada. La dixième résolution stipule que, pour assurer la régénération du pays, il convient, à l'exemple de l'Irlande, de se rallier tous autour d'un seul homme : « [C]et homme, Dieu l'a marqué comme O'Connell, pour être le chef politique, le regénérateur d'un peuple. Il lui a donné pour cela une force de pensée et de parole qui n'est pas encore surpassée, une haine de l'oppression, un amour du pays, qu'aucune promesse, aucune menace du pouvoir ne peut fausser. Cet homme déjà désigné par le pays, est Louis-Joseph Papineau[101]. » À l'instar des Irlandais, les patriotes veulent créer un tribut patriotique : « Cette assemblée, considérant les heureux résultats obtenus en Irlande du tribut appelé le "Tribut O'Connell", est d'avis qu'un semblable tribut appelé "Tribut Papineau" devrait exister en ce pays. Les comités de l'association contre l'importation seraient chargés de le prélever[102]. » En écho à cette assemblée, les Irlandais républicains se réunissent à leur tour à Québec, le 15 mai 1837, afin de prendre part au mouvement. Eux aussi soulignent le combat de Daniel O'Connell pour la libération de son peuple. Des résolutions qu'ils adoptent, la sixième est assez intéressante. Elle rappelle l'avertissement de Daniel O'Connell à ses compatriotes du Bas-Canada qui pourraient être tentés de s'allier au Parti bureaucrate :

> L'indignation exprimée par M. O'Connell contre la minorité de ses compatriotes, qui, oubliant les souffrances de la mère patrie, se sont ligués avec un parti qui par son action reproduit ici le même état de choses, est pleinement justifiée. Cette minorité, en oubliant l'intérêt véritable de sa patrie adoptive, s'expose au mépris et à la dérision. Elle s'expose au sarcasme non pas seulement de ses propres compatriotes, mais aussi de celui des amis de la liberté et de la justice de tous les pays. C'est le sort qui attend tous ceux qui, succombant à l'attrait du confort, désertent les principes de la liberté[103].

L'alliance républicaine ne plaît guère aux bureaucrates. Leur organisation paramilitaire, le Doric Club, saccage les bureaux du *Vindicator*. Selon le journaliste irlandais, l'affaire a été finement planifiée. Comme Parent et Papineau, O'Callaghan soutient que la rébellion est avant tout une « agression bureaucrate ». Dans une lettre à son ami François-Xavier Garneau, il rappelle qu'il s'agit là d'une stratégie britannique dont il existe des précédents en Irlande. Il fait allusion à Henry Robert Castlereagh. Dans son esprit, ce politicien est la « honte de l'Irlande ». Il avait été élu au Parlement irlandais en 1790, puis à la Chambre des communes en 1794. Il s'était prononcé en faveur de l'intégration de l'Irlande à la Grande-Bretagne. Autoritaire sur le plan de la politique intérieure, durant les années 1810, il combattait l'opposition des Irlandais républicains. Ces derniers lui reprochaient « d'être vendu aux Anglais ». En 1822, ne pouvant plus vivre cette situation, il se suicidait. Voici un extrait de la lettre d'O'Callaghan :

> Le fait est que le gouvernement, tant à Québec qu'à Downing Street, décidé d'abolir l'Assemblée du Bas-Canada, ne cherchait qu'un prétexte pour justifier son attentat. Debartzch, l'âme damnée de Gosford, voulut en 1836, à force de menaces et de promesses, m'induire à voter les subsides ; me trouvant inébranlable, il me dit franchement ce qu'il en résulterait, que Papineau et moi serions pendus !... Debartzch connaissait sans doute le programme sur lequel il basait son dire prophétique, sa menace ou son avertissement... On voulait comme Castlereagh en Irlande, pousser le peuple à la violence, puis abolir ses droits constitutionnels. Dans l'histoire de l'union de l'Irlande avec l'Angleterre, vous retracerez, comme dans un miroir, le complot de 1836-1837 contre la liberté canadienne[104].

Du clerc

La rébellion, selon la thèse dominante, a été principalement entravée par la position loyaliste du clerc[105]. Cette interprétation s'attache donc à prouver les liens entre le clergé et la Couronne. La religion y apparaît comme une idéologie qui nuit au progrès. Cette thèse, au sujet de l'histoire du XIXe siècle canadien, n'est pas étrangère au combat des intellectuels canadiens-français, né durant les années 1950 et 1960, visant à affranchir la société canadienne-française de la domination de l'Église. Afin de remporter leur combat, ces intellectuels avaient un intérêt évident à amplifier le pouvoir du clergé. Or, une analyse rigoureuse tend à montrer que la genèse du « pouvoir clérical » se produit plutôt durant les quatre décennies qui suivent les événements de 1837-1838[106]. Ce n'est qu'à partir des années 1880 qu'il est possible de parler d'une nation-Église. En fait, la genèse du pouvoir clérical n'est aucunement une cause de l'échec de la résistance. Au contraire, elle est la conséquence de la déprime que cet échec a engendrée. Au début des années 1840, la nation canadienne renonce graduellement au « nous républicain ». Elle trouve dans la mémoire évangélique, dans le « nous catholique », une consolation à une situation qui est proprement tragique. Comme le dit Louis Rousseau,

> [c]'est parce que les gens ont revalorisé le facteur religieux que le clergé

a pu se reconstituer. Je pense que ce n'est pas le pouvoir du clergé qui est venu d'abord ; c'est plutôt le changement de mentalité dans un contexte de crise et de transformation de valeurs qui va faire passer la religion de la marge où elle était au XVIIIe siècle au centre de la société du XIX[e][107].

La période qui va de la Conquête aux rébellions est plutôt pénible pour le clergé. Après la défaite de 1760, le haut clergé exprimera certes un loyalisme très zélé, notamment durant la guerre de l'Indépendance. Une telle attitude témoigne en fait de sa vulnérabilité, surtout à l'égard de la Couronne. Il faut savoir qu'au début du Régime anglais le corps ecclésiastique diminue énormément. D'abord, l'apport français est complètement coupé. Puis des clercs meurent et d'autres retournent en France. Bref, la nation canadienne perd ses cadres religieux. Cela est d'autant plus significatif que le catholicisme est une religion cléricale. Il devient vulnérable sans son pivot central, le prêtre ordonné, et la transmission du message religieux s'atténue dans la population. Un « clergé canadien » a beau émerger, ses membres sont peu nombreux. Avant 1818, les Britanniques ne reconnaissent même pas l'évêque catholique[108]. Aussi la période qui précède la rébellion est-elle marquée par l'austérité pour le clergé, qui reste néanmoins près du peuple. Sa vision du monde doit rivaliser avec celle des grandes utopies libérales. La jeunesse respecte la religion, mais l'appel de la vocation n'est pas du tout contraignant. Comme le souligne encore Rousseau : « Le clergé est par ailleurs de moins en moins présent, parce que les jeunes hommes ne veulent pas devenir prêtres — c'est un indicateur de moindre ferveur. Les paroissiens entendent de moins en moins parler de religion, qui reste une partie de la culture, mais dans ses marges en termes d'intensité et de valorisation[109]. »

L'aggravation du conflit avec la métropole, durant les années 1830, oblige tout de même les chefs religieux à formuler des avis. La doctrine exige d'eux qu'ils prônent l'obéissance au gouvernement légitime. Il est toutefois de notoriété publique, à l'époque, que ces signaux loyalistes ne font même pas consensus au sein du clergé. Ce dernier est bien conscient que sa position lui attire des ennemis de la faction radicale du mouvement patriote. Face à ce dilemme, il est déchiré. Il devient hésitant. Loin de tirer les ficelles, il apparaît plutôt à la remorque de l'événement. Là où on l'accuse d'entretenir des visées politiques, il ne pense souvent, certes parfois avec zèle, qu'à défendre l'intérêt de la religion catholique. Cela l'incitera à adopter des vues à mi-chemin de la position des bureaucrates et de celle de patriotes. Certains clercs sont plus près des bureaucrates, d'autres plus près de patriotes. Louis Rousseau écrit :

> Entre ces deux groupes, le haut clergé cherche à se maintenir en position d'équilibre en évitant de donner à penser qu'il penche pour l'un ou l'autre groupe. Il n'est d'ailleurs pas unifié : les Sulpiciens, seigneurs de Montréal, sont hommes d'Ancien Régime, alors que l'évêque, Mgr Lartigue, a des sympathies pour les patriotes et croit au renouveau de la société fondé sur l'inspiration religieuse (liens avec le groupe parisien du journal *L'Avenir*). Il s'oppose cependant très tôt aux avancées des laïcs dans la sphère d'influence du clergé. Mais il est nationaliste et redouté en tant que tel par les bureaucrates[110].

L'attitude du bas clergé est révélatrice. On connaît le cas d'Étienne Chartier et de Magloire Blanchet, curés de Saint-Benoît et Saint-Charles, qui sympathisent avec les rebelles. On parle toutefois moins de la solidarité générale des prêtres à l'égard du peuple. Des Chouayens s'inquiètent souvent de la grande camaraderie de collège qui lie les membres du clergé aux chefs du Parti patriote. Formés dans les mêmes pensionnats, ils possèdent un imaginaire commun. À l'instar des journalistes, les hommes publics rendent fréquemment hommage au clergé pour son apport à l'œuvre nationale. Si pendant longtemps le prêtre et le seigneur sont restés des alliés naturels, les choses changent au tournant des années 1830. À ce sujet, Lionel Groulx fait remarquer : « [P]endant que le manoir inclinait, par un penchant irrésistible, vers la bureaucratie et prenait aisément à l'égard du presbytère un certain air protecteur, le presbytère se faisait de plus en plus accueillant aux nouveaux chefs populaires, dépourvus de la morgue de classe et nullement attardés dans le passé mort[111]. »

Le haut clergé, disposant d'une marge de manœuvre plus restreinte, est prudent. Il a la responsabilité suprême de défendre le dogme. En dépit de ce devoir, il se refuse à critiquer les griefs des patriotes. Aucun écrit des autorités ecclésiastiques ne condamne le travail parlementaire du Parti patriote. Aussi longtemps que le combat patriote se restreint à la sphère proprement politique, le haut clergé intervient peu. Mais il est intraitable sur un point. Il désapprouve les gestes de révolte des « fauteurs de troubles », craignant que les bureaucrates n'en profitent pour précipiter l'avènement d'une situation révolutionnaire. Cette position est au demeurant assez compréhensible quand on sait que, depuis le début de 1837, les deux organismes paramilitaires bureaucrates, le

Doric Club et la British Legion, multiplient les provocations. Le clergé pressent le piège des bureaucrates, qui seraient les seuls grands bénéficiaires d'une lutte armée. Les bureaucrates savent que Londres s'apprête à faire des concessions. Ils savent aussi que ces concessions sont de nature à réduire leurs privilèges tout comme à calmer les patriotes. Quelques événements permettent de saisir le caractère nuancé de la position du clergé tout au long de ces années.

Le sacre de Mgr Bourget

Le premier avis est plutôt modeste. Mgr Lartigue l'énonce lorsqu'il a le sentiment que les patriotes défient les lois du pays. Il s'exprime en réaction à l'éloge patriote de la contrebande. Selon les auteurs qu'a consultés Mgr Lartigue, les lois de la contrebande sont de nature pénale. Par conséquent, elles n'obligent pas en conscience avant la condamnation du juge. L'évêque ne donne donc aucune valeur canonique à ce premier avis, et c'est pourquoi il ne le communique ni par un mandement, ni par une circulaire au clergé. Il le fait plutôt dans sa maison, au banquet qui suit le sacre de Mgr Bourget, le 25 juillet 1837. Les paroles de Mgr Lartigue ont été rapportées par *L'Ami du peuple*, un journal farouchement bureaucrate, dans un article au titre évocateur : « La Religion vs M. Papineau ». Dans les jours qui suivent, le journal *La Minerve* conteste l'interprétation du journal loyaliste. Le discours de Mgr Lartigue aurait été plus nuancé. Il aurait certes mis en garde ses paroissiens contre la tentation de se révolter. Mais on doute que l'évêque, homme farouchement indépendant, ait parlé du « gouvernement sous lequel nous avons le bonheur de vivre[112] ».

Le premier mandement de Mgr Lartigue

Vers la fin de l'été de 1837, les bureaucrates augmentent la pression sur les patriotes. Ces derniers organisent le 23 octobre, à Saint-Charles, la Grande Assemblée de la Confédération des Six Comtés. Le lendemain, jugeant la situation dramatique, Mgr Lartigue prononce son premier mandement. Il s'agit d'un exposé doctrinal, qui prône la fidélité et la paix. Cet appel traduit l'appréhension du massacre. Mais la réception du mandement dans les paroisses, durant les jours qui suivent, donne lieu à de drôles d'incidents : le curé de Terrebonne prononce le mandement avec dédain et mépris ; le curé de L'Acadie ne le proclame qu'à la fin de la messe, lorsque les fidèles quittent l'église ; le curé de Saint-Valentin le lit si rapidement que personne ne comprend. En désaccord avec l'avis de Mgr Lartigue, les curés de la vallée du Richelieu décident de réagir. Réunis au Séminaire de Saint-Hyacinthe, ils adressent un plaidoyer à Mgr Lartigue :

> Les soussignés appréhendent que la démarche que vient de prendre votre Grandeur, en publiant le Mandement du 24 octobre, dont ils reconnaissent la sagesse et la modération, ne soit cependant considérée par leurs compatriotes canadiens comme un acte du clergé tendant à approuver totalement la conduite du gouvernement britannique dans la politique qu'il suit depuis longtemps à l'égard du pays. Il est visible que depuis un certain temps le clergé perd l'attachement et la confiance des catholiques de ce diocèse parce qu'ils sont persuadés que des vues d'intérêt le font embrasser le parti du gouvernement dans la question actuelle débattue entre les différentes branches du pouvoir dans la colonie et la métropole. Ce même clergé ne saurait rester muet dans la crise actuelle parce qu'il est canadien, parce que le rôle qu'il a joué de tout temps dans la société canadienne lui donne la mission extraordinaire de pouvoir intervenir comme il est déjà intervenu[113].

Cet épisode le démontre, le bas clergé et les fidèles ne se conforment pas passivement aux vues du haut clergé. Ce dernier apparaît moins comme un général qui donne des ordres que comme une sentinelle qui fait le guet. Dans une lettre au curé Blanchet, de la paroisse Saint-Charles, l'assistant de Mgr Lartigue, l'évêque Bourget, définit le rôle de l'Église durant cette période agitée : « Ces évêques sont des sentinelles placées en des lieux élevés pour découvrir de loin l'ennemi, et leur devoir est tellement d'avertir leurs peuples du danger qu'ils courent, que si quelqu'un périt pour n'avoir pas été averti du danger, on en demandera compte à ceux qui faisaient la garde[114]. » Le curé Blanchet ne cache d'ailleurs pas sa sympathie pour la cause patriote. Au train où vont les choses, écrit-il, l'union entre le clergé et le peuple risque de se réaliser : « [V]ous savez que les pasteurs ne peuvent se séparer de leurs ouailles. Ce qui me porte à croire que bientôt il n'y aura plus qu'une voix pour demander la réparation des griefs parmi les Canadiens, de quelque état et de quelque condition qu'ils soient[115]. » L'appel des curés de la vallée du Richelieu ne demeure cependant pas sans réponse. Mgr Lartigue accepte de présenter une requête au gouvernement de Londres. Mais il est trop tard, le conflit politique cède la place à la lutte armée.

L'agression de l'armée britannique

Fait capital, avant le massacre de Saint-Charles qui aura lieu le 23 novembre 1837, le haut clergé ne fait connaître aucun avis annonçant des peines canoniques. Après le massacre, l'inéluctable se produit. Mgr Lartigue énonce ces peines : interdiction des derniers sacrements et de la sépulture ecclésiastique. Les combattants morts en flagrant délit, sans avoir réparé publiquement leur faute, y sont soumis. Certains faits tendent toutefois à montrer que les peines canoniques sont imposées bien à contrecœur. Mgr Lartigue se garde de juger la culpabilité intérieure de ces paysans. Ces derniers, admet-il, cherchaient avant tout à défendre les chefs patriotes. La moitié des combattants, reconnaît-il, ont donc été « forcés de prendre les armes ». Son assistant, Mgr Bourget, apporte une précision capitale, qui traduit bien le déchirement du haut clergé. Avant d'infliger les peines, il faut absolument avoir la preuve des fautes : « J'ai la douleur de vous annoncer que tous ceux qui sont morts les armes à la main contre leur gouvernement, étant morts *in flagranti delicto*, n'ont pas droit à la sépulture ecclésiastique […] il faudra que vous soyez certain qu'ils sont morts en révolte pour leur infliger un pareil châtiment[116]. » Mais l'annonce arrive un peu tard. Des patriotes, tués au front, sont déjà inhumés en terre chrétienne. Il est clair que Mgr Bourget répugne à imposer la sentence. Les insurgés, concède-t-il, ignoraient ces peines au moment des hostilités : « [I]l a fallu leur refuser les honneurs de la sépulture ecclésiastique ; ce qui a singulièrement chagriné les parents des malheureuses victimes qui assuraient qu'ils n'auraient pas été s'insurger de la sorte s'ils eussent vu toutes les conséquences qui en devaient résulter[117]. »

L'opposition à l'Union

Au début de l'année 1838, soit le 8 janvier, l'évêque de Montréal publie le second mandement, plus sévère que le premier. Il établit clairement l'interdiction de prendre les armes. Cependant, avec la Déclaration d'Indépendance, le 28 février 1838, qui inaugure la seconde rébellion, le clergé continue à entretenir une certaine ambivalence. Aucun nouveau mandement n'est alors proclamé. Lorsque l'évêque de Québec offre docilement les services du clergé paroissial pour la diffusion des proclamations de lord Durham, Mgr Lartigue riposte durement. Il avertit son collègue que l'évêque de Montréal ne fera pas preuve de la même servilité. Le journal *Le Canadien,* patriote modéré, admet que des membres du clergé ont joué le rôle d'ennemis jurés de leurs ouailles. Mais il insiste pour dire qu'il s'agit d'une minorité : « Si le clergé catholique eût été l'instrument aveugle des oppresseurs du pays, il y a longtemps que les derniers vestiges de notre nationalité seraient disparus[118]. » L'explication traditionnelle, consistant à dire que l'Église a excommunié les rebelles afin de s'emparer du pouvoir, n'est pas satisfaisante, selon Louis Rousseau :

> On décrit souvent l'Église comme ce qui a remplacé les petits bourgeois éjectés de la scène par la défaite des patriotes : comme un commando parachuté, elle descend, s'installe, prend le pouvoir. Mais la religion ne dispose pas d'autre pouvoir que celui du consentement — à moins bien sûr qu'elle n'ait à sa main la force militaire. Or, l'Église ne dispose pas de pouvoir. L'Église n'est pas populaire dans les années 1830. On a plusieurs indications : les vocations masculines et féminines, par exemple, n'intéressent pas les jeunes. Et tout à coup, à partir de 1840, il y a une revalorisation du religieux[119].

Étant donné la popularité bien relative de la religion durant les années 1830, ainsi que l'ambivalence des chefs religieux, on doit conclure que le rôle du clergé est mineur dans l'échec de la rébellion[120]. C'est que la position du clerc en 1837-1838 n'est pas la même qu'en 1776. Il a acquis une certaine indépendance. Il incite ses fidèles à la prudence, sans toutefois attaquer les griefs en cause. D'ailleurs, lorsque la poussière de 1838 retombe, Mgr Lartigue s'associe à un mouvement visant à obtenir justice de la métropole[121]. Il adresse une pétition au Parlement londonien et à la reine, signée par les prêtres du Bas-Canada. Elle dénonce le projet d'union des deux Canadas. Mais la Couronne n'a pas besoin du clergé pour implanter l'Acte d'union. Il y a d'autres francophones d'exception qui verront l'utilité d'accepter l'odieux. Lord Durham n'aura qu'à imaginer une mise en scène.

De la solution de Durham

Lorsque lord Durham arrive au pays, muni du mandat d'enquêter sur l'état des colonies, la tâche lui paraît impossible. Il s'aperçoit que le système politique canadien a été principalement détraqué par l'action cupide de la clique des bureaucrates. Mais donner entièrement raison à l'élite de cette *priest-ridden society* est impensable. Si l'attribution d'un gouvernement responsable à la colonie devait permettre, dans un premier temps, de satisfaire les habitants de la colonie, la présence d'une petite nation, majoritaire sur le territoire, risquerait par la suite d'empêcher l'Empire de fonder une Amérique du Nord britannique. Ce dilemme hante Durham durant son périple au Canada. À tout prix, il doit imaginer une politique qui pourrait garantir la collaboration de cette petite nation. Avant de présenter le fruit de sa réflexion, que nous appelons la « solution Durham », il importe de bien contextualiser la trajectoire intellectuelle de cet homme politique britannique[122].

Lord Durham appartient à une vieille famille aristocratique anglaise. La carrière politico-militaire y est valorisée. Détenant sur ses propriétés des mines de charbon, sa famille a des liens avec la bourgeoisie. Cela tend à faire de Durham un aristocrate sensible au progrès et à la mobilité sociale de la classe marchande. D'ailleurs son père, vivant à l'époque de la Révolution française, a la réputation d'être un jacobin. Il n'est pas étonnant que le fils soit un réformiste, un « radical whig[123] ». Il est favorable aux grandes causes de l'époque : l'émancipation des catholiques, la liberté du commerce, l'éducation pour tous, la réforme parlementaire. Il tisse des relations politiques, à Londres, avec un cercle d'influents whigs, les Colonial reformers[124]. Ces derniers se regroupent autour du penseur Edward Gibbon Wakefield. L'homme est un adversaire sévère du vieux système colonial. Il propose que la colonisation soit soustraite au contrôle centralisé de la bureaucratie du Colonial Office[125]. Les idées de Wakefield sont prisées par le journal *The Spectator*, qui se fait cinglant dans sa dénonciation du sous-secrétaire aux colonies, James Stephen[126]. La métropole conserverait sa souveraineté dans certains domaines : la forme du gouvernement, la politique étrangère, la régulation du commerce extérieur et l'octroi des terres. Pour régler les autres questions, cependant, la Couronne devrait sérieusement envisager l'attribution à ses colonies du gouvernement responsable colonial. En bénéficiant d'une plus grande autonomie, les colonies deviendraient plus fidèles. Ces idées de Wakefield, on les retrouve presque intégralement dans le rapport final de Durham.

La nomination de Durham au poste de gouverneur du Canada doit beaucoup à un homme, le capitaliste Edward Ellice[127]. Le fait qu'Ellice soit à la fois un seigneur au Bas-Canada et un whig influent à Londres lui confère une grande autorité. Durant la première moitié du XIXe siècle, il est un intermédiaire avisé entre la colonie bas-canadienne et la métropole. Ce seigneur de Beauharnois voit dans la rébellion l'occasion rêvée de précipiter l'union du Bas et du Haut-Canada[128]. C'est lui qui, à Londres, suggère au cabinet de nommer Durham gouverneur du Canada. Dès sa nomination, Durham se met à la tâche. Il lit tous les mémoires qui sont envoyés au Colonial Office. Il rencontre des capitalistes à Londres, consulte les griefs des marchands montréalais et prend connaissance des lettres de Louis-Hippolyte Lafontaine. Il part ensuite pour l'Amérique, en compagnie de ses amis Charles Buller et Edward Wakefield. À son arrivée, la première tâche vise à résoudre la délicate affaire des prisonniers politiques. La solution qu'il prône, tantôt l'exil, tantôt l'amnistie, satisfait l'opinion publique du Bas-Canada dans un premier temps. Mais la croisade de son adversaire lord Brougham, au Parlement en Angleterre, oblige le gouvernement whig à désavouer cette solution. Londres exige son retour. Revenu à Londres, il rédige le rapport qui deviendra célèbre.

La tâche de Durham aurait été plus facile s'il n'y avait pas eu, au Canada, une petite nation française. Il lui aurait suffi de blâmer les bureaucrates, puis de suggérer en toute logique l'application du principe du gouvernement responsable. Mais comme il ne veut pas donner entièrement tort aux bureaucrates, il se tourne vers la responsabilité des rebelles dans la rébellion. Ce qu'il dit à leur sujet est d'une très grande importance pour comprendre la naissance de l'Amérique du Nord britannique. Mais si l'on s'attache d'abord à sa critique de la clique des bureaucrates, on s'aperçoit qu'à plusieurs égards elle rejoint le plaidoyer patriote contenu dans les Quatre-vingt-douze Résolutions. Durham déplore par exemple que le système bas-canadien soit un dédale indéchiffrable. Les lois sont une masse de dispositions incohérentes et contraires. Les bureaucrates ignorent complètement la réalité nord-américaine. Ce mépris du contexte local ajoute à l'imprécision de la politique coloniale, qui est vague, indéterminée, indécise, variable. Il s'agit d'une véritable politique attentiste, oscillant entre la rigueur et la conciliation. Chaque homme public fuit ses responsabilités. L'indécision chronique du Conseil exécutif alimente un climat énigmatique, mystérieux, irrationnel, typique du monde bureaucratique :

> Comme on a exercé rarement le pouvoir de démettre les membres, le Conseil, de fait, est principalement composé de personnes qui sont en fonction depuis longtemps. Le gouverneur est obligé de prendre avis de personnes en qui il n'a aucune confiance ou de ne consulter qu'une partie du Conseil. Le *secret des délibérations* ajoute à l'irresponsabilité du corps. Lorsque le gouverneur prend une décision grave, on ne sait pas, du moins de façon officielle, s'il a suivi ou non l'avis de son Conseil, quels membres il a consultés ou sur l'avis de qui il s'est finalement guidé[129].

Afin de réaliser ses desseins, le bureaucrate demeure à l'écart de la lumière du public. Il tire les ficelles en cachette. Dans son esprit, tout pouvoir démocratique ne peut que représenter un danger. Selon Hannah Arendt, la bureaucratie de l'Empire britannique est, dans sa forme idéale, un gouvernement d'experts, d'une « minorité avertie » qui résiste tant qu'elle peut à la pression constante de la « majorité non avertie[130] ». Un des plus grands de tous les maux de ce gouvernement irresponsable, écrit Durham, est le mystère qui enveloppe le mobile de ses dirigeants : « [L]es affaires les plus importantes de l'État étaient traitées non dans des débats ouverts ou par des manifestations publiques, mais par correspondance secrète entre le gouverneur et le secrétaire d'État. Chaque fois que le mystère était levé, c'était longtemps après que le doute et le malentendu eussent produit leurs effets désastreux[131]. » Les colonies sont les dernières à apprendre ce qui les intéresse. Elles prennent connaissance des décisions du Conseil dans les gazettes publiées par ordre des Chambres du Parlement britannique.

Le maintien au pouvoir du Parti bureaucrate ne peut toutefois pas se perpétuer sans l'aide du gouverneur. Par mille et une ruses, ce parti réussit à faire de cet officier public le défenseur de ses intérêts. Officiellement, le gouverneur doit être impartial. Mais tôt ou tard, le gouverneur devient l'instrument des bureaucrates. Il arrive pourtant au Canada avec les meilleures intentions du monde. Ignorant, à son arrivée, de la situation du pays, le gouverneur accepte vite les vues de ses aviseurs naturels : les membres du Parti bureaucrate. Il est donc reconnu que le Parti bureaucrate influence et endoctrine le gouverneur. Lord Durham relate les maux causés par l'absence de responsabilité des ministres du gouvernement. Le Conseil jouit d'une immunité illimitée et le bureaucrate en profite abondamment. Il possède l'administration des finances. Par le contrôle du fonctionnarisme, il embauche sa famille et ses amis. Il siège lui-même au Conseil législatif. Il s'attribue les postes les plus lucratifs. En 1834, pour donner un exemple, sur sept conseillers exécutifs, six étaient aussi fonctionnaires et occupaient même plusieurs charges à la fois[132]. L'absence de responsabilité nuit à la transparence du système. Il devient tout simplement impossible de comprendre les raisons qui sous-tendent les décisions du gouvernement :

> On peut à peine se figurer un organisme mieux calculé pour empêcher la responsabilité de se porter sur qui que ce soit. C'est un corps dont la constitution ressemble un peu à celle du Conseil privé. Il est lié au secret par un serment semblable ; il remplit de la même manière certaines

> fonctions judiciaires insolites [...] mais comme il n'existe pas de divisions en bureaux dans le Conseil, il n'a aucune responsabilité personnelle, ni aucune autorité individuelle[133].

Mais, selon Durham, il n'y a pas que les bureaucrates qui soient fautifs. Afin de contrebalancer la part du blâme, Durham noircit le rôle qu'ont joué les rebelles du Bas-Canada. En Angleterre, écrit-il, un membre de l'opposition parle avec l'espoir de devenir ministre. Il ne propose aucune idée qu'il ne pourrait défendre au gouvernement, s'il en devenait membre par la suite. Au Bas-Canada, rien de tout cela n'existe. Les passages du rapport relatifs aux rebelles du Bas-Canada ressemblent aux dénonciations des loyalistes à propos de la tyrannie des masses. Selon Durham, l'opposition au Bas-Canada a le grand défaut d'être menée par des démagogues : « Mais le démagogue colonial renchérit bien haut sur la popularité sans crainte du scandale. Exclu sans espérance du pouvoir, il exprime les idées les plus folles, en appelle aux plus funestes passions du peuple, sans souci aucun de voir sa sincérité ou sa prudence mises à l'épreuve s'il était jamais mis en situation d'appliquer ses vues[134]. » Durham doute de la bonne foi de ces « démagogues ». En vérité, ces derniers ne désirent pas vraiment corriger les abus qui motivent leur colère : « [A]insi les principales places dans l'opposition sont-elles occupées par des hommes à passions fortes et à talents de pure rhétorique ; ils pensent très peu à réformer les abus qui leur servent de thèmes pour exciter la colère[135]. »

La pensée de Durham s'inscrit dans la tradition du Court whig. Selon celle-ci, l'assemblée est un lieu d'affrontement des intérêts et des factions où existe toujours un potentiel d'anarchie. À ce sujet, Durham déplore que l'Assemblée soit un lieu de pratique du favoritisme : « C'est un parfait attrape-qui-peut parmi tous les députés pour obtenir le plus possible de ce fonds à l'usage de leurs commettants respectifs. Ils forment des cabales où ils s'entendent comme des larrons en foire. On fait agir la politique générale sur les affaires privées, et les affaires privées sur la politique générale[136]. » À cet égard, Durham propose de réformer le système de distribution des emplois publics :

> Quelle que soit l'incommodité des mutations fréquentes dans le personnel des fonctionnaires publics, c'est là le mal nécessaire d'un gouvernement libre : il sera amplement compensé par l'harmonie perpétuelle que le régime devra engendrer entre le peuple et ses gouvernements. Je ne crains pas non plus que les serviteurs publics souffrent à tous points de vue

d'une autorité plus grande du peuple sur les emplois. Je ne connais, en effet, un régime pire pour donner les places importantes aux personnes incapables, dans lequel on consulte si peu l'opinion publique et qui empêche totalement les renvois des personnes qui ont déçu l'attente dans leurs qualités, sans imprimer une espèce de tache sur leur compétence ou sur leur intégrité[137].

Le système de distribution des places est central dans la pensée de Durham. Il est tributaire de la vision d'Adam Smith, livrée dans *The Wealth of Nations*[138]. Selon Smith, l'État doit permettre de transformer le vice privé en vertu publique. L'homme est un animal social. Il s'adonne à l'activité publique parce qu'elle donne du prestige. La montée de la rébellion dans les colonies américaines est le résultat de l'ambition frustrée de ses leaders. Ils cherchent à s'élever à une place supérieure. Les rebelles refusent les récompenses dérisoires de la politique coloniale. Ils espèrent plutôt décrocher le gros lot à la loterie d'État britannique. Smith estime qu'il faut reconnaître la valeur positive de l'influence de la Couronne. La création d'une union fédérale, écrit Smith, permettrait d'insuffler un mouvement de loyauté vers le haut. La consolidation du pouvoir exécutif, en apaisant les rebelles, réduirait l'anarchie des Législatures coloniales. Cette réflexion de Smith sur les rebelles américains influence Durham. L'établissement d'une union forte des provinces, écrit ce dernier, aurait un effet extraordinaire sur les sentiments des gens. L'effet serait encore plus puissant « si l'on donnait plus d'appétit à l'ambition » des personnes les plus éminentes des colonies :

> Aussi longtemps que l'ambition personnelle sera le propre de la nature humaine et que les lois de tout pays libre et civilisé favoriseront ces aspirations, c'est la grande affaire d'un gouvernement sage d'en encourager le développement légitime. Si, comme on le dit généralement, l'influence de personnages rusés et ambitieux a fomenté en grande partie les maux des colonies, on y remédiera en donnant à ces mêmes personnes des mobiles d'action plus vastes qui dirigeront leur ambition pour aider et non pour embarrasser le gouvernement[139].

Un mouvement de loyauté à l'Empire pourrait naître si la Couronne créait « de hautes récompenses dans un gouvernement responsable et populaire ». Elle se procurerait ainsi « le moyen de pacifier l'ambition des agitateurs ». Et elle emploierait pour de nobles et utiles desseins les talents qui ne s'appliquent depuis des lustres qu'à fomenter la révolution :

> Il faut faire disparaître des colonies la cause dont dépend, selon le perspicace Adam Smith, la séparation des provinces qui forment aujourd'hui les États-Unis ; nous devons nous ménager de la latitude pour ce qu'il appelle : « l'importance des hommes marquants dans la colonie », après qu'il eut évoqué avec vigueur « les récompenses sans valeur qui sont le partage de la petite loterie de la clique coloniale ». Une union législative générale alimenterait l'ambition des hommes compétents. Ils ne regarderaient plus avec envie la vaste arène de la fédération voisine ; ils verraient à satisfaire n'importe quelle ambition dans les hauts emplois de la magistrature et dans le gouvernement de leur propre pays[140].

Dans l'imaginaire du monarchisme commercial, l'envie est un puissant ressort de la conduite humaine. Au Canada, l'envie fait tourner les yeux vers le sud. Que cela lui plaise ou non, la Couronne doit prendre acte du grand attrait de la république américaine : « Tout cela a induit une grande partie de la population à jeter des regards d'envie sur la prospérité matérielle des États-Unis où existe un gouvernement parfaitement libre et éminemment responsable. En désespoir d'obtenir gain de cause au moyen des institutions actuelles, elle se mit à désirer une Constitution républicaine, voire même une incorporation dans l'Union américaine[141]. » Il est nuisible de « laisser dans un état arriéré les provinces britanniques ». Elles offrent un triste contraste avec le progrès et la prospérité des États-Unis : « Ce contraste est le thème de tout voyageur qui visite les deux pays : d'un côté de la frontière l'abondance, de l'autre la pénurie de signes qui indiquent une agriculture prospère, des cités florissantes[142]. » Il faut éviter la répétition de la révolution américaine. La Couronne devra, à l'avenir, consulter le peuple dans le choix de ses serviteurs :

> Ce n'est pas à ceux qui ont crié le plus fort que je propose de céder la responsabilité de l'administration coloniale, mais au peuple lui-même. Et je ne peux pas concevoir qu'un peuple, ou une partie considérable d'un peuple quelconque, regarde avec mécontentement le changement qui consistera ni plus ni moins en ceci : la Couronne à l'avenir consultera le désir du peuple dans le choix de ses serviteurs. L'importante modification que je recommande dans la politique coloniale pourrait s'effectuer pour le moment, en tout ou en partie, par l'autorité unique de la Couronne[143].

Le gouvernement responsable, dans l'esprit de Durham, ne limite en rien les privilèges de la Couronne : « Je ne voudrais pas toucher à une seule prérogative de la Couronne ; au contraire, je crois que l'intérêt du peuple des colonies requiert la protection des prérogatives qui n'ont pas encore été exercées[144]. » Il rejette l'idée d'un Conseil exécutif électif. Elle est incompatible avec le principe monarchique : « Rendre électif le Conseil exécutif serait une mesure parfaitement incompatible avec la monarchie ; ce serait encore, par l'autorité nominale de la Couronne, priver la société du très grand bienfait de la monarchie héréditaire[145]. » Conjuguer cette mesure libérale avec le plan d'assimilation de la nationalité française provoquera un sain sentiment d'envie. À ce sujet, l'exemple de la Louisiane est probant : « La concurrence créa d'abord la haine entre les deux races, puis elle finit peu à peu par stimuler la race la moins active, et les rendit émules toutes deux[146]. » Les Français de la Louisiane, on le sait, se sont incorporés à une grande nation dont ils ne formaient qu'une très faible partie. La montée d'un sentiment d'ambition, écrit Durham, fait lentement disparaître l'héritage français :

> Les yeux de tous les ambitieux se tournèrent naturellement vers le centre des affaires fédérales et vers les hautes récompenses qu'on y offrait ; ils prirent le ton politique de ceux qui détenaient le pouvoir suprême. À l'origine, la législation et le gouvernement de la Louisiane étaient choses insignifiantes en regard des intérêts impliqués dans les débats de Washington. Ce devint le mobile de tout homme ambitieux d'arriver à oublier sa nationalité française et d'en adopter une autre complètement américaine. Ce qui était avantageux pour les particuliers l'était aussi pour l'État[147].

En somme, la petite loterie imaginaire d'Adam Smith est au cœur de la « solution Durham ». Elle sera diffusée subtilement dans le Canada-Uni de l'après-rébellion. En effet, la politique de collaboration, qui fait suite à la résistance de 1837, ne peut être comprise sans que l'on se réfère à cette petite loterie. Les anciens rebelles Parent, Lafontaine et Cartier vont se convaincre de rejeter la tradition républicaine. Ce sont ces anciens rebelles qui acceptent l'Acte d'union, au début des années 1840. Bien au fait de la solution Durham, alléchante petite loterie coloniale, les rouges vont crier à la corruption. Mais ce cri sera un baroud d'honneur.

Quatrième partie

La collaboration

Du parvenu

L'action du rebelle, on l'a vu, entrave irrémédiablement la solidité du lien de mendicité entre le paria et le parvenu. Le paria est tout simplement incapable de se soustraire à la « bienveillante protection » du parvenu. Le paria reste lié au parvenu : le paria protégeant le parvenu et, inversement, protégé par lui en retour. C'est là le lien de mendicité qui les unit. Le paria et le parvenu sont interdépendants : de même que le paria ne peut pas vivre sans son bienfaiteur, de même celui-ci ne peut se passer de lui. Sa précarité se traduit par une écrasante anxiété. Il aspire certes, en silence, à se hisser au statut de parvenu. Mais il redoute le prix de cet affranchissement, qui l'obligerait à trahir ses compatriotes. Le parvenu n'est pas plus libre, selon Hannah Arendt. Il est tout aussi dépendant. Il est esclave des puissants de l'autre société. De fait, même lorsque l'individu accède au statut de parvenu, il reste toujours potentiellement un paria. Il a beau s'élever à une position avantageuse, il vit dans l'angoisse de la chute : redevenir un misérable. Pour saisir avec précision la notion de « parvenu », il est utile de revenir à l'analyse arendtienne du système de collaboration de la nation juive. Cette analyse distingue trois types de Juifs d'exception : le Juif de Cour, le notable local juif, le Juif cultivé. L'imaginaire du parvenu le rapproche du troisième type, le Juif cultivé. Les trois types possèdent chacun une finalité au sein du système de collaboration.

Le premier type, le Juif de Cour, apparaît tôt dans ce système de collaboration[1]. Dès la fin du Moyen Âge, le Juif de Cour obtient des privilèges en vertu de sa richesse. Il vit où il désire, porte des armes et profite de la protection des autorités européennes. Le Juif de Cour est un

Juif d'exception précisément parce que les princes lui accordent des privilèges. La précarité des finances de l'État, dans l'Europe du XVIIIe siècle, combinée avec le fait que l'aristocratie est criblée de dettes, incite les princes à mettre en veilleuse leurs préjugés à l'égard des Juifs. Pour obtenir du capital, les princes acceptent d'attribuer des privilèges à ces utiles créditeurs. Si les princes s'habituent vite à entretenir des relations cordiales avec les Juifs d'exception, ces derniers s'adaptent assez bien aux opinions de leurs gouverneurs. Les Juifs de Cour se tiennent toutefois à l'écart de l'autre société : « [I]ls n'entretenaient pratiquement aucune relation d'affaires ni relation sociale avec les autres milieux de la société non juive[2]. »

Afin d'affirmer le lien entre le Juif de Cour et les communautés juives, apparaît au début du XVIIIe siècle un deuxième type de Juif d'exception : le notable local[3]. Par son entremise, les communautés juives exposent leurs griefs au Juif de Cour, qui les achemine au gouverneur de la province. Ce droit de requête que le petit notable pratique, grâce à l'influence du Juif de Cour, est un avantage indéniable pour les communautés locales. Cependant, les masses juives doivent en contrepartie endurer la tyrannie des notables. En effet, le pouvoir que, par leur intermédiaire, le Juif de Cour exerce sur les communautés locales ressemble à la monarchie absolue. L'existence du Juif de Cour est tributaire de ce que, étant Juif, il possède par le fait même des relations transnationales. Les princes savent que seul un Juif peut mobiliser des colporteurs dans toute l'Europe et s'en servir comme agents de commerce.

Une troisième figure du Juif d'exception fait donc son apparition, au début du XIXe siècle, en réaction aux exigences démesurées des princes. Il s'agit du Juif cultivé. Les règlements d'émancipation promulgués à ce moment visent justement à accorder des privilèges à certains Juifs. L'obtention des privilèges est liée à l'éducation. Si le Juif de Cour prouve son utilité auprès de l'État, le Juif cultivé tente de persuader la société qu'il est un être humainement supérieur. Ce Juif d'exception désire se faire admettre dans la société non juive, qui exige pour cela le renoncement aux « préjugés juifs ». Elle persuade d'abord ce type de parvenu que la culture est le moyen de s'affranchir. Grâce à l'éducation, le Juif cultivé a le sentiment d'être plus humanisé. Durant cette période, le Juif cultivé renonce à l'émancipation politique, pensant s'affranchir par la voie individuelle. Ce Juif sait trop bien que toute mesure politique, c'est-à-dire collective, conduit inévitablement à une détérioration de sa place dans la société. C'est par l'intermédiaire de la culture, écrit

Arendt, et non par celui de la politique que ces Juifs cherchaient à échapper au statut modeste de leur peuple.

Le Juif cultivé, qui acquiert un statut parce qu'il croit avoir renoncé à ses préjugés juifs, incarne à la perfection la figure du parvenu dont le destin proprement tragique a été immortalisé, dans un portrait piquant, par Hannah Arendt. Le Juif assimilé Benjamin Disraeli, écrit-elle, ignorait complètement l'histoire juive : « Il n'en était que plus libre pour dire ouvertement ce que les autres laissaient transparaître dans des modèles de comportement à demi conscients dictés par la peur et l'arrogance[4]. » Cette ignorance lui permettait de proférer les pires préjugés antisémites de la société anglaise. Le premier ministre britannique pouvait dire bien haut ce que la haute société anglaise chuchotait tout bas au sujet des Juifs. C'est que Disraeli désirait à tout prix être admis dans cette société. Son ascension dans les cercles fermés de l'aristocratie anglaise a été fulgurante. Ce succès tenait à la conjugaison de deux faits : son origine juive et sa lecture antisémite de sa culture d'origine : « [I]l comprit mieux que quiconque qu'être juif pouvait être une chance aussi bien qu'un handicap[5]. » C'était, à bien y penser, une occasion en or. Afin de se conforter dans ses préjugés antisémites, la société anglaise avait précisément besoin d'un Juif d'exception. La carrière de Disraeli montre que le parvenu ne dissimule pas tant son origine qu'il désire « trahir avec le secret de son origine, le secret de son peuple[6] ».

L'expérience juive, pourrait-on nous rétorquer, ne peut fournir de leçons dans l'étude d'une petite nation. Ce n'est pas l'opinion d'Hannah Arendt, ni des sociologues américains Hans Gerth et Charles W. Mills. Dans un célèbre manuel de sociologie, ils élaborent un modèle d'analyse du phénomène minoritaire à partir du cas juif[7]. Ce modèle de la collaboration d'un groupe paria possède une grande qualité. Il met en évidence la transmission des images et des idées du paria[8]. À l'instar de l'analyse arendtienne, le modèle présente quatre figures, qui sont le résultat du croisement de deux axes. Le premier axe a trait à la destination des images : le paria s'adresse soit à son propre groupe, soit à la société majoritaire[9]. Le second axe se rapporte à l'origine des images : le paria s'exprime avec les images soit de son propre groupe, soit de la société majoritaire. Il existerait donc, pour l'individu appartenant à une petite nation, quatre figures distinctes. Ces figures ressemblent étrangement à celles d'Arendt : le paria juif, ainsi que les trois types de Juif d'exception : le Juif de Cour, le notable local et le Juif cultivé. Ce n'est pas étonnant ; il s'agit d'un phénomène propre à la condition de minoritaire.

Il n'est donc pas question de procéder, dans notre analyse, à une lecture juive de l'histoire canadienne-française. Mais comme le suggérait Arendt, la notion de paria, loin d'être propre au peuple juif, est primordiale pour comprendre la condition de la petite nation dans le monde moderne[10]. En traduisant ce modèle dans le contexte du XIXe siècle canadien, voici à quoi il ressemble :

		Groupe dans lequel le statut est recherché	
		nation canadienne	Amérique britannique
Origine	images canadiennes	1	2
des			
images	images anglaises	3	4

À la position 1, on trouve l'habitant canadien vivant dans les campagnes et les paroisses. L'habitant vit, en règle générale, à l'écart de la société anglaise. Il destine son discours à ses compatriotes. Il s'exprime avec les idées, les symboles et les images de son groupe. Cette position est, à l'échelle nord-américaine, celle du ghetto. Entouré de ses semblables, l'habitant a peu de contacts avec l'autre société, car il ne rencontre à peu près jamais d'Anglais. Du point de vue politique, il tente de faire reconnaître son droit à l'existence séparée, sans trop remettre en cause sa subordination à la société anglaise. La position 2 est occupée par le francophone d'exception qui, pour marquer son emprise sur la nation canadienne, doit recevoir l'appui de l'élite de l'autre société. L'acteur de la nation canadienne qui représente le mieux ce francophone d'exception est le clergé canadien-français. En vertu des arrangements sociaux contractés en 1774, le clerc devient un francophone d'exception. La Couronne lui octroie des privilèges en échange desquels il prêche l'obéissance au gouvernement légitime. Afin d'exercer son ascendant sur la nation canadienne, le clergé destine son message à la société anglaise, en utilisant toutefois des symboles français. Ce type de minoritaire pense que le Canadien est mal compris de la société anglaise. Pour corriger la situation, il tente de valoriser la religion catholique et la culture française. L'objectif du clerc n'est cependant pas de se faire admettre dans la société anglaise. Il s'agit seulement pour lui de faire reconnaître le droit de vivre paisiblement de façon séparée.

À la position 3, on trouve le notable local. C'est un francophone d'exception qui destine son message à son propre groupe. Il s'agit du petit notable de paroisse qui joue un très grand rôle dans la politique locale canadienne-française jusqu'au moment de la révolution tranquille. C'est un Canadien français qui a fréquenté le collège classique. Formé dans la grande tradition française, cet émancipé utilise toutefois les arguments et les images de la société anglaise afin de se gagner un statut enviable au sein de son propre groupe. Il traduit dans le langage local l'idéologie de la survivance, qui est le fondement de la paix sociale avec les Anglais. Prenant parti pour les siens, mais de manière purement défensive, il tente de les persuader que leurs « préjugés nationaux » biaisent leur perception de l'Anglais. Traducteur populaire des symboles anglais, il ne tente toutefois pas à court terme de se faire admettre dans l'autre société. Finalement, à la position 4, on reconnaît le parvenu. Ce dernier joue un rôle primordial à l'échelle nationale, dans la négociation d'un *modus vivendi* avec les Anglais. Avec le temps, il oublie les symboles canadiens-français pour assimiler ceux de l'autre société. Sa loyauté envers les symboles de la Couronne est indéfectible. Dès qu'il renonce à l'égalité politique de son peuple, il est admis dans la société anglaise, où il acquiert la réputation d'avoir une conduite irréprochable. À long terme, son attitude le mène à une assimilation pure et simple. Arrivé à ce point, toutefois, le parvenu s'est départi de son caractère de minoritaire. Il risque par le fait même de perdre ses privilèges. Sa valeur comme francophone d'exception chute dès lors qu'il ne peut plus comme jadis assumer son rôle.

Le francophone d'exception qu'est le parvenu canadien-français apparaît bien avant 1837, soit au lendemain de la défaite de 1760. Immédiatement après la Conquête, la Couronne est dans l'obligation d'adopter une attitude conciliante à l'égard des vaincus. La grogne qui monte dans les colonies anglaises l'oblige à se ménager la coopération de l'élite canadienne en place : les seigneurs et le clergé. Dans l'historiographie, on affirme que cette collaboration exprime un « pacte aristocratique ». Si la documentation au sujet des répercussions politiques du pacte est abondante, il n'existe guère d'études sur la signification du pacte du point de vue du collaborateur. C'est pourtant dans ce contexte qu'apparaît le sentiment d'une interdépendance entre la nation canadienne et la Couronne britannique, nécessaire pour enrayer le « péril républicain ». Les habitants d'origine française, à partir de ce moment, deviennent un peuple interaméricain, qui agit comme une frontière entre la république des États-Unis et la monarchie de l'Amérique britannique. Dès 1774, la Couronne britannique accepte cette idée en s'assurant que les familles seigneuriales deviennent des francophones d'exception. Les aristocrates de la nation canadienne savent qu'ils jouissent de privilèges. Par ailleurs, n'ignorant pas que ces privilèges sont précaires, ils craignent que la société n'accorde l'émancipation aux autres francophones. Cette loyauté à la Couronne se manifeste dans les stratégies matrimoniales des familles seigneuriales. Comme le relate Gérard Filteau, on accepte souvent de contracter une alliance avec une famille anglaise :

> Et le pays vit cette honte suprême : tous les noms qui rappelaient toutes les pages de l'épopée canadienne de s'allier, et souvent au prix de l'apostasie, aux vainqueurs. Ce furent successivement les Sabrevois de Bleury, les de Saint-Ours, les Louvigny de Montigny, les d'Estimauville de Beaumouchel, les Tarieu de La Naudière, les de Lotbinière, les Boucher de Niverville et de Montizambert, les Aubert de Gaspé… Si bien qu'en 1830, on ne retrouve à peu près pas de ces grands noms d'autrefois à la tête des masses populaires[11].

Naissant pour la plupart au moment de la guerre de l'Indépendance, les enfants des familles seigneuriales se font raconter en bas âge les exploits de leur père, de leurs frères, de leurs cousins contre les « méchants » républicains américains. Cette loyauté, acquise en 1774, réitérée avec la guerre de 1812, est encore assez forte durant les années 1830 pour que les descendants de ces grandes familles quittent les rangs du mouvement patriote, à la suite de sa démocratisation. Ils s'y s'opposent parce que l'égalité politique supprimerait leurs privilèges. Pour paraphraser Hannah Arendt, une « race d'aristocrates » s'oppose à une « nation de citoyens[12] ». Cette race d'aristocrates développe la thèse de l'interdépendance de la nation canadienne et de la Couronne britannique. Les francophones permettent aux Canadiens anglais de mener une existence distincte des Américains ; en retour, la Couronne accorde des privilèges en matière de culture, de religion, de langue et de droit.

Cette idée est reprise, dès le début des Débats, en 1865, par le premier ministre du Canada-Uni, Étienne-Pascal Taché. L'ancien rebelle patriote, converti au loyalisme, esquisse les contours du spectre américain. Il s'agit de l'image du *plan incliné*, qui ferait graduellement glisser le Canada au fond du gouffre américain. Si les Canadiens désirent rester unis à l'Empire britannique et conserver leurs institutions, ils doivent appuyer la Confédération : « Si nous laissions passer, sans en profiter, l'occasion qui se présente d'elle-même, aujourd'hui, nous serions lancés, bon gré mal gré, dans l'Union américaine par la violence, ou bien nous nous trouverions placés sur un *plan incliné* qui nous y conduirait insensiblement[13]. » L'image du plan incliné est ensuite constamment resservie par les pères fondateurs afin de signaler le danger de l'américanisation. Cette déclaration de Taché révèle clairement le triomphe de l'option monarchiste. Imitant le loyaliste britannique, le parvenu voit désormais dans la réalisation du projet fédératif l'atteinte de la Terre promise. Dans la quatrième partie de l'essai, je m'attarde à décrire la trajectoire individuelle des trois plus illustres parvenus de cette époque, Étienne Parent, Louis-Hippolyte Lafontaine et George-Étienne Cartier.

Étienne Parent

Journaliste au *Canadien*, Étienne Parent est le premier des rebelles patriotes à accepter, vers la fin des années 1830, de revoir leur jugement sur la situation canadienne. Parent est en fait le plus tourmenté des pères fondateurs et, probablement aussi, le plus solitaire des Canadiens puisque, au moment de la rébellion, on le fustige des deux côtés. Les patriotes le qualifient de traître parce qu'il lance un appel contre la lutte armée, tandis que les bureaucrates le considèrent comme le cerveau du Parti patriote. La pensée de Parent, indéniablement, symbolise le mouvement d'une pensée angoissée et incertaine, qui alimentera pendant des décennies la culture du Canada français. C'est une pensée qui discute l'assimilation sous tous ses angles. À ce titre, l'itinéraire de Parent permet, plus que tout autre, de comprendre pourquoi l'admission du Canadien dans la société anglaise exige sa renonciation à l'égalité politique. Nul penseur canadien n'a écrit autant, au XIXe siècle, sur le problème de l'assimilation que le journaliste Étienne Parent. Sa carrière de polémiste, qui se déroule durant les années 1820 et 1830, coïncide justement avec un épisode mouvementé de l'histoire du Bas-Canada, où la politique britannique est explicitement assimilatrice.

Comme quelques membres de sa génération, Parent passe rapidement du statut de rebelle à celui de parvenu. En fait, c'est lui qui inaugure le mouvement révisionniste en plein cœur de la rébellion. Face au discours enflammé des bureaucrates, sa conception de la nationalité canadienne change substantiellement, modifiant par là ses opinions au sujet de l'assimilation. Parent accepte par la suite l'idée que les francophones doivent obtenir l'émancipation en se fondant dans la civilisation anglaise. Le terme de cette assimilation serait une nation volontairement anglicisée. Cette conception du destin de la nation canadienne apparaît scandaleuse aux yeux des républicains, qui dénoncent le parvenu du

Canadien. Il s'agit certes d'une révision majeure de ses vues. Avant les troubles, le journaliste imaginait une nation canadienne qui serait avant tout française. Après les troubles, l'assimilation des Canadiens à la nation anglaise lui semble pensable ; elle ne représente plus un anéantissement. Revoir les étapes de la réflexion de Parent permet de saisir le chemin qui l'a mené à accepter graduellement le principe de l'assimilation. Son acceptation lui offrira l'occasion de reformuler la collaboration de l'élite francophone. Et elle ouvrira la marche vers la fondation ultime de l'Amérique du Nord britannique.

De la discrimination sociale

La pensée de Parent exprime le point tournant de la transformation de l'imaginaire de la nation canadienne. C'est précisément au moment de la résistance armée que la pensée du rebelle s'estompe, faisant place à celle du parvenu, en dépit de quelques retours en arrière. Au moment de la rébellion, une véritable rupture change radicalement chez Parent la nature de son engagement. À partir de ce moment, il ne pense plus *résistance,* mais *collaboration.*

Durant la période de la résistance, Parent s'ingénie à poser les fondements d'une nationalité française. À partir de l'après-rébellion, il tente de fixer les termes de la collaboration en renonçant à son ancien projet. Il passe donc la période de la résistance (entre 1823 et 1837) au service du principe de l'égalité nationale, revendication qui inspire nettement le mouvement patriote. Au sein d'une Angleterre impériale, ce désir d'égalité confère un statut de paria à la nation canadienne. Plus cette dernière affirme l'égalité politique, plus les Canadiens sont stigmatisés au sein de la structure sociale britannique. On leur bloque l'accès dans le commerce, la haute société ou encore l'administration publique, sauf exceptions. En retour, les Canadiens sont sans pitié à l'égard de ces parvenus, qu'ils dénigrent avec un malin plaisir.

Dès le début de sa carrière de journaliste, Étienne Parent pense comme ses compatriotes que les projets de la métropole impériale comportent des visées assimilatrices. Il n'est pas question d'accepter cet affront. L'établissement prochain d'une compagnie britannique de spéculation foncière inspire par exemple au journaliste du *Canadien* cette réflexion : « Dans la législation britannique à l'égard des terres du Bas-Canada, il y a quelque chose qui broie le cœur d'un Canadien ; on y voit, on y sent l'esprit machiavélique qui anime un parti de tout temps acharné à notre anéantissement[14]. » Pendant près d'une décennie, l'assimilation est, dans l'esprit de Parent, un processus qui mène à la destruction de son peuple. Lorsqu'il relance le *Canadien,* en 1831, il dit épouser la cause de la nation canadienne. Le mot d'ordre du journal est : *Nos institutions, notre langue et nos lois* ! Il affirme que c'est le destin du peuple canadien d'avoir non seulement à conserver la liberté civile, mais aussi à lutter pour son existence comme peuple : « [N]otre politique, notre but, nos sentiments, nos vœux et nos désirs, c'est de maintenir tout ce qui parmi nous constitue notre existence comme peuple[15]. » Rappelant le succès des luttes d'émancipation des peuples, il soulève une question à l'attention de ses compatriotes : « Mériterons-nous de devenir le rebut des peuples, un troupeau d'esclaves, les cerfs de la glèbe, que nous tournerons au profit de quiconque voudra se rendre notre maître[16] ? »

Jusqu'en 1837, l'adhésion du journaliste du *Canadien* à la doctrine de l'autodétermination des peuples est indubitable. Il affirme par exemple : « Nulle nation ne veut obéir à une autre par la raison toute simple qu'aucune nation ne sait commander à une autre[17]. » Plus tard, il écrit : « [L]e temps de l'émancipation des nations est arrivé[18]. » Pour faire comprendre à son public que la nation canadienne s'achemine vers l'âge de la liberté et de l'indépendance, Étienne Parent recourt souvent à l'image de l'adolescent qui s'approche difficilement mais inéluctablement du stade adulte : « L'état de ces dépendances est celui d'une adolescence vigoureuse, qui court vers l'âge viril ; que l'existence coloniale n'est qu'un acheminement vers une existence plus noble et digne d'un grand peuple[19]. » Durant cette période, Étienne Parent s'oppose avec virulence à toute politique d'anglicisation. Au sujet d'une proposition du « vendu » Sales de Laterrière, visant à intégrer le Bas-Canada dans une fédération impériale, le journaliste du *Canadien* se fait cinglant : « Jamais assurément nous ne pouvons être une simple province américaine, mais nous pouvons bien, par la mauvaise politique de l'Angleterre, devenir, avant un grand nombre d'années, un des États de la confédération américaine... par une politique coloniale qui aurait pour but l'anglification sociale du Bas-Canada[20]. » Il reproche à Sales de Laterrière de commettre « l'erreur de ceux qui vont déjà disant à leurs amis, comme des trappistes : frère, il faut mourir[21] ! » Parent est toutefois optimiste, pensant que l'Angleterre comprendra le rôle interaméricain de la nation canadienne : « [L]a mère patrie sentira tôt ou tard que de notre nationalité dépend en partie l'allégeance de cette colonie[22]. » Cet attachement à la nationalité provient d'un heureux sentiment :

[Si les] efforts du peuple canadien proprement dit pour conserver ses lois, sa langue, ses usages et ses institutions [...] proviennent d'un sentiment noble [...] ils tendent à conserver ce pays à l'Angleterre, aussi longtemps que nous ne pourrons pas prendre place parmi les puissances ; et à produire une séparation amicale, au lieu d'une addition formidable à une puissance rivale[23].

Parent est circonspect dans ses réflexions sur la séparation amicale. Il suggère souvent qu'il s'agit plutôt d'une option pour l'avenir : « Le Canada est une colonie, qui est destinée à former un vaste empire, et pour lequel conséquemment l'état colonial n'est qu'un état de transition, et il n'est pas probable, il est même impossible que dans un demi-siècle il soit encore colonie européenne[24]. » La prudence de Parent à l'égard de cette question n'est pas sans fondement puisque, dès cette période, *La Gazette de Québec* du patriote John Neilson met en cause la loyauté de l'éditorialiste du *Canadien*. Il le répète souvent, l'indépendance est une bien noble idée. Même durant la tempête de 1837, pendant laquelle des patriotes le traitent de traître, il l'admettra : « C'est une idée si belle, si grande que celle de l'indépendance de son pays, c'est une si noble ambition que d'associer son nom à celui de Washington, qu'un vrai patriote devra beaucoup pardonner à ceux qui auront cette idée, cette ambition[25]. » Ce qui, en 1837, apparaît comme une belle idée utopique était, moins de cinq ans plus tôt, un processus inéluctable et irréversible : « Cette question est bien assurément prématurée, on pourrait même dire hors de propos, d'autant plus que nous fondons notre espoir de l'indépendance sur autre chose que sur notre force brute[26]. » Plus tard, après le dépôt des Quatre-vingt-douze Résolutions, Étienne Parent tient à avertir la métropole. Ce qui ressort des résolutions est l'idée de l'autodétermination de son peuple : « Les colonies, et celle du Bas-Canada en particulier, "rêvent à une nationalité, à une existence à part, à eux[27]" ; "avec tout l'enthousiasme de l'adolescence elles rêvent gloire, indépendance et grandeur[28]". »

De l'égalité nationale

Étienne Parent renonce par étapes au combat pour l'émancipation nationale. Le premier recul fait suite à une déclaration de lord Gosford : « [L]'Angleterre ne peut qu'admirer les arrangements sociaux par lesquels on est parvenu à faire d'un petit nombre de colons industrieux une race d'agriculteurs bons, religieux et heureux[29]. » Ce discours rassure Parent. Dès lors, il incite ses compatriotes à faire preuve de modération dans leurs revendications politiques. Les patriotes l'accusent de « modérantisme ». À partir de ce moment, il parle de moins en moins d'indépendance et accepte de plus en plus de discuter d'une politique d'assimilation de ses compatriotes. La discrimination sociale dont est l'objet le Canadien cesse peu à peu de le scandaliser. Puis le séjour qu'il fait en prison, durant la rébellion de 1838, achève sa conversion à la doctrine de l'assimilation. En effet, la période trouble qui sépare la rébellion de 1837 de celle de 1838 semble le transformer radicalement. Par la suite, le journaliste du *Canadien* n'est plus le même. Désormais, l'émancipation de ses compatriotes ne passe plus par le maintien de la nationalité française. L'admission dans la société anglaise doit se faire au prix d'une assimilation volontaire. Cette admission, parce qu'elle se produit de façon individuelle, revient en fait à renoncer à l'égalité politique de la nation canadienne. Le grand débat sur l'assimilation se produit justement entre les deux rébellions, plus précisément dans le contexte de la venue de lord Durham au Canada. Les Anglais de Montréal relancent alors l'idée d'angliciser les Canadiens. Dès ce moment, le journaliste du *Canadien* accepte de discuter d'une politique d'assimilation. Mais seule une politique douce et graduelle trouverait grâce aux yeux de Parent, qui rejette l'approche coercitive que souhaite la *Montreal Gazette*.

La position de Parent est instable. Lorsque le Chouayen Barthélémi-Conrad Gugy propose l'anglicisation progressive, le journaliste du *Canadien* le réprimande. Étienne Parent ironise au sujet du plan Gugy, qui propose d'introduire le goût de la littérature anglaise, en plaçant dans les collèges des ecclésiastiques anglais catholiques et, aussi, le « goût des belles Anglaises » en s'inspirant des règlements qui existent au sujet du mariage mixte en Allemagne. Parent s'oppose donc au projet, soulignant que le moment est bien mal choisi. Il serait odieux de proposer ce plan d'anglicisation alors que la nation canadienne est soustraite à l'application de sa Constitution : « Il y a des choses qu'il ne faut pas faire trop tard, il y a en a aussi dont il ne faut pas parler trop tôt, comme il y en a aussi qu'il ne faut pas mentionner dans certaines circonstances[30]. » Si Parent accepte en principe d'aborder la question de l'assimilation, il n'en continue pas moins à penser dans le cadre de la nationalité française. Dans son esprit, il semble étrange de « venir proposer à un demi-million d'hommes de s'assimiler à une centaine de mille, dont la plupart ne sont ici que depuis un assez petit nombre d'années[31] ». Parent admet que, pour la nation canadienne, l'assimilation comporte des inconvénients. À un moment, le journaliste du *Canadien* opte plutôt pour un vague projet d'*agglomération,* où chaque « race » ne serait pas obligée de subir une « transmutation mortifiante ». L'évolution historique pourrait toutefois modifier la situation. Il conviendrait alors de reprendre la discussion : « [M]ais ce temps et ces circonstances ne sont pas arrivés, et rien n'en annonce encore l'approche[32]. »

Les rumeurs qui courent au sujet de l'union du Haut et du Bas-Canada ne mettent pas fin aux débats sur l'assimilation. On sait que les Anglais de Montréal exigent que le Parlement impérial soude les deux colonies afin de mettre un terme à la *French domination*. En réponse à ce projet unioniste, Parent affirme que jamais la nation canadienne ne consentira à ce suicide. De toute façon, l'union donnerait-elle vraiment l'élan décisif pour assimiler les Canadiens ? Le journaliste du *Canadien* écrit : « [L]es avocats de l'union ont une arrière-pensée : ils pensent que l'anglicisme des deux provinces noierait le gallicanisme de l'une. Les événements récents ne leur ont-ils pas fourni matière à des doutes sur ce point[33] ? » Les arguments d'Étienne Parent n'impressionnent pas la *Montreal Gazette,* qui décide de présenter son projet à lord Durham. Avec sévérité, Parent commente : « Une pareille proposition, dans un pareil temps, à un pareil homme, en dit plus que des volumes sur l'esprit dans lequel ce pays a été gouverné depuis un demi-siècle[34]. » Au préalable, tout projet d'assimilation doit obtenir le consentement des Canadiens : « [M]ais c'est une anglification forcée, immédiate que veut l'oligarchie, une anglification par conséquent qui rendrait tout un peuple étranger sur le sol qui l'a vu naître[35]. » À la proclamation de lord Durham, la réaction de Parent sera vive. Même s'il admet le principe de l'assimilation des Canadiens, il craint l'attitude des siens. Il fait ainsi porter sa critique non pas tant sur l'aspect politique que sur les conséquences pratiques d'une politique d'assimilation : « Vous feriez disparaître jusqu'au dernier vestige de nos anciennes lois et habitudes, vous exposeriez le pays, en le faisant, à des mécontentements qui en compromettraient la tranquillité pendant un siècle[36]. » Le journaliste du *Canadien* s'attache ensuite à répondre à ceux qui disent que l'assimilation coercitive est inéluctable. À l'automne de 1838, Étienne Parent ramène le vieil argument du rôle interaméricain des Canadiens. La nation canadienne est indispensable au maintien d'une Amérique britannique :

> S'il fut de son intérêt en 1774 et jusqu'à naguère, de rétablir et de respecter nos usages et nos lois, il est de son honneur aujourd'hui de n'y pas tou-

cher sans notre consentement, si elle pense qu'il n'est plus de son intérêt de tenir à sa politique de 1774, ce sur quoi nous sommes convaincu qu'elle se trompe lourdement, et si l'on réussit à donner effet au plan d'anglification que l'on paraît avoir en vue, le temps de la souveraineté de l'Angleterre dans ces contrées dépendrait uniquement de l'existence d'institutions françaises dans le Bas-Canada[37].

S'il ne s'agit que du sacrifice de l'orgueil national, écrit Parent, on pourrait espérer que les Canadiens n'opposent qu'une résistance symbolique aux tentatives d'anglicisation. Les changements sont cependant politiquement explosifs. La politique britannique doit, pour éviter une nouvelle guerre civile, respecter les arrangements sociaux enchâssés dans l'Acte de Québec de 1774[38]. Les élus de la nation canadienne doivent diriger les réformes. L'assimilation sera acceptée seulement à la condition que le peuple canadien acquière le droit de se gouverner lui-même. L'attribution du gouvernement responsable est, en somme, la première étape que le gouvernement impérial doit franchir[39]. Son modèle d'une assimilation douce, Étienne Parent le tire de l'État de la Louisiane. Au lieu de s'inspirer de l'expérience polonaise ou irlandaise, la métropole impériale devrait se tourner vers la Louisiane. Cette société vit, à son avis, la transition douce et harmonieuse de sa nationalité française à la nationalité américaine. Il rappelle que, tout comme le Bas-Canada depuis sa cession en 1763, la Louisiane est habitée par une population principalement française, avec laquelle est venue se mettre en contact (depuis 1803) une population d'origine anglaise : « [U]ne amalgamation s'est produite aussitôt et se continue, mais sans secousse, mais sans animosité, mais sans déchirement, et sans plainte de part ni d'autre[40]. » Il laisse entendre qu'il existe, dans le modèle louisianais, une stricte égalité des deux peuples, qui baignent dans un climat de fraternité. L'Anglais y vivrait avec le Canadien dans les sentiments de la plus douce fraternité : « [L]es deux origines s'y donnent la main pour travailler à l'avancement de leur commune patrie, au lieu de travailler à leur destruction réciproque[41]. »

L'attribution du gouvernement responsable produirait des fruits si délectables que l'assimilation serait un mal plutôt mineur : « Le secret des États-Unis a été d'introduire le système électif à la Louisiane, et de laisser faire ; faites-en autant dans le Bas-Canada, et dans cinq ans, vous n'entendrez plus parler des distinctions et de querelles nationales ; nous oserions même prédire que l'anglification, que l'on ne réussira jamais à introduire par la coercition, marcherait grand train sous le nouveau système[42]. » Mais si la métropole s'entêtait et pratiquait une politique coercitive, cela pourrait mettre un terme à l'expérience de l'Amérique loyaliste : « [L]'anglification du pays acheminerait le Canada vers l'Union américaine. Cet événement est aussi certain, dans notre système politique, que sont les effets de l'attraction dans le monde physique[43]. » Étienne Parent pense que, de leur côté, les Canadiens doivent résister à une politique d'assimilation forcée. S'ils jugeaient la résistance inutile, les résultats d'une telle politique seraient désastreux. En un rien de temps, ce peuple fier serait rabaissé au niveau de tribus indiennes en voie de disparition : « [I]l ne sera pas plus question de ces pauvres Canadiens comme peuple, que des anciens Abénaquis[44]. » Parent juge toutefois que l'assimilation est possible si l'on sait s'y prendre en recourant à la persuasion : « Cette opération politique, toute délicate qu'elle soit, ne demande qu'à être faite par des mains habiles et prudentes pour réussir[45]. » Agir par des « voies douces », c'est ce qu'il faudrait. Le journaliste écrit que la réussite de l'assimilation passe par la raison et la modération. On sent dans ce passage que Parent aimerait voir la Couronne lui confier une telle tâche, lui qui connaît si bien le secret de son peuple : « Ne rien brusquer, suivre, aider, activer, si l'on veut, le cours des choses, et laisser le reste au temps, voilà tout le secret[46]. »

De l'assimilation

L'emprisonnement de Parent marque la dernière étape de sa conversion politique. Le journaliste du *Canadien* reste cinq longs mois derrière les barreaux. Ce séjour survient durant la seconde rébellion[47]. L'expérience semble éprouvante puisque, au sortir de prison, le journaliste souffre de surdité. Cet incident lui donne du temps libre. Il en profite pour traduire le rapport Durham. Sa réflexion sur les affaires canadiennes se modifie substantiellement. Il propose maintenant une alliance politique avec les réformistes du Haut-Canada afin d'obtenir le gouvernement responsable. Si cette concession est faite à ses compatriotes, souligne le journaliste, leur assimilation volontaire sera acquise. En somme, son séjour en prison semble l'avoir aidé à jeter des lumières sur le destin de la nation canadienne. Le journaliste du *Canadien* ose ensuite proposer la voie de l'assimilation. Les Canadiens français doivent, au fond, entreprendre eux-mêmes ce que la métropole leur suggère : « Que reste-t-il donc à faire [aux Canadiens français], dans leur propre intérêt et dans celui de leurs enfants, si ce n'est de travailler eux-mêmes de toutes leurs forces à amener une assimilation qui brise la barrière qui les sépare des populations qui les environnent de toutes parts[48]. » Il met ensuite en contraste la politique de Pitt (Constitution de 1791) et la politique de Durham. L'œuvre de Pitt isolait la population canadienne-française des autres populations du continent et l'attachait à la métropole par les liens de l'intérêt et de l'honneur. Le plan de Durham, au contraire, « aura l'effet de relâcher les liens qui attachaient les Canadiens français à la Grande-Bretagne, et de les rapprocher des populations hétérogènes qui les avoisinent[49] ». S'opposer à l'assimilation apparaît à Parent comme une lutte absurde et folle contre la nécessité. En échange du sacrifice que feront les Canadiens de leur nationalité, les peuples voisins devront être magnanimes à leur égard : « [N]ous inviterons nos compatriotes à faire de nécessité vertu, à ne point lutter follement contre le cours inflexible des événements, dans l'espérance que les peuples voisins ne rendront ni trop durs ni trop précipités les sacrifices que nous aurons à faire[50]. »

Par un curieux raisonnement, Étienne Parent pense que l'assimilation procure l'égalité politique aux francophones. En obtenant cette égalité, les Canadiens accepteront de bonne grâce la perte de leur nationalité : « L'assimilation, sous le nouvel état de choses, se fera graduellement et sans secousse, et sera d'autant plus prompte qu'on la laissera à son cours naturel, et que les Canadiens français y seront conduits par leur propre intérêt, sans que leur amour-propre en soit trop blessé[51]. » Parent franchit un pas de plus lorsqu'il publie une traduction du *bill* d'Union, qui sera remis à la session suivante du Parlement impérial. Il recommande à ses compatriotes d'accepter la réforme. De toute façon, la résistance est vaine. La perte de la nationalité est certaine. À quoi bon défier la fatalité : « [N]ous ne devons pas perdre de vue, dans la considération de cette grande question, que quoi qu'il arrive, la perte de notre nationalité est assurée[52]. » On a beau assister dans les deux Canadas à la montée d'un mouvement d'opposition, il convient de se méfier d'une « décision dont nous pourrions nous repentir ». Il est préférable de rester dans un état de passivité : « Une opposition vigoureuse se prépare en apparence contre le Bill proposé, au sein de la population britannique, qui elle-même a demandé l'union. [...] Laissons ces messieurs s'arranger entre eux s'ils le peuvent, et après nous verrons[53]. »

Au moment de l'arrivée du nouveau gouverneur, Charles Poulett Thomson, Étienne Parent s'emploie à préparer les esprits. Il se propose même de rassurer le nouveau gouverneur. Ses compatriotes, écrit-il, ne feront pas une opposition sérieuse à sa politique. Ce qui jadis semblait odieux apparaît, aujourd'hui, aller de soi : « Aussi pouvons-nous assurer le nouvel envoyé de la métropole, à sa grande surprise peut-être, qu'il ne rencontrera pas d'opposition sérieuse à une union sur des bases équitables de la part des Canadiens français[54]. » La raison dicte aux Canadiens de se fondre dans l'élément « le plus vivace » de l'Amérique du Nord britannique. Il est temps d'effacer les distinctions d'origine. Comme le souhaitent les hommes de la métropole, Étienne Parent incite les siens à participer à la construction d'une grande et puissante nation : « Le destin a parlé : il s'agit aujourd'hui de poser les fondements d'un grand édifice social sur les bords du Saint-Laurent, de composer avec tous les éléments sociaux, épars sur les rives de ce grand fleuve, une grande et puissante nation. De tous les éléments sociaux, il faut choisir le plus vivace et les autres devront s'incorporer à lui par l'assimilation[55]. »

Dans la société anglaise, ces éditoriaux étonnent beaucoup. Aux analystes politiques qui doutent de leur sincérité, le journaliste du *Canadien* tient à montrer la vérité de sa foi. Il écrit pour expliquer sa conversion : « Nous nous serions donné de garde d'écrire en faveur de l'assimilation, si nous ne l'eussions considérée comme une œuvre désirable et à l'accomplissement de laquelle tout le monde doit travailler cordialement[56]. » Accepter une mesure inique et injuste, n'est-ce pas là une preuve suffisante de loyalisme ? « Une nouvelle preuve de notre sincérité, c'est que nous accepterons l'union des Canadas, mesure qui a toujours été regardée comme incompatible avec l'existence d'une nationalité française dans le Bas-Canada[57]. » Dans l'esprit de Parent, il apparaît maintenant absurde de vouloir conserver la nationalité française. La population britannique n'y consentira jamais. De toute façon, ce serait s'opposer en vain à une loi générale : « La marche de toutes les sociétés composées d'éléments hétérogènes est vers l'unité, l'assimilation [...] Il n'est pas à supposer que le peuple du Haut-Canada ferait exception à cette loi générale[58]. » Un peu candidement, il pense que l'Acte d'union confère l'indépendance au Canada-Uni : « [L]'union des Canadas et l'assimilation des races, qui doit en être la conséquence nécessaire, abrégeront de beaucoup le règne de l'Angleterre sur ce continent, dans les Canadas au moins[59]. » Qui plus est, il pense que cette loi accorde à la nation canadienne l'égalité politique. En effet, le coût de l'assimilation (la perte de quelques « préjugés » nationaux) paraît bien minime à côté de ce beau cadeau : « [A]vec l'égalité de nos droits politiques, il ne peut y avoir d'esclavage. Tout ce qui résultera d'un tel arrangement sera le sacrifice de quelques affections et préjugés nationaux, sacrifice qui encore pourra être rendu peu sensible si on ne l'exige pas tout entier[60]. »

Donnant raison aux Anglais de Montréal, il affirme que le problème réside dans la concession aux Canadiens de l'Acte de Québec (1774). Depuis, la nation canadienne vit dans l'illusion. Les Canadiens pensent, à tort, qu'ils conserveront leur nationalité. Il faut donc qu'un gouvernement responsable, composé de Canadiens, se mette à la tâche et dirige l'assimilation des « victimes de la cruelle déception de 1774 et 1791[61] ». Certes, lorsqu'il apprend que le Parlement impérial décide dans l'Acte d'union de proscrire l'usage de la langue française, le journaliste du *Canadien* s'émeut. Il rappelle que toute mesure coercitive serait contraire à l'objectif d'assimilation. Il reconnaît que la langue anglaise doit devenir la langue du Bas-Canada, mais que cela doit être l'ouvrage du temps : « Toute législation qui précédera la marche du temps sous ce rapport, qui exclura la langue française de la législature et des tribunaux, avant que la langue rivale ne soit devenue familière à une bonne partie du peuple canadien, sera une législation tyrannique et atroce, et déshonorante pour la Grande-Bretagne[62]. » Parent s'aperçoit cependant avec tristesse que la méthode assimilatrice des Anglais n'est pas graduelle et douce. Voyant que le sentiment d'humanité est absent de cette politique, il redevient plus critique. Face aux insultes, il suggère curieusement d'opter pour le silence : « [L]e plus sage parti est de fermer la bouche et de laisser faire[63]. » Il s'oppose surtout à la manière de mettre en œuvre l'assimilation : « [C]ette anglification est une impossibilité sociale : s'il fut un temps où elle était possible, c'était à la suite de la cession du pays[64]. » L'anglicisation doit, dans l'esprit de Parent, respecter certains arrangements. Aussi dénonce-t-il « la folie des tentatives que l'on fait hautement et avec le secours même de la législation pour détruire nos arrangements sociaux[65] ». On ne peut toutefois, poursuit-il, reprocher aux Anglais de vouloir l'assimilation de la nation canadienne :

> [Gardons-nous] de blâmer le sentiment qui fait désirer à la population anglaise du Bas-Canada l'établissement d'une nationalité une et homogène sur les bords du Saint-Laurent : ce sentiment, c'est Dieu même qui l'a déposé au cœur de l'homme ; c'est le moyen dont se sert la Providence pour propager les idées de progrès, les usages et les institutions les plus favorables à l'avancement et au bien-être de l'humanité. [...] C'est à ce sentiment, à ce besoin d'assimilation et d'expansion que l'on doit la civilisation du monde[66].

Au total, la pensée de Parent est tortueuse. Ainsi écrit-il en 1847 : « [L]es distinctions nationales perdent leur ancienne signification ; encore quelque temps, et il n'y aura plus, à proprement parler, d'Anglais, de Français, d'Allemands, d'Américains ; il n'y aura plus que des hommes progressifs ou rétrogrades[67]. » Puis, en 1852, il affirme : « Il y en a qui désespèrent de notre nationalité et qui sont prêts à mettre bas les armes devant une nationalité rivale ; ce sont, comme il y en a dans tous les camps, des lâches, qui s'avouent vaincus avant même d'avoir combattu[68]. » Cette dernière phrase, à bien y penser, résume le dilemme d'un homme pris entre l'attachement à sa nationalité et sa fascination à l'égard de la société anglaise.

Louis-Hippolyte Lafontaine

Il serait téméraire de penser qu'au lendemain de la résistance, la collaboration de la nation canadienne avec la Couronne est acquise. Au temps de l'Acte d'union, une partie importante de l'élite politique affirme qu'il faut s'abstenir de participer à un système politique discrédité. Selon Antoine Gérin-Lajoie : « [L]es plus violents allaient jusqu'à proposer une abstention complète de toute participation à la chose publique ; ils conseillaient aux électeurs des comtés canadiens-français de s'abstenir de voter aux élections prochaines[69]. » Le camp de la résistance, que l'on nomme Papineau-Viger, exige le rappel pur et simple de l'Acte d'union ; c'est aussi la position du clergé. Pour l'autre camp, celui de Louis-Hippolyte Lafontaine, la nation canadienne doit tirer profit d'une politique de collaboration. Le camp Lafontaine pense qu'un gouvernement du Canada-Uni contrôlé par un seul parti (réformiste) est souhaitable. Et Lafontaine lui-même croit qu'une nouvelle nationalité émergera de la fusion réformiste. Aussi, lorsque vient le temps de désigner l'architecte de la nouvelle politique de collaboration, on se tourne sans hésitation vers cet homme à la carrière intéressante. L'historiographie traditionnelle célèbre les exploits de celui qui aurait permis, presque à lui seul, le relèvement de la nation. On accorde à Lafontaine qu'il a bâti son succès sur une grande idée : la constitution d'un solide bloc électoral canadien-français. L'émergence d'un électorat francophone quasi unanime lui aurait permis de détourner l'union de sa finalité. Au banquet tenu en son honneur, à la veille de son départ de la politique, Lafontaine résume le grand exploit de sa carrière :

> Après avoir examiné par la suite cette verge que l'on avait voulu préparer contre mes compatriotes, je prierai quelques-uns des plus influents

d'entre eux de me permettre de me servir de cette verge pour sauver ceux qu'elle était destinée à perdre, pour mettre mes compatriotes dans une position meilleure que jamais ils n'en avaient occupé. Je vis que cette mesure renfermait en elle le moyen de donner au peuple le contrôle qu'il devait avoir sur le gouvernement, d'établir en Canada la véritable forme de gouvernement. C'est dans ces circonstances que je rentrai au Parlement[70].

Lafontaine pense que l'instrument d'anéantissement du Canada français a été transformé en outil d'émancipation. Il est permis de douter de cette assertion. Mais il n'en demeure pas moins que Lafontaine a habilement réussi à devenir l'unique porte-parole de son peuple. L'historiographie insiste sur l'avantage que tiraient les francophones dans le fait de se constituer en « bloc électoral » sous la conduite de Lafontaine. Cette situation comportait aussi des avantages pour l'Amérique britannique. À la fin des années 1840, le chef réformiste est l'intermédiaire responsable des rapports entre la Couronne et les Canadiens français durant une période trouble du régime. Sa politique permet d'apaiser les Canadiens influents, dont il fait des francophones d'exception. Ainsi, aux anciens patriotes qu'il entraîne avec lui, il fait obtenir des privilèges. En l'espace d'une dizaine d'années, soit entre 1838 et 1848, le chef réformiste met graduellement en place un véritable système de patronage visant à cimenter le bloc canadien-français. Puis, au début des années 1850, Lafontaine devient lui-même victime de ce système. La carrière prometteuse du jeune politicien se termine abruptement. Il n'est plus utile à la Couronne. Il sombre dans l'oubli.

De la girouette

L'énigme au sujet de la carrière de Louis-Hippolyte Lafontaine est le retrait rapide et silencieux du chef réformiste au début des années 1850. En effet, il s'agit d'un événement fort étonnant. Pour des raisons difficiles à percer, les Canadiens l'oublient très vite. On garde un meilleur souvenir de lui dans la métropole : « C'est en Angleterre que la retraite de Lafontaine va susciter le plus de regrets. Quelques mois à peine avant l'événement, de sa propre initiative, lord John Russell propose à Elgin de faire Lafontaine baronnet[71]. » L'indifférence des Canadiens à l'égard de sa retraite politique ne surprend pas le principal intéressé outre mesure. Lorsqu'un ami s'inquiète de sa succession à la direction du Parti réformiste, Lafontaine rétorque : « Soyez convaincu que l'on me trouvera facilement des successeurs[72]. » Comment expliquer cette chute rapide dans l'estime publique ? Sa carrière est encore jeune. Il vient tout juste de remporter sa grande victoire (avec Robert Baldwin) en obtenant la mise en pratique de la responsabilité ministérielle. Mais voilà, en moins de trois ans, il perd tous ses appuis importants. Il est vrai, comme le soulignent ses biographes, qu'on s'associe moins à Lafontaine par amitié que par intérêt : « [I]l était de ces hommes qui se font des suivants, mais peu ou point d'enthousiastes disciples[73]. » Le chef réformiste s'aperçoit avec amertume qu'il est devenu inutile. Une anecdote, rapportée par Lionel Groulx, est révélatrice à cet égard :

> Lafontaine, homme droit, souffrit plus que personne de l'intrigue dont constamment il sentit flotter autour de soi et jusqu'autour de sa haute fonction, les fils ténébreux. L'on connaît son mot au jeune Napoléon Bourassa rencontré à Florence au cours d'un voyage en Europe. « Mais votre retraite de la vie publique », lui disait le jeune artiste, « a dû provoquer un grand mouvement au Canada ? » — « En fait de mouvement, mon jeune ami », répondait l'ancien ministre désabusé, « je n'ai vu que celui des gens qui s'en venaient prendre ma place[74]. »

Lafontaine sait de quoi il parle. L'ambition est l'idée motrice de sa carrière politique. Qu'il dénonce les quêteurs de places ou qu'il les prenne sous son aile, l'itinéraire politique du chef réformiste se déroule au regard de cette notion. L'apparition de Lafontaine dans le domaine public gravite déjà autour de l'idée d'ambition. Il commence en effet sa carrière en dénonçant, dans un virulent pamphlet, la volte-face des frères Mondelet. Rappelons que l'aîné, Dominique, après un engagement dans le mouvement patriote, accepte un siège au Conseil exécutif. Dans *Les Deux Girouettes ou l'Hypocrisie démasquée*, publié en 1835, le jeune Lafontaine critique la décision des Mondelet qui collaborent avec le gouverneur. Aux yeux du jeune rebelle, Dominique Mondelet se place dans une situation intenable. Il accepte de siéger au Conseil exécutif tout en demeurant membre de l'Assemblée législative. En cette période trouble, collaborer avec la Couronne constitue une trahison de l'allégeance envers l'autorité du peuple. À cette enseigne, Lafontaine rappelle à Dominique Mondelet une promesse qu'il avait faite à ses compatriotes. Au moment de son élection pour siéger à la Chambre d'Assemblée, il promettait de ne pas accepter de faveurs du gouverneur.

> Le peuple se rappelait que vous aviez protesté, dans cette occasion solennelle où le peuple est souverain, que vous n'attendiez qu'une seule, belle et noble récompense, celle de servir votre pays dans la représentation. […] Cette position était-elle celle que vous promettiez à vos électeurs de tenir, lorsque vous leur demandiez de vous donner un siège dans la Chambre d'assemblée ; et que vous leur donniez à entendre que vous n'accepteriez jamais de places ? N'était-ce pas les tromper et abuser de leur confiance, lorsque vous disiez que « vous supposer capable de chercher des places, c'était vous soupçonner de motifs sordides et intéressés, et que cela n'appartenait qu'à des calomniateurs et à des âmes ignobles[75] » ?

Lafontaine reproche aux frères Mondelet le reniement de leurs convictions et l'acceptation d'un changement de maître. Selon lui, ils succombent tous deux au péché de l'ambition. Le temps expliquera bientôt, écrit Lafontaine, l'époque à laquelle Son Excellence condescendit à leur accorder des places pour lesquelles ils avaient autrefois tant d'horreur : « [T]oujours est-il vrai, pour me servir de vos propres expressions, qu'il a fallu que le gouvernement vous supposât "des motifs sordides et intéressés", puisqu'il vous a soupçonné "capables d'accepter des places[76]". » Lafontaine affirme que les Mondelet accèdent maintenant au titre de francophones d'exception. Ils font désormais partie d'une classe aristocratique de Canadiens qui, en retour de leur soumission à la Couronne, jouissent de privilèges. Les Mondelet auraient dû avoir la décence de ne pas cacher au peuple que c'était là leur plus profond désir : « Il eût mieux valu cent fois pour vous leur déclarer franchement, honnêtement et sans aucun subterfuge que si plus tard vous étiez appelés à faire partie de ces « honorables exceptions » parmi les Canadiens, auxquelles l'administration, dans un excès de bonté, offre par intervalles des honneurs et des emplois, vous vous feriez un devoir de les accepter dans l'intérêt même de votre pays[77]. » À leur tour, les Mondelet utilisent l'anathème pour faire peur au peuple. Leurs arguments, écrit Lafontaine, visent à discréditer les patriotes en les traitant de « rebelles », de « séditieux » et de « révolutionnaires ». Selon Lafontaine, ce que les Mondelet nomment maintenant la révolution n'est rien de plus qu'un gouvernement du peuple. Les « rebelles » sont donc des gens qui commettent le « crime » d'exiger la démocratie : « [N]ous sommes des *traîtres*, des *rebelles*, des *séditieux*, des *révolutionnaires*, dites-vous, parce que nous demandons un changement dans notre constitution […] quel est donc ce changement que nous demandons ? C'est un conseil électif, ou bien, en d'autres termes, nous demandons que le peuple choisisse ses législateurs[78]. »

Jusqu'au début de 1837, Lafontaine maintient ses opinions de rebelle. Puis, peu de temps avant le début des hostilités, il change subrepticement d'attitude, adoptant de façon presque incompréhensible une position de collaboration à un moment où tout rapprochement apparaît vain. On peut dire qu'il renonce, à partir de cette période, à assumer son rôle de rebelle. Comme le souligne l'historien Alfred De Celles, le jeune patriote est effrayé. La fusillade qui ensanglante les rives du Richelieu produit sur lui l'effet du jet d'eau froide sur la vapeur : « L'horreur du carnage le ramène à la modération et il est tout étonné d'assister à l'explosion de matières combustibles que de concert avec Papineau il a tant travaillé à amasser[79]. » Pendant que ses amis patriotes se préparent à résister aux assauts de l'armée britannique, Lafontaine tente d'obtenir un entretien avec le gouverneur Gosford. Comme il l'écrit à un ami intime, il craint que les Canadiens ne perdent leur Chambre d'assemblée : « [N]ous deviendrions à coup sûr de vrais Acadiens[80]. » Peu de temps après, il réussit à rencontrer le gouverneur. Cette démarche se soldant par un échec, Lafontaine quitte le Canada en direction de Londres. Plusieurs patriotes interrogent cependant l'opportunité de sa démarche. Ne serait-il pas plus utile sur le front, au Bas-Canada ? Dans l'esprit de plusieurs combattants, la modération de Lafontaine dénote de la faiblesse, voire de la lâcheté.

De la naissance du Canada-Uni

À partir de ce moment, le camp Papineau-Viger se met à le railler. Il faut comprendre que Lafontaine cherche de plus en plus la voie du salut en tendant des perches à ceux qui, hier, étaient ses ennemis. Durant cette période trouble, il tente d'incarner l'homme du compromis et devient, de fait, l'interlocuteur canadien auprès de l'élite de la société anglaise. C'est lui qui, au fil de ses communications avec lord Gosford, Edward Ellice, Joseph Hume, Charles Buller et Edward Gibbon Wakefield, expose le mieux la situation de la nation canadienne. Qui plus est, depuis que la rébellion décime la direction du mouvement patriote, Lafontaine et Augustin-Norbert Morin deviennent pratiquement les deux seuls leaders disponibles. Des circonstances de divers ordres favorisent donc, en 1839, l'accession officieuse de Lafontaine au titre de porte-parole des Canadiens. Pour couronner le tout, le futur chef réformiste se vante d'avoir en poche une lettre de Wolfred Nelson lui confiant la direction temporaire du parti. Aussitôt, il exprime les grandes idées du programme de collaboration qu'il mettra en œuvre dans la décennie qui suit. Toute la rébellion provient, à son avis, de l'erreur suivante : le dirigeant du Parti patriote n'était pas admis au Conseil exécutif. Si la Couronne décidait de réparer cette erreur, elle obtiendrait la paix sociale. Lafontaine se persuade que les troubles politiques sont principalement attribuables à une attitude discriminatoire de la part du gouverneur. L'élimination de cette discrimination est possible. Il s'agit tout simplement d'appliquer le principe du gouvernement responsable. À cette condition seulement, une politique de collaboration peut réussir, écrit-il à l'influent Edward Ellice : « Que l'administration locale cesse, dans tous ses rapports administratifs ou sociaux, de faire et de soutenir des distinctions de race, et qu'elle marche franchement vers une politique libérale, mais ferme[81]. »

La politique qu'imagine Lafontaine se fonde sur une alliance avec les réformistes du Haut-Canada. Or, les conditions de réalisation d'une telle alliance sont difficiles à remplir. Il ne faut pas oublier que ce sont ces réformistes qui permettent la passation de l'Union, en votant massivement en sa faveur. Pour ajouter l'insulte à l'injure, les journaux réformistes du Haut-Canada célèbrent avec triomphalisme l'assimilation forcée des Canadiens. Dans ce contexte, faut-il s'étonner que les patriotes se méfient des réformistes ? Qu'à cela ne tienne, Lafontaine ne se décourage pas. Au lieu de revendiquer le rappel de l'Union, il préfère minimiser son effet. Si les Canadiens obtiennent le gouvernement responsable, les lacunes de l'Union ne seront-elles pas oubliées ? Dans son combat politique, il s'entoure peu à peu d'anciens rebelles : Étienne Parent, Augustin-Norbert Morin, Étienne-Pascal Taché et George-Étienne Cartier. Mais on sent déjà que Lafontaine commence à abdiquer. Avant l'Union, son groupe accepte l'assimilation graduelle à une condition : que le Parlement impérial applique le gouvernement responsable. Au moment de l'Union, le groupe se contente d'une union assimilatrice sans même obtenir la moindre promesse au sujet du gouvernement responsable. Comme le souligne le patriote Glackmeyer, « les messieurs du Haut-Canada me paraissent si contents du fantôme de gouvernement responsable qu'ils ont, qu'ils consentent à se passer de la réalité[82] ». Lafontaine persiste tout de même à contracter une alliance réformiste. Le méfiance des Canadiens à l'égard de ces tractations est d'autant plus grande que les négociations entre Lafontaine et le réformiste haut-canadien Francis Hincks se produisaient dans le plus grand secret.

Le camp Papineau-Viger n'accepte pas cette vision du destin canadien. Une telle mesure, selon lui fort imprudente, risque de mettre un terme à l'existence de la nation canadienne. Il n'est pas question d'accepter l'union effective, ni même le principe d'une union. Toute idée d'union brise le pacte de 1791. Selon Denis-Benjamin Viger, l'alliance des réformistes est un leurre qui précipite ce que l'Union veut, soit l'assimilation des Canadiens à la société anglaise : « [Q]ui dit anglification prêche sans déguisement la persécution la plus fanatique puisqu'elle s'attaque à ce qu'il y a de plus sacré dans la nature de l'homme, sa nationalité ; qui dit anglification autorise et justifie les six siècles de martyre politique et religieux par lesquels l'Irlande, cette malheureuse entre toutes les nations, a passé[83]. » La position de Viger vise à maintenir le Bas-Canada comme État séparé. Cette séparation peut être sauvegardée au moyen du principe de la double majorité. Suivant ce principe, le parti majoritaire du Bas-Canada doit s'unir avec un parti ou un autre du Haut-Canada, selon les exigences du moment. Les vues du camp Papineau-Viger, qui alimentent l'opinion publique du Bas-Canada, nuisent à l'action de Lafontaine. L'Acte d'union inspire une lourde méfiance, qui interdit toute alliance avec les parlementaires de l'autre Canada.

En 1840, Lafontaine tente de désamorcer cette méfiance en publiant un texte, plutôt astucieux, qui annonce sa politique. L'*Adresse aux électeurs de Terrebonne* est un appel à la collaboration. Destiné aux électeurs de son comté, ce discours marque le début d'une nouvelle ère. Les Canadiens doivent désormais se fondre au sein d'un ensemble plus large : le Canada-Uni. Il suggère à ses compatriotes de ne pas exiger le rappel de l'Union. Cette union est certes injuste et despotique ; et il faut en effet la critiquer. Cependant, il vaut mieux réformer le système de l'intérieur, dans le cadre de cette union et avec l'aide des réformistes du Haut-Canada, pour faire advenir le gouvernement responsable. Le manifeste débute en prenant acte de la passation de l'Union. D'entrée de jeu, Lafontaine se refuse de juger si la mesure visant à rassembler les deux populations est dans l'intérêt de chacune d'elles : « Cette grande mesure politique est-elle dans l'intérêt bien entendu des populations qu'elle a pour objet de soumettre à l'action d'une seule et même Législature ? Il faut laisser au temps la solution de ce problème[84]. » Lafontaine admet que la mesure constitue une grande injustice pour les Canadiens : « Elle est un acte d'injustice et de despotisme, en ce qu'elle nous est imposée sans notre consentement[85]. » L'homme juge suicidaire la stratégie du camp Papineau-Viger. Le rappel de l'Union replacerait le pays sous un régime despotique : « Ils doivent attendre, avant d'adopter une détermination dont le résultat immédiat serait peut-être de nous rejeter, pour un temps indéfini, sous la législation liberticide d'un Conseil Spécial, et de nous laisser sans représentation aucune[86]. » Au sujet de l'attitude des réformistes haut-canadiens, Lafontaine ne formule que des vœux pieux : « Ils ne sauraient, ils ne peuvent pas approuver le traitement que cet acte fait aux habitants du Bas-Canada[87]. » Lafontaine admet que les réformistes ont fait du tort aux francophones. Par on ne sait quel indice, il s'imagine qu'ils vont s'en repentir. Le chef canadien-français n'exige aucune garantie formelle : « S'ensuit-il que les Représentants du Bas-Canada doivent s'engager d'avance et sans garanties à demander le rappel de l'Union ? Non, ils ne doivent pas le faire[88]. » Il souhaite vaguement que les réformistes du Haut-Canada fassent preuve d'empathie. Après tout, c'est dans leur intérêt d'appuyer les réformistes du Bas-Canada. La foi de Lafontaine est ardente, puisqu'il affirme que la cause des réformistes est commune : « [I]l est de l'intérêt des Réformistes des deux provinces de se rencontrer sur le terrain législatif, dans un esprit de paix, d'union, d'amitié et de fraternité[89]. »

La réponse au manifeste de Terrebonne est cinglante. Un article du journal *Fantasque* reproche à Lafontaine son ambition démesurée. On l'accuse de vouloir tenir Papineau loin du pouvoir. Le chef réformiste refuserait d'exiger le rappel de l'Union, espérant s'y tailler une belle place : « Aujourd'hui il recommence à crier patriotisme, à prétendre qu'il s'opposera au gouvernement ; mais il a soin de mettre en avant "qu'il ne faut point demander le rappel de l'Union" afin de se laisser une porte de derrière ouverte si le pouvoir veut l'acheter[90]. » Le journal *L'Ami du peuple* dénonce lui aussi l'arrivisme de Lafontaine qui tente à tout prix de s'allier aux réformistes du Haut-Canada. Le journal souligne que l'importance de l'homme est totalement déchue. Sa conduite tortueuse envers les anciens chefs de la rébellion l'empêchera d'acquérir la confiance du parti : « Lafontaine a pu faire lui-même son panégyrique auprès du pouvoir, se donner de l'influence, et compromettre les destinées futures de sa patrie ; mais le marché qu'on ferait avec lui serait une véritable duperie, dont il toucherait le prix sans en pouvoir connaître la valeur[91]. » Selon le journaliste, il est plus sage de servir un ennemi loyal qu'un faux ami : « [L]a carrière de M. Lafontaine doit être terminée et nous présumons qu'il doit être assez persuadé du dédain qu'on lui porte pour ne pas s'exposer à en recevoir publiquement l'avis[92]. » Plusieurs désapprouvent les relations qu'entretient Lafontaine avec les réformistes du Haut-Canada. Ainsi, Louis Perrault écrit : « [I]ls voudraient voir leurs plans se réaliser afin d'être des grands hommes[93]. » Une partie de l'élite pense que le titre de chef patriote devrait revenir à Denis-Benjamin Viger, qui est hélas encore derrière les barreaux. Lafontaine persiste à agir comme s'il était le chef : « Vous voyez que maître Lafontaine sait bien jouer ses cartes pour paraître chef de parti[94]. » Cet homme, qui chercherait l'honneur à tout prix, manque de caractère : « Nous pouvons affirmer à nos confrères du Haut-Canada que lorsqu'il faudra un chef aux Canadiens, on en choisira un qui aura montré plus de caractère que ce partisan méticuleux[95]. » Lafontaine prend de fait un certain temps avant de s'imposer comme chef du Parti réformiste. Il n'est pas populaire à Montréal, où on trouve qu'il « passe dans le public pour se donner des airs aristocratiques[96] ».

Du patronage

Conscients que l'Acte d'union a été entériné *à cause* des réformistes, les Canadiens redoutent Lafontaine. Qui plus est, l'attitude des réformistes haut-canadiens entrave involontairement la réussite de l'alliance. Lorsque Lafontaine condamne la proscription du français à l'Assemblée du Canada-Uni, son acolyte haut-canadien rétorque qu'il s'agit d'un faux problème. Les Canadiens ne connaissent-ils pas tous la langue anglaise ? Lafontaine prend mille précautions pour persuader ses compatriotes que l'alliance est légitime. Il manœuvre avec doigté dans ses rapports avec le gouverneur. Lorsque ce dernier, Charles Poulett Thomson, lui offre un poste au cabinet, il ne se contente pas de refuser. Il tient à rendre publics l'offre et son refus : « Lafontaine avait compris que s'il désirait un jour rallier "ses amis" [patriotes] à ses projets, il ne devait pas s'associer au détesté Poulett et devenir ainsi un vendu. Il refusa l'offre de Thomson, mais ne fit rien pour taire la rumeur voulant qu'on lui eût fait cette offre[97]. » Lafontaine sait que, s'il désire devenir un francophone d'exception, il ne doit pas donner l'impression qu'il le devient. L'arrivée d'un nouveau gouverneur, sir Charles Bagot, permet à Lafontaine de déployer sa stratégie de collaboration. Le gouverneur et lui s'entendent comme larrons en foire. Tout comme Lafontaine, sir Charles ne croit-il pas à « la soif universelle pour une position — chaque homme dans ce pays, quel qu'il soit, se présente à mon excellence et souhaite qu'il lui plaira de lui confier une petite position dans une quelconque institution publique[98] » ? La conception de la nature humaine de Bagot convient parfaitement aux objectifs politiques de Lafontaine. Les nominations sont, pour ce gouverneur, les ingrédients de toute bonne politique coloniale. L'ambition des rebelles ne peut être satisfaite que par de généreuses doses de ces ingrédients :

> Il est désespérant de constater jusqu'à quel point ils considèrent toujours la justice et la bienveillance uniquement comme des acomptes de leurs propres prétentions déraisonnables provoquées par notre perception de leurs conséquences, mais c'est néanmoins mon devoir et ma politique de leur servir ces ingrédients, comme j'ai l'intention de le faire, à mesure que je me ferai connaître par eux[99].

De fait, la manne coïncide avec l'arrivée de sir Charles Bagot au Canada. Pour la première fois, les francophones obtiennent la majorité des nouvelles nominations : Morin, Mondelet, Huot, Taché, Salaberry, Turcotte, etc. Le collègue de Lafontaine, Étienne Parent, juge que la Couronne fait amende honorable : « Les Canadiens français accoutumés jusqu'à présent à ne recevoir que les miettes qui tombaient de la table des enfants favoris ont été cette fois conviés au festin en nombre remarquable [...] [L'exécutif] a payé la dette du pays[100]. » À son retour au pouvoir, Lafontaine se jure de peaufiner le système. Il installe le principe du patronage au centre de son réseau. Le « système Lafontaine » fonctionne selon trois critères : 1) la nomination doit récompenser un ami du parti ; 2) la nomination peut être accordée à un ami dont la loyauté vacille ; 3) la nomination va de préférence à un francophone. Donc, pour consolider son bloc canadien-français, il continue à distribuer les privilèges à profusion à des individus qui rôdent dans son univers politique. Pour rendre le tout moins visible aux yeux du public, l'assistant Thomas Lewis Drummond établit un système de correspondance par voie de télégraphe : « [J]'ai mis toutes les lettres de l'alphabet dans un chapeau et après les avoir mêlées je les ai tirées au hasard mettant devant chaque lettre de l'alphabet en usage celle qui va la représenter dans notre alphabet de convention. Cet alphabet ayant été formé par le hasard ne pourra jamais devenir intelligible à d'autres[101]. » Lafontaine peut dès lors atteindre l'objectif qu'il s'était donné à son entrée au Conseil exécutif : lier de façon solide les francophones à son parti et à l'Union au moyen du patronage. Il affirme certes, en public, son dégoût à l'égard de ce type de méthode. Mais il concède que « le patronage, c'est le pouvoir[102] ». Il nomme des juges, des commissaires, des commis, des magistrats, des greffiers, des inspecteurs, des juges de paix. En distribuant ainsi les faveurs, les privilèges, les honneurs et les traitements, il sait qu'il rend les Canadiens moins méfiants à l'égard de l'Union. Selon Jacques Monet : « Lafontaine suscita chez eux, à défaut d'un attachement au nouvel ordre, une psychologie du consentement[103]. » Cet âge d'or ne dure toutefois pas longtemps.

À la suite du décès de sir Charles Bagot, Metcalfe, son successeur, tente de reprendre en main le patronage. Le nouveau gouverneur agace profondément Lafontaine. Le chef réformiste sait que, s'il ne peut plus distribuer lui-même des avantages, il ne peut promouvoir de nouveaux francophones d'exception, et sa carrière politique pourrait vaciller. Le secrétaire aux Colonies, lord Stanley, suggère une tactique au nouveau gouverneur, en dressant un portrait sévère du chef réformiste : « S'il n'est, comme je le crois, rien de plus qu'un personnage vaniteux et faible, heureux de détenir une position bien en vue mais incapable d'en assumer les responsabilités, vous pouvez, en flattant sa vanité, et en donnant l'impression que vous attachez beaucoup d'importance à ses avis, diriger son parti qu'il est essentiel de contrôler en l'utilisant comme levier[104]. » En effet, une conjoncture favorisant la *thèse de la double majorité*, qui est la position de son adversaire Viger, ébranle Lafontaine. Denis-Benjamin Viger démontre avec succès que la responsabilité ministérielle n'est qu'un mirage, une ombre : « Là, c'est un peuple puissant qui gouverne sans contrôle, ici c'est une puissance qui fait ses réserves. Là, c'est une femme faible qui personnifie l'autorité, ici c'est une domination. De fait, l'un est plus indépendant que l'autre. L'un est une ombre, l'autre une réalité[105]. » La nation canadienne est en danger, déclare Viger, lorsqu'elle est tributaire d'un appui extérieur. Il ne pense pas qu'un parti politique s'adressant à tout le Canada-Uni puisse répondre aux aspirations des francophones. On doit se contenter de gouverner, à chaque nouveau Parlement, avec la majorité élue par le Haut-Canada. La doctrine de la double majorité de Viger comporte tant d'attraits, à ce moment, que les journaux francophones l'acceptent tous vers la fin de l'année 1845. Le journal *Le Canadien* résume bien le principe : « L'administration du Haut et du Bas-Canada doit être laissée aux conseillers de chaque province respectivement et la majorité du Bas-Canada doit, s'il le faut, dans l'intérêt général de la population, s'allier à la majorité du Haut-Canada sans égard à la couleur politique[106]. » Dès lors, même les journaux pro-Lafontaine approuvent la thèse de la double majorité. Le chef réformiste, un peu par vanité, ne peut admettre qu'il a tort depuis 1840 : « [P]lus j'en apprends, plus je ressens du dégoût. On dirait que la mauvaise foi, la duperie, l'absence de sincérité, l'égoïsme sont des vertus. Cela me donne une triste idée de la nature humaine[107]. »

À son retour au pays, Louis-Joseph Papineau refuse de critiquer Lafontaine. En 1848, toutefois, sa patience est à bout. Il publie un manifeste dans *L'Avenir* : « Les unionistes qui ne font appel qu'aux passions basses et cupides, la peur et l'avarice. Ils disent ne regardez qu'aux quelques mille piastres, qu'une demi-douzaine de Canadiens français nommés aux emplois, de plus qu'en 1837, reçoivent aujourd'hui[108]. » En appui à Papineau, les jeunes rouges écrivent : « L'Union a tué parmi nous les principes. » Ils se disent dégoûtés par les politiciens corrompus de l'Union : « Au lieu d'un gouvernement basé sur la justice, sur des principes sains et vrais, nous avons un gouvernement au jour le jour, qui a pour mot d'ordre le *taisez-vous*, pour règle les *précédents anglais*, pour fin les *écus*[109]. » Dans *L'Avenir*, les jeunes républicains s'attaquent aux anciens rebelles :

> Augustin-Norbert Morin, qui n'avait rien en 1837, recevait maintenant $ 4 400 par année à titre de président de la Chambre ; Lewis T. Drummond, qui passait pour un démocrate en 1837, gagnait maintenant $ 2 400 ; Wolfred Nelson, le général en chef en 1837, recevait maintenant $ 8 par jour ; Joseph Bourret, rien en 1837, recevait maintenant $ 4 par jour ; et George-Étienne Cartier, un rebelle de 1837 et un « homme qui prêche l'annexion depuis des années » était maintenant un juge ou un ministre en perspective[110].

Le message du chef du Parti réformiste passe de moins en moins dans la population : « M. Lafontaine laissera la vie publique quand il sera chassé à grands coups de pieds — il voit les semelles se lever et il cherche son chapeau et la porte, mais il ne partira qu'à l'application des coups[111]. » La position inconfortable de Lafontaine tient au fait qu'il doit affronter les discours qu'il tenait lui-même dix ans plus tôt. La leçon que lui sert le parti rouge, il l'a déjà prodiguée aux frères Mondelet. Il se souvient de sa harangue contre les girouettes, en particulier de sa fin magistrale :

> Si cette doctrine a une tendance révolutionnaire, ainsi que vous prenez plaisir à le dire, et si les amis de cette doctrine doivent être traités de rebelles et de séditieux, comment pouvez-vous vous soustraire au poids de ces viles calomnies, si vous n'avez pas trahi vos sentiments politiques, ni renié vos principes ? Sondez votre cœur, votre conscience, et répondez

à l'appel que vous fait l'honneur, d'expliquer et de justifier votre conduite actuelle. Vos compatriotes vous regardent, et votre ancien ami politique vous attend[112].

George-Étienne Cartier

Rebelle, Cartier l'est devenu tôt. Dès sa sortie du Collège de Montréal, en 1831, il entame une carrière en droit, en entrant dans le cabinet du fougueux patriote Édouard Rodier. L'appel de la politique se fait vite entendre. En 1834, il participe aux côtés de Ludger Duvernay à l'organisation de l'Association Saint-Jean-Baptiste, la société nationale des Canadiens. On le nomme secrétaire. Il participe aux assemblées patriotes, dénonçant avec virulence la corruption des bureaucrates, et donne un appui inconditionnel à Papineau. La tranquillité du collège des Sulpiciens est déjà loin. Lafontaine et lui sont parmi les plus violents dans la dénonciation des abus de la politique coloniale. Il suit son patron Rodier à l'association des Fils de la Liberté et au Comité central et général de Montréal, qui vise explicitement à organiser la résistance. Cartier apporte ses talents de barde au mouvement patriote en écrivant la chanson *Avant tout je suis canadien* : « Souvent de la Grande-Bretagne, on vante et les mœurs et les lois, par leurs vins la France et l'Espagne, à nos éloges ont des droits, admirez le ciel d'Italie, louez l'Europe, c'est fort bien ; moi, je préfère ma patrie : avant tout, je suis canadien[113]. » Contrairement à Lafontaine, qui s'efface au moment des hostilités, Cartier participe activement à la bataille de Saint-Denis. Il se distingue notamment en acceptant de traverser la rivière Richelieu, au milieu des tirs, pour aller chercher du renfort à Saint-Antoine. Le chef militaire Wolfred Nelson vante le courage de Cartier : « George-Étienne Cartier ne parla jamais de battre en retraite, et ainsi que son cousin il contribua vaillamment et efficacement au succès du combat[114]. » Après le retrait des troupes britanniques, une réunion de patriotes se tient chez le docteur Nelson pour déterminer la stratégie. Craignant un retour massif de troupes, plusieurs patriotes jugent qu'il faut cesser la résistance. Cartier ne voit pas les choses du même œil : il faut, au contraire, fortifier la place : « Durant tout le temps que durèrent ces préparatifs, le jeune Cartier allait de l'un à l'autre, se multipliant, et cherchant à communiquer son courage et son énergie à ses camarades[115]. »

Après la défaite de Saint-Charles, le jeune rebelle invente un drôle de stratagème afin d'éviter l'échafaud. Il se réfugie chez un habitant, à Verchères : « À la dispersion des patriotes, après la bataille de Saint-

Charles, sir George, avec son cousin, Henri Cartier, se sont réfugiés à la Beauce de Verchères, chez un riche cultivateur, Antoine Larose, et y ont passé tout l'hiver[116]. » Et pour s'assurer que les bureaucrates cessent de le pourchasser, il envoie un article au journal *Le Canadien*, dans lequel on annonce sa mort : « C'est George lui-même qui écrivit et fit publier l'article où on le disait mort dans les bois. Ayant reçu le journal qui contient son article, et après l'avoir lu, il le passe à son cousin, en disant : "À présent, mon cher Henri, nous pourrons dormir tranquilles[117]". » Le rebelle ne se réveilla jamais. Le Cartier qui réapparaît sur la scène publique, au début des années 1840, est métamorphosé. En suivant Lafontaine, Cartier se départ de sa vieille peau de rebelle. En l'espace d'une quinzaine d'années, Cartier devient le chef incontesté d'une nouvelle nation qui a renoncé au « nous républicain ». À l'occasion des premières assemblées publiques, à titre d'organisateur politique de Louis-Hippolyte Lafontaine, il s'identifie toutefois encore au glorieux combat. En s'opposant à Denis-Benjamin Viger, qui exige le rappel de l'Union, il évoque sa participation à la rébellion. Il flatte d'abord son auditoire : « Électeurs de Saint-Denis, vous avez fait preuve de courage le 22 novembre 1837, quand, armés de quelques mauvais fusils, de lances, de fourches et de bâtons, vous battiez les troupes du colonel Gore[118]! » Puis il souligne qu'il faisait lui aussi partie des troupes patriotes : « J'étais des vôtres et je crois n'avoir pas manqué de bravoure[119]! » Mais, aujourd'hui, il est temps de passer à une action plus prudente : « [J]e vous demande une preuve plus grande, mieux raisonnée de patriotique intelligence[120]. »

De l'aventurier marchand

Cette politique se fonde sur la construction de chemins de fer. Des pères fondateurs canadiens-français, Cartier est celui dont la destinée est la plus liée à cette industrie. Ses intérêts dans le Grand Tronc, la grande compagnie ferroviaire de l'époque, sont étroitement intriqués à ses aspirations politiques. Il sera l'un des nombreux pères fondateurs à siéger au conseil d'administration de compagnies de chemin de fer. Ce n'est donc pas un hasard si l'un des premiers discours qu'il prononce, à une assemblée publique en appui à Lafontaine, vante le projet du chemin de fer de Portland. Il soutient que, depuis que l'Angleterre a adopté sa politique libre-échangiste, les Canadiens n'ont d'autre choix que de se tourner vers le marché américain : « Eh bien, résolvons-nous aussi d'avoir nos chemins de fer, pour les souder à ceux d'un peuple entreprenant, séparé de nous par une ligne imaginaire, par une ligne qui, hélas ! ne devient que trop visible, lorsque nous faisons contraster notre apathie et notre paresse avec l'activité incessante, l'énergie fébrile et l'esprit d'entreprise de nos voisins[121]. » Pour montrer qu'il faut avoir confiance en l'entreprise, Cartier prêche par l'exemple en achetant des actions. S'opposer au projet de construction de chemins de fer signifie tenir Montréal dans un état arriéré. Cette ville possède une glorieuse destinée. Sa seule façon de l'atteindre est de devenir le grand entrepôt de l'Ouest : « Je ne crains pas de dire que Montréal méconnaîtrait ses meilleurs intérêts et serait la plus arriérée des villes, si elle refusait le moyen qui lui est offert pour ramener une prospérité qui la fuit[122]. »

Lorsque le Parlement passe la loi constituant en corporation la compagnie du Grand Tronc, on nomme Cartier avocat de la compagnie pour le Bas-Canada. De ce moment jusqu'à la fin de sa retraite, les rouges accusent Cartier d'être un politicien à la solde de la clique des chemins de fer. Questionné sur ce conflit d'intérêts, Cartier répond qu'il n'y a pas de honte à être associé à cette grande entreprise nationale : « J'ai été chargé de l'acte qui a créé le chemin de fer du Grand Tronc, et je suis plus fier de cela que de toute autre action de ma vie. Même aujourd'hui, c'est le Grand Tronc qui est la principale cause de la prospérité publique[123]. » On ignore si cette dernière assertion est véridique. Ce que l'on sait, toutefois, c'est que le Grand Tronc quémande constamment des subventions aux pouvoirs publics pour éviter la faillite. Les rouges désapprouvent en outre le fait que les membres du conseil d'administration du Grand Tronc proviennent presque tous du Parlement. Les relations entre les impérialistes et les politiciens locaux ne sont cependant pas toujours aisées. Le parvenu doit donner l'impression qu'il obtient des concessions très grandes des promoteurs. On observe ce phénomène au moment de l'annexion des territoires de l'Ouest, après la Confédération. On sait que George-Étienne Cartier reçoit la mission de négocier avec la Compagnie de la baie d'Hudson la vente de ce territoire. La Compagnie se montre intraitable : « Cartier, en face de cette condition alors exagérée, demanda l'intervention du ministre anglais dans le but de rappeler à la raison les "marchands aventuriers"[124]. » L'Amérique britannique charge le parvenu canadien-français de responsabilités très importantes. Après la Confédération, elle confie à Cartier une tâche très ingrate. Il s'agit de procéder à l'annexion des territoires de l'Ouest. Il est flatté.

On délègue Cartier parce qu'on y voit la seule façon de faire accepter la mesure aux députés du Québec. En effet, les Canadiens français s'opposent aux coûteuses extravagances du gouvernement fédéral. Antoine-Aimé Dorion a beau avertir le gouvernement que le pays croule sous un fardeau de dettes ; Cartier développe une certaine mégalomanie au contact des impérialistes. On en a une preuve lorsque les délégués de la région du Pacifique exigent, comme condition *sine qua non* de leur adhésion à l'union fédérale, la construction d'une voie ferrée à travers les Prairies et d'un chemin de colonisation du pied des montagnes Rocheuses à la mer. Les interrompant, Cartier leur dit : « Non, n'en faites rien ; demandez un chemin de fer d'une extrémité à l'autre, et vous l'aurez[125] ! » Le père fondateur admire les marchands aventuriers. Ils ont permis, selon lui, à sa nation de grandir. Sans cette classe, l'Angleterre aurait, comme Rome, perdu les territoires qu'elle avait courageusement conquis. Et sans l'Angleterre, les francophones n'auraient pu acquérir cet esprit marchand : « Je n'hésite nullement à avouer aujourd'hui que la prospérité des deux Canadas est principalement due à l'esprit d'entreprise de la race anglaise[126]. »

De l'abîme de la démocratie

Ne devient pas ami des marchands aventuriers qui le veut. Il faut se faire le défenseur du système qui encourage les marchands à annexer des territoires. Ce système, c'est l'Empire britannique. Et le grand ennemi de ce système, c'est le principe démocratique. En se faisant ennemi du républicanisme américain, Cartier réussit à faire oublier sa jeunesse de rebelle et, par conséquent, à se faire aimer de la société anglaise. Ainsi, au moment des Débats, c'est Cartier qui rappelle l'événement fondateur de l'Amérique loyaliste : l'exode de 1783. Il commence son discours en affirmant que l'opposition au projet confédératif est, dans le fond, de nature annexionniste : « Son désir est de lancer le Canada dans l'Union américaine[127]. » Cartier donne ensuite une leçon d'histoire à ses compatriotes francophones. Il rappelle que, au moment de la révolution américaine, la nation canadienne a choisi de se placer sous la houlette de la Couronne britannique. Lorsque le général Washington a adressé sa proclamation aux habitants du Canada, « les Canadiens refusèrent de se rendre à cet appel, qui avait pour but le renversement complet du système monarchique en Amérique[128] ». La sagesse de la nation canadienne lui enseigne qu'il faut s'associer à la Couronne pour éviter d'être anéanti par le rouleau compresseur américain. À ce sujet, le chef conservateur ne manque jamais une occasion de souligner l'expérience « décevante » de la république américaine.

La guerre civile américaine, qui fait rage au moment des Débats, offre le « triste spectacle » de la démocratie en marche. De cette image catastrophique de la démocratie, Cartier tire une leçon. Il existe, dit-il, une différence marquée entre la conduite du citoyen américain et celle du sujet britannique : « [M]ais nous, qui avons eu l'avantage de voir le républicanisme à l'œuvre, durant une période de quatre-vingts ans, de voir ses défectuosités, nous avons pu nous convaincre que les institutions purement démocratiques ne pouvaient produire la paix et la prospérité des nations[129]. » Cartier ne veut pas vivre dans un pays où on bafoue l'autorité. La seule façon d'éviter ce type de dérapage est de fonder le Canada sur le principe monarchique. Les institutions de la Couronne permettent, à son avis, de restreindre l'influence du peuple, trop grande chez nos voisins : « Dans notre fédération, le principe monarchique en sera le principal caractère, pendant que de l'autre côté de la frontière le pouvoir qui domine est la volonté de la foule, de la populace enfin[130]. »

Cartier s'inquiète du manque de respect à l'égard de l'autorité et déplore qu'aux États-Unis le chef du gouvernement soit un individu qui ait passé par le processus démocratique. « Je suis opposé au système démocratique qui prévaut aux États-Unis[131]. » Dans ce pays, le président une fois élu a déjà été « conspué » et « vilipendé » par le parti opposé. Ce nouveau chef de l'État n'est pas respecté par ceux qui l'ont combattu puisqu'on l'a « fait passer pour l'homme le plus corrompu et le plus méprisable du monde ». Vu sous cet éclairage, le système monarchique est nettement supérieur, poursuit-il. Car dans le système anglais les ministres peuvent bien être censurés et insultés, les invectives n'atteignent jamais le Souverain. La Couronne reste au-dessus de la mêlée, son autorité demeure incontestée. Tandis que « le grand défaut des États-Unis, c'est l'absence de quelque élément exécutif respectable[132] ». Il nous faut, dit Cartier, une forme distincte de gouvernement qui soit caractérisée par l'élément monarchique. La souveraineté parlementaire lui convient parfaitement, lui qui n'aime pas subir les « rebuffades de l'opinion publique ». Il se méfie de ce qu'il appelle la tyrannie des masses. C'est pour cette raison que, dans sa façon de gouverner, il consulte très peu ses concitoyens. Selon Alfred De Celles : « Il était dans ses habitudes de ne consulter personne lorsqu'il élaborait un projet de loi qu'il croyait d'utilité publique. Il se vantait de cette façon d'agir qui semblait chez lui une grande présomption ou un profond mépris de l'opinion publique[133]. » Les députés de sa suite ne sont guère tenus au courant de ses intentions. Selon De Celles, il est presque absolutiste : « Avec toutes les apparences du régime parlementaire, avec toute la mise en scène du gouvernement par le peuple, Cartier administrait la chose publique avec l'absolutisme d'un Richelieu[134]. »

Ainsi, au moment de la formation de la Grande Coalition, en juin 1864, il n'avait pas consulté ses proches ni le caucus conservateur. Pourtant, George Brown était l'ennemi juré des catholiques : « En faisant alliance avec M. Brown, je n'ai pris avis ni de mes compatriotes ni de mes amis politiques. Je dois avouer ici que dans tous les actes importants de ma vie politique, je n'ai jamais consulté personne[135]. » Il reconnaît que, sous l'empire du système britannique, l'homme d'État doit se laisser guider par l'opinion publique. Il suggère là-dessus une distinction permettant de comprendre l'attitude autoritaire qu'il préfère adopter dans la vie politique : « Je pense, en même temps, qu'un homme dans cette position ne doit pas avoir uniquement à cœur de refléter les préjugés vulgaires, il doit tâcher de diriger lui-même l'opinion[136]. » Le ministère doit se tenir entre la Couronne et le peuple. Si quelque chose venait rompre l'équilibre du gouvernement monarchique, ce serait au ministre de rétablir l'ordre : « Je n'entends pas dire que l'homme public ne doit pas écouter l'opinion publique ; mais je distingue entre l'opinion publique et les préjugés publics[137]. »

C'est probablement cette méfiance à l'égard des « préjugés publics » qui assure le succès à la Confédération. Car à un certain moment, durant les Débats, toutes les provinces Maritimes sont en voie de refuser les résolutions de la Conférence de Québec. Incité par l'opposition à remanier le projet ou à carrément le mettre en veilleuse, Cartier exprime un refus catégorique. Pourtant, l'un des partisans du gouvernement, Eudore Evanturel, donne là-dessus raison à l'opposition : les conditions n'étant plus les mêmes, il n'est plus urgent de présenter le projet en Angleterre. Cartier ne veut rien entendre. Il n'est question ni d'amender le projet, ni de retarder l'envoi de l'adresse en Angleterre, ni de procéder à un appel au peuple. Rien n'est plus irresponsable « que de tout laisser à l'élément populaire ». Durant ces Débats, George-Étienne Cartier parle comme un loyaliste de la révolution américaine, démontrant un très grande méfiance à l'égard du pouvoir démocratique : « Il s'agissait, dans la préparation du travail de la Conférence de Québec, de ménager ces deux intérêts et de doter le pays d'une constitution qui allierait l'élément conservateur et l'élément démocratique, car le faible des institutions démocratiques pures est de laisser tout le pouvoir à l'élément populaire[138] ».

Afin de rassurer son auditoire anglais, Cartier répète constamment que les Canadiens français, s'ils sont de culture française, adhèrent néanmoins à la même doctrine politique qu'eux. Cartier est souvent le premier à rappeler la bonne vieille tradition conservatrice de l'Angleterre : « Je diffère entièrement d'avis […] pour la raison que cela introduit dans nos législatures locales les institutions républicaines[139]. » Durant un banquet tenu par la Grande Coalition à Halifax, il souligne que ses compatriotes francophones sont bel et bien monarchistes : « Je représente une province dont les habitants sont monarchistes par la religion, par les coutumes et les souvenirs du passé. Notre désir, en faisant des efforts pour obtenir la confédération des provinces, n'est pas d'affaiblir nos institutions monarchiques, mais d'en affermir, d'en agrandir l'influence[140]. » Comme à son habitude, pour mieux faire passer son message, Cartier est plus loyaliste que ses compatriotes canadiens-anglais : « Ce n'est pas que je ne me sente pas libre, comme l'oiseau dans l'espace, sous l'égide puissante de l'Empire britannique ; plus libre mille fois que je ne le serais, tout en m'appelant citoyen, dans les serres de l'aigle américain[141]. »

Du sujet anglais

Il n'est pas facile de comprendre la trajectoire curieuse que poursuit Cartier depuis le début des années 1830. Il y a là un homme qui, au moment des Débats, propose une interprétation fort originale. En offrant une relecture du rapport Durham, le député rouge Maurice Laframboise fait la lumière sur les apparentes incohérences de Cartier. Lorsqu'il prend la parole, le 9 mars 1965 à l'Assemblée, il commence par rappeler que George-Étienne Cartier faisait partie des rebelles à la bataille de Saint-Denis : « Tout le monde sait parfaitement que Cartier était à la tête du parti qui a fait les troubles de 1837-1838. […] Mais aujourd'hui il est bien revenu de ses idées démocratiques[142]. » Selon le député de Bagot, l'ambition étouffe George-Étienne Cartier. La seule chose qui l'anime est l'envie de recevoir une récompense royale : « Ah ! il mérite une récompense de l'Angleterre pour avoir fait exactement ce que lord Durham disait de faire aux Canadiens dans son fameux rapport sur les moyens à prendre pour nous faire disparaître[143]. » Avec un brin d'ironie, il affirme que Cartier mérite une récompense pour avoir fait mettre de côté les lois françaises. Il en mérite une autre pour avoir fait toutes les volontés de l'Angleterre. L'attitude des pères fondateurs canadiens-français devient fort logique : « À ce sujet, et pour faire voir comment il [Cartier] a mérité et reçu des récompenses, il est bon de lire un passage du rapport de lord Durham, dans lequel il indique les moyens à prendre pour corrompre les chefs et dominer le peuple du Bas-Canada[144]. » Laframboise fait alors lecture, à ses collègues de la Chambre des communes, du fameux passage de Durham :

> Si, comme on le dit généralement, les maux des colonies ont, en grande partie, été fomentés par l'influence de personnes rusées et ambitieuses, on remédiera plus facilement à ce mal en ouvrant aux désirs de ces personnes un but qui dirigera leur ambition dans la voie légitime d'avancer leur gouvernement plutôt que l'embarrasser[145].

Ce passage, selon Laframboise, livre la compréhension de la politique de la Couronne, après les rébellions. Cette politique de corruption a permis la conversion rapide des rebelles patriotes : Parent, Lafontaine, Morin, Taché et Cartier. La Couronne a appris à ces convertis à aimer le monarchisme : « Lord Durham savait bien ce qu'il faisait quand il recommandait de donner des places et des honneurs aux ambitieux qui faisaient du bruit — et Cartier faisait beaucoup de bruit et de tapage en 1836 et 1837 ; il était à l'assemblée des cinq comtés, où il coiffa le bonnet de la liberté[146]. » Les nouveaux leaders de la nation canadienne ont accepté de se soumettre à l'Angleterre : « On a vu que tous ceux qui avaient empêché le mouvement qui s'était fait dans le Bas-Canada contre l'Union, tous ceux qui criaient : "Taisez-vous ! l'Union nous a sauvés !", tous ceux-là ont été récompensés. Les uns ont été *sirés*, les autres ont eu des honneurs, des places et du pouvoir[147]. » Laframboise termine sa critique en prédisant que Cartier sera récompensé : « Le procureur général du Bas-Canada recevra sa récompense et sera créé baronnet, s'il peut réussir à faire adopter sa mesure de confédération[148]. »

En bon parvenu, Cartier doit persuader son peuple qu'il est possible de réussir dans la société anglaise. Il est possible de s'arracher de sa condition première et de gravir les échelons de cette société. Pour arriver à ses fins, le parvenu doit étaler la liste des réalisations qu'il a à son compte et qui, bien sûr, ont rejailli sur tout son peuple. La modestie, on le comprendra, n'est pas la principale qualité du parvenu : « [S]i vous pouvez espérer une voie de communication qui mette les produits de vos terres et de vos pêcheries aux portes du marché du Canada, et même du monde entier, surtout quand le chemin de fer du Pacifique complétera le réseau de nos voies ferrées, vous le devez à mes efforts[149]. » Face à ses adversaires, Cartier recourt souvent à ce stratagème. Il énumère les « grandes choses » qu'il a faites pour les Canadiens français : « Il y avait dans sa nature un côté puéril en apparence. On était porté à sourire de la manie de se faire valoir toujours et de vanter son œuvre[150]. » À entendre parler Cartier, tout se passe comme si les réformes qu'il obtient étaient des privilèges accordés au Canada français. Comme si, sans lui, rien ne pouvait être fait : « Si l'honorable député [Loranger] occupe ma place, je lui souhaite de faire passer des mesures qui égalent en patriotisme celles dont je suis l'auteur[151]. »

Il faut reconnaître que Cartier, comme tout parvenu, occupe une position inconfortable. Il doit, d'une part, démontrer aux francophones qu'il ne les trahit pas et, d'autre part, prouver à la haute société anglaise qu'il est loyal à la Couronne britannique. Le parvenu se situe donc dans un précaire entre-deux, constamment en danger de se faire accuser de déloyauté. Selon Alfred De Celles : « Cette accusation d'anglomanie se transmet d'une génération à l'autre, et on l'a retrouvée, depuis Cartier, dans la bouche de certains hommes incapables de se rendre compte des difficultés que comporte le rôle d'un ministre français au milieu de ses collègues anglais[152]. » Cartier sera le francophone d'exception qui obtiendra, au cours du XIXe siècle, le plus franc succès dans la haute société anglaise. Comme tout bon parvenu, il flattera les Anglais en vantant la supériorité de leur culture et de leurs institutions. Cette admiration sera, bien sûr, réciproque. Durant son séjour à Londres, Cartier est l'objet de plusieurs compliments de la part de sommités anglaises. Invité à un dîner où se trouve William Gladstone, Cartier prononce sa phrase célèbre : « Je suis sujet britannique, comme tous ceux qui m'entourent ; la seule différence c'est que je parle français. » Afin d'accentuer son profil anglais, il avait amputé le *s* à son prénom Georges. Dans son éloge de la société anglaise, Cartier va plus loin que l'Anglais lui-même. Cartier fait un éloge complaisant et sans nuance de la grandeur de l'Angleterre. En effet, les John A. Macdonald, George Brown et Alexander T. Galt s'abstiennent d'évoquer la défaite lors de la révolution américaine ; Cartier, lui, rappelle en long et en large le destin antirépublicain du Canada.

Au moment des Débats, l'image du politicien carriériste et vaniteux s'accrédite. Le député Joly lance une accusation grave : « [P]our parvenir à ce but, il a écrasé les faibles, il a flatté les forts, il a trompé les crédules, il a acheté les hommes vénaux, il a élevé les ambitieux, il a employé tour à tour la voix de la religion et celle de l'intérêt, et il a atteint son but[153]. » Joly reproche à Cartier de livrer à l'ennemi le butin accumulé par la nation canadienne durant près d'un siècle : « Le dépôt placé entre les mains du procureur général, c'est la fortune des Canadiens français, c'est-à-dire leur nationalité. Cette fortune n'avait pas été amassée en un jour : c'était le fruit du travail et des économies de tout un peuple, pendant un siècle[154]. » Joly compare Cartier à un banquier qui trahit la confiance que lui portent ses clients : « Quand cet homme a tout ramassé dans ses coffres, une occasion se présente d'acheter, au prix de cette fortune dont il est dépositaire, l'objet qui flatte son ambition ; et il l'achète sans hésiter, sans penser à tous les malheureux que sa conduite va ruiner[155]. » Cartier est d'ailleurs la tête de Turc du mouvement d'opposition à la Confédération. Selon John Boyd, « il était représenté sur les hustings [tribunes], dans la presse, et dans les caricatures politiques du temps comme sacrifiant sa province et détruisant la nationalité canadienne-française par ses efforts pour faire entrer le Bas-Canada dans la confédération[156]. » Dans l'une de ces caricatures, Cartier vend aux enchères les comtés du Bas-Canada. Les rouges prévoient la chute de Cartier : « Dès qu'ils n'auront plus besoin de lui, ils le jetteront de côté comme un outil devenu inutile[157]. » Cartier a perdu tout contact avec ceux qui l'ont porté au pouvoir. Selon Alfred De Celles, « le peuple se déprenait petit à petit du chef aimé et populaire des anciens jours[158] ».

La Conférence de Londres déçoit amèrement le chef conservateur. Macdonald a joué dans son dos, ayant tout fait pour obtenir son union législative. Le député Louis Archambault aurait dit : « Sir George-Étienne Cartier me dit et m'a répété en différents temps, durant cette session, qu'il avait beaucoup à se plaindre de la conduite de sir John A. Macdonald à son égard et à l'égard du Bas-Canada, lorsqu'il s'est agi de faire passer en Angleterre l'Acte impérial établissant la Confédération[159]. » Le père canadien-français a le sentiment d'avoir été trahi. Le député Louis Archambault poursuit : « Cartier m'a dit que dès lors il avait perdu toute confiance en sir John, qu'il ne lui avait pas pardonné son acte de trahison et qu'il ne lui pardonnerait jamais[160]. » Mais l'opinion publique au Canada français a perdu confiance en Cartier. Plus ce dernier a grimpé dans l'échelle sociale de la haute société anglaise, plus il a dégringolé dans l'estime de ses compatriotes. Selon Alfred De

Celles : « Pendant que le prestige de Cartier montait à son zénith au Parlement et dans les hautes sphères politiques, il était sourdement miné ailleurs[161] ». La baisse d'estime publique à l'égard de Cartier commence déjà lorsqu'il contracte cette drôle d'alliance avec George Brown, pourfendeur du papisme. John Boyd écrit : « Cartier fut violement attaqué par bon nombre de ses compatriotes pour avoir consenti à une alliance avec George Brown, qui était considéré dans le Bas-Canada comme l'ennemi des Canadiens français, et il faut dire que quelques-unes de ses allocutions publiques contribuaient dans une grande mesure à justifier cette opinion[162]. » À l'instar de Parent et de Lafontaine, il a une fin de carrière pathétique.

De l'adresse à Sa Majesté

Un élément de discorde important dans le débat sur la naissance de l'Amérique du Nord britannique a trait au processus politique. D'une façon générale, deux arguments s'affrontent. L'argument de la Grande Coalition, plus conforme à la tradition britannique, soutient que le Parlement possède l'autorité pour juger le bien-fondé des résolutions de la Conférence de Québec. L'argument de l'opposition, plus fidèle à la tradition américaine, affirme plutôt que les résolutions doivent être soumises à un appel au peuple. Mais il serait naïf de croire que la position de la Grande Coalition obéit à un impératif philosophique. Elle prendra plutôt tous les moyens pour arriver à ses fins.

Il faut dire que l'ouverture des Débats, au Parlement du Canada-Uni, a lieu dans un climat de grande nervosité. Le succès de l'opération est menacé sur deux fronts. D'une part, l'opposition aux résolutions de la Conférence de Québec semble en voie de triompher au Nouveau-Brunswick et en Nouvelle-Écosse. D'autre part, le mouvement d'assemblées publiques au Bas-Canada, orchestré par les rouges et l'Union nationale, laisse envisager le pire. À l'inauguration des Débats, le 3 février 1864, les pères fondateurs affirment qu'ils feront adopter, à tout prix, ces résolutions. À l'Assemblée, John A. Macdonald avertit les députés qu'il n'est pas question de rejeter telle ou telle clause. Il faut accepter ou rejeter le projet en bloc. Ce dernier est un traité entre les provinces de l'Amérique du Nord britannique : « Ces résolutions ont le caractère d'un traité, et si elles ne sont pas adoptées dans leur entier, il faudra commencer les procédés *de novo*[163]. » Accepter des amendements au projet amorcerait un processus sans fin. Lequel finirait par faire échouer toute l'entreprise : « Si chaque province entreprend de changer les détails du plan, il n'y aura plus de fin aux conférences et aux discussions[164]. »

Il est encore moins question, selon Macdonald, de laisser cette question entre les mains du peuple. Il est plus prudent de la faire ratifier par la reine Victoria : « [N]ous pourrions un jour regretter de ne pas avoir accepté cette heureuse opportunité de fonder une nation puissante sous l'égide de la Grande-Bretagne et de notre souveraine Dame la Reine Victoria[165]. » Le père fondateur est réfractaire à l'idée d'obtenir la ratification du projet par le biais d'un appel au peuple. C'est plutôt par l'adoption d'une simple loi du Parlement impérial que la fédération devrait voir le jour. À son avis, la tradition britannique légitime cette position. D'autres pères fondateurs abondent en ce sens, insistant pour dire qu'ils produisent une simple « adresse à Sa Majesté ». L'appel au peuple est proprement inutile puisque l'unanimité règne dans la population sur la question de la Confédération : « [P]rojet qui, je suis heureux de le dire, a été accueilli par une approbation générale, sinon universelle en Canada ; le projet tel qu'exposé par la presse n'a, pour ainsi dire, rencontré aucune opposition[166]. » Macdonald ne résiste cependant pas à un appel au peuple pour des raisons philosophiques. Il pourrait même l'envisager… si la ratification du projet, au Parlement, était mise en péril par les députés. Dans un avertissement lourd de sens, le père fondateur livre le fond de sa pensée : « [S]i cette mesure reçoit l'approbation de la Chambre, il n'y aura pas de nécessité de la soumettre au peuple ; d'un autre côté, si la mesure est repoussée, il appartiendra au gouvernement de juger s'il doit y avoir un appel au peuple ou non[167]. »

Les députés de l'opposition ne sont pas dupes. Leur argumentaire insiste sur le caractère douteux de la démarche du gouvernement. Dès le début des Débats, au Conseil législatif, Luc Letellier de Saint-Just conteste cette démarche. Selon lui, il y a vice de procédure, le projet de la Grande Coalition est une véritable révolution, et l'appel au peuple est impératif : « [J]e suis aussi fondé à croire que les membres de la Conférence [de Québec] considéraient l'appel au peuple comme le mode le plus équitable à suivre en pareille circonstance[168]. » L'opposition soutient que la démarche des pères fondateurs est fautive. Lorsqu'un gouvernement désire révolutionner une structure politique, il doit convier tous les groupes politiques. Or, à la Conférence de Québec, aucun député rouge n'a été invité. Ce fait mine grandement la légitimité de la démarche : « Toutes les provinces y ont envoyé des représentants des deux partis, à l'exception du Bas-Canada qui n'y a pas délégué un seul membre du Parti libéral ; le gouvernement des provinces Maritimes a eu la magnanimité de s'entendre avec les chefs de l'opposition, mais nos ministres ont complètement mis de côté le Parti libéral du Bas-Canada[169]. » Le chef des rouges, Antoine-Aimé Dorion, affirme que si le projet passe sans aucune consultation populaire, ce sera l'un des jours les plus tristes pour les Canadiens : « [C]e jour figurerait dans l'histoire de notre pays comme ayant eu une influence malheureuse sur l'énergie du peuple du Haut et du Bas-Canada car je la considère comme une des plus mauvaises mesures qui pouvaient nous être soumises, et s'il arrivait qu'elle fût adoptée sans la sanction du peuple de cette province, le pays aura plus d'une occasion de le regretter[170]. » Dorion juge inadmissible que les députés ne puissent pas suggérer des amendements : « [I]l semble que le peuple doive être traité avec moins de respect, moins d'égards par ses propres mandataires qu'il ne l'a été par le Parlement anglais en 1840, lorsque la Constitution du Bas-Canada était suspendue et que la mesure actuelle va être passée avec une précipitation indécente[171]. »

L'opposition propose un amendement qui forcerait le gouvernement à tenir une consultation populaire : « [Q]ue sur une question d'une aussi grande importance que celle de la confédération projetée du Canada et de certaines autres colonies anglaises, cette Chambre se refuse à assumer la responsabilité de consentir à une mesure qui renferme tant de graves intérêts, sans que l'opinion publique ait l'occasion de se manifester d'une manière plus solennelle[172]. » Le principe du gouvernement responsable infère que tout changement constitutionnel passe par la consultation populaire. Les députés du Parlement n'ont pas le mandat de modifier eux-mêmes la Constitution, ni de la ratifier. Mais la population ne semble pas au courant de cette exigence de la consultation : « [E]st-ce qu'à la dernière élection générale le peuple de l'une ou l'autre section de la province savait quelque chose de ce projet[173] ? » De toute manière, si le projet de la Grande Coalition est aussi parfait qu'on le dit, il n'y a aucun danger de laisser l'opinion publique en apprécier tous les avantages : « [S]i la mesure offre véritablement tous les avantages que l'on a énumérés, je ne comprends pas qu'elle puisse courir de danger à être retardée un peu, car plus on aura de temps d'en discuter le mérite, plus le peuple, suivant toute raison, pourra se convaincre de son importance[174]. »

À la séance du 17 février, les rouges qui siègent au Conseil législatif réaffirment la nécessité d'une consultation populaire. Le conseiller Olivier exprime farouchement ce point de vue : « Je pense que quand bien même le projet serait, comme on le dit, connu d'une partie du peuple de ce pays, ce ne serait pas une raison pour en précipiter ainsi l'adoption ; car le plan intéresse également le pays en général, et il ne suffit pas qu'il soit acceptable à une certaine partie des habitants de ce pays, mais bien à la grande masse du peuple[175]. » Olivier soupçonne les pères fondateurs de redouter le mouvement d'opposition qui s'exprime dans les assemblées publiques. Il souligne que, dans les comtés où une assemblée publique a été organisée, la proposition de Constitution a été rejetée : « [O]n peut dire sans crainte qu'elle a été universellement condamnée dans quinze comtés[176]. » La sécurité d'un pays, affirme-t-il, repose sur l'attachement du peuple à sa Constitution : « [F]aites en sorte que le peuple aime sa Constitution, et vous pouvez être assurés qu'il saura la défendre quand elle sera menacée[177]. »

Dans les jours qui suivent, le débat se tourne vers le contenu des résolutions. Puis, à la séance du 3 mars, le député Joseph-François Perrault reprend la critique de la démarche gouvernementale. Cette dernière enfreint les libertés politiques fondamentales, juge-t-il. La représentation populaire à la Conférence de Québec était une fumisterie, et on n'a pas encore adéquatement informé le peuple des détails du projet. Il décide de retracer la genèse de la démocratie canadienne afin de démontrer que les résolutions menacent les droits politiques des Canadiens. Ces droits seraient le résultat de luttes historiques : « Grâce à notre résistance opiniâtre, l'usage de cette langue a toujours été un de nos privilèges, privilège qui a été maintenu dans toute son intégrité jusque dans le projet de confédération qu'on nous propose[178]. » Indéniablement, c'est la lutte politique qui assure le progrès de la nation canadienne : « [S]ans le courage et l'énergie des hommes de ces temps d'épreuve, l'élément français aurait perdu son terrain et diminué d'importance, jusqu'à ce qu'enfin il eût été assimilé par l'élément anglais[179]. » D'ailleurs, à la Conférence de Québec, la représentation canadienne-française était dérisoire : « Si nos ministres canadiens-français n'avaient pas été dans une minorité aussi impuissante à la Conférence de Québec (quatre contre trente-deux), ils n'auraient certainement pas accepté un projet de confédération aussi plein de dangers pour la race française que celui qui nous a été soumis[180]. » Les libertés politiques dont jouissent les Canadiens, à cette époque, sont directement issues des luttes sanglantes de résistance : « [N]ous avons obtenu nos droits politiques les plus sacrés au prix d'un siècle de persécutions, au prix du sang versé sur le champ d'honneur et sur l'échafaud[181] ».

Constatant que le gouvernement veut éviter à tout prix un appel au peuple, l'opposition décide de lui rafraîchir la mémoire. Aux premiers jours de la Grande Coalition, les pères déclaraient sur les tribunes que le peuple, un jour, aurait son mot à dire. Ainsi, à l'occasion d'un dîner tenu à Toronto, George Brown déclarait : « Je crois que le gouvernement du Canada, comme celui de toute autre province, ne doit pas refuser formellement de soumettre le projet au peuple ; nous dépendons des représentants du peuple et devons avoir égard à leur opinion[182]. » Au même dîner, Alexander T. Galt renchérissait : « Nous aurions désiré avoir un gouvernement central réglant tous les intérêts, mais des difficultés insurmontables s'opposent à ce système ; nous espérons que la mesure actuelle, *qui sera soumise au peuple,* au Parlement impérial et aux Parlements provinciaux, protégera suffisamment les intérêts locaux[183]. » Maintenant que les résolutions reçoivent un appui majoritaire au Parlement, le gouvernement se défile au nom de la tradition britannique : l'union de l'Irlande avec l'Angleterre ne s'est-elle pas réalisée à partir d'un seul vote du Parlement impérial, affirment en chœur les pères fondateurs ?

L'argument fait bondir le député irlandais James O'Halloran. À son avis, le cas de l'Irlande est un bien mauvais exemple : « On a pompeusement cité l'union de l'Irlande à l'Angleterre en faveur de la mesure. Selon moi, c'est un bien triste précédent que nous devrions tendre à éviter[184]. » Il poursuit en citant une autorité qu'il juge incontestable : « Je lis dans *L'Histoire constitutionnelle anglaise* de May, à propos de l'union de l'Irlande avec l'Angleterre : "Un grand but fut atteint par les moyens les plus vils et les plus éhontés. Grattan, lord Charlemont, Ponsonby et Plunkett, avec quelques patriotes, continuèrent à protester contre le sacrifice des libertés et de la libre constitution de l'Irlande[185]". » Le député s'offusque que l'on abuse l'histoire de son pays pour imposer au peuple canadien une Constitution. Il voit une similitude profonde entre la condition des Irlandais et celle des Canadiens : « [J]'y trouve d'abord la sinistre prédiction des malheurs dans lesquels on veut nous entraîner ; j'y lis la condamnation solennelle de ceux qui foulent aux pieds les droits du peuple et qui oublient, dans l'orgueil de leur pouvoir éphémère, ceux qui leur ont donné les places qu'ils occupent ici et qui les ont chargés non de violenter mais d'exécuter la volonté du peuple, qui est la seule et vraie source de tout pouvoir politique[186]. » Avec humour, il ridiculise le gouvernement : « On semble croire en Canada que l'herbe même ne saurait pousser sans autorisation spéciale par acte du Parlement[187]. »

Le gouvernement a pris bien des moyens pour que l'on ne discute pas ce projet dans les comtés. C'est la raison pour laquelle la copie du projet, envoyée à chaque député, porte une mention suggérant la confidentialité : « La circulaire que j'ai reçue du gouvernement portait en tête le mot "personnel", de sorte que je n'ai pris aucune mesure pour connaître l'opinion publique à ce sujet. Je me trouve, il me fait peine de le dire, sans un mot d'avis sur la manière dont je dois agir à l'égard de cette mesure[188]. » Le prétexte invoqué pour ne pas en appeler au peuple, pour ne pas organiser d'assemblées publiques, pour ne pas discuter des détails du projet, est qu'il faut agir en vitesse. Selon le rouge Olivier, les pères fondateurs considèrent que tout délai supplémentaire risque de faire échouer le projet. Mais la majorité parlementaire, ne l'entendant pas ainsi, décide le vendredi 10 mars de voter l'adresse à sa Majesté. Sur les cent vingt-quatre députés de l'Assemblée du Canada-Uni, quatre-vingt-onze acceptent le projet, trente-trois s'y opposent. Dans la section bas-canadienne, trente-sept députés appuient la motion, vingt-cinq la rejettent. Le lundi suivant, le journal des rouges, *Le Pays*, en tire une conclusion pessimiste :

> La séance parlementaire de vendredi dernier restera profondément marquée dans les annales du Canada, et surtout dans l'histoire de la nationalité française sur cette partie du continent américain. C'est dans cette nuit mémorable qu'aura été commis l'acte le plus inique, le plus dégradant dont le régime parlementaire ait été témoin depuis la trahison des députés irlandais qui ont vendu leur pays à l'Angleterre pour des places, des honneurs et de l'or[189].

Vers la fin des Débats, Antoine-Aimé Dorion cherche à minimiser les dégâts. Il présente une motion afin qu'aucune mesure passée par le gouvernement impérial ne soit mise en vigueur au Canada sans avoir été d'abord soumise au peuple du Bas-Canada. Selon lui, les résolutions introduisent assez de changements pour qu'on exige de l'Angleterre une consultation populaire[190]. Son frère Jean-Baptiste-Éric enchaîne en rappelant qu'on ne pourra plus changer d'idée, une fois que le Parlement impérial aura tranché : « Il sera trop tard, lorsque les délégués seront de retour et que l'Angleterre nous aura donné une nouvelle Constitution pour soumettre les résolutions actuelles au peuple[191]. » L'appel au peuple est d'autant plus nécessaire, selon le député Joly, qu'il est impossible de déterminer si le Canada français est favorable au projet : « En prenant l'élément canadien-français et en envisageant les choses à leur juste point de vue, on verra que ses représentants sont à peu près divisés également et qu'il serait assez difficile de dire si la majorité du peuple est avec ou contre ses représentants dans cette enceinte[192]. » Seule une consultation populaire permettrait de trancher la question : « Il est impossible de connaître en ce moment l'opinion des Canadiens français si on ne leur donne pas l'occasion de l'exprimer par des élections générales[193]. »

Vers la fin des Débats, constatant que le Parlement ratifiera le projet, Macdonald affirme que l'appel au peuple n'est pas une pratique conforme à la tradition britannique : « [P]ar quel moyen admis et reconnu par notre Constitution pourrions-nous prendre un tel vote ? Il n'y en a pas, et pour le faire il nous faudrait fouler aux pieds les principes de la Constitution anglaise[194]. » Selon lui, un député est qualifié pour se prononcer sur toute question débattue au Parlement, même sur un projet de modification de la Constitution. Les principes de la Constitution anglaise, ajoute-t-il, font du député un « représentant » du peuple et non pas un « délégué » : « Nous sommes ici les représentants du peuple et non ses délégués, et en donnant notre concours à une telle loi nous nous dépouillerions de notre caractère de représentants […] cet honorable député connaît trop bien les principes de la Constitution anglaise pour appuyer lui-même un tel procédé[195]. » Puis, oubliant qu'au début des Débats il avait affirmé que le projet pourrait être ratifié par un appel au peuple si le Parlement l'empêchait, Macdonald condamne sans ménagement les députés qui prônent une telle démarche : « Une élection est un trouble civil[196]. » Quant à l'appel direct au peuple, il est maintenant une méthode indigne et pernicieuse. Seul un despote ose l'employer : « Un appel direct au peuple sur une question de cette espèce peut bien être le moyen que prend un despote, un monarque absolu, pour faire sanctionner son usurpation par le peuple : — ce peut être de cette manière qu'un despote soutenu de baïonnettes peut demander au peuple de voter ou non sur les mesures qu'il propose[197]. »

L'année suivante, à l'automne de 1866, l'opposition bas-canadienne tente de nouveau d'entraver la démarche de la Grande Coalition. L'opposition adresse une pétition au secrétaire des colonies, lord Carnavon[198]. Il s'agit d'un protêt solennel visant à retarder l'imposition de l'Union à un peuple qui n'a pas été consulté. Mais il est bien tard. Et si le Parlement impérial trouve des défauts au projet, c'est probablement parce qu'il pense que l'union fédérale n'est pas assez centralisée. À l'occasion de la troisième conférence constitutionnelle, qui se tient au même moment à Londres, l'opinion publique fait entendre sa préférence pour l'union législative. Le journal *Time* pense que la province canadienne-française entrave le progrès de l'Amérique britannique[199]. Farouche partisan de l'union législative, John A. Macdonald tente en dernier recours de l'obtenir au moyen de tractations secrètes avec les autorités impériales. Par suite de ces trahisons répétées, George-Étienne Cartier menace de quitter la conférence. Au moyen du câblogramme, il pourrait faire soulever toute la province de Québec. C'est le journaliste Elzéar Gérin, correspondant de *La Minerve* à la Conférence de Londres, qui atteste les tractations : « Ce n'est plus dévoiler un secret que de dire que dans les conférences de Londres, tous les délégués du Haut-Canada, des provinces Maritimes et avec eux Galt, désiraient l'union législative et voulaient que lord Carnavon, alors ministre des colonies, rédigeât en conséquence le projet de loi qu'il devait présenter au Parlement[200]. » Après des semaines de résistance, Cartier obtient gain de cause.

Un mois avant l'entrée en vigueur du nouveau régime, Antoine-Aimé Dorion signe un article sarcastique dans *Le Pays*. Entre 1760 et 1840, écrit-il, un embryon de peuple avait jalousement défendu son autonomie. Son héroïsme n'avait même pas reculé devant l'échafaud politique : « Il avait été vaincu par les armes aux deux extrémités de cette période, mais son autonomie et sa foi en lui-même étaient restées fermes comme le roc. » Mais après 1840, poursuit-il, la Couronne a habilement suivi les conseils de lord Durham :

> Nous allons changer tout cela, avait dit lord Durham ; nous allons cesser de vous attaquer par les armes ; nous allons essayer du poison — c'est-à-dire nous allons combler vos hommes publics d'honneurs et d'argent et nous en ferons nos agents de dénationalisation. La Grande-Bretagne donnera les honneurs, le peuple canadien payera lui-même le prix de la trahison de ses hommes publics[201].

La proclamation royale, émise le 22 mai 1867, fixe au 1er juillet la naissance juridique du Dominion of Canada. Vers la fin de l'été, le gouvernement fédéral annonce des élections. Des débats portent sur le nouveau régime politique[202]. Mais les candidats discutent bien d'autres thèmes : les personnalités, les partis, les problèmes paroissiaux, le clergé. Qui plus est, les libéraux du Bas-Canada renouvellent l'ancienne alliance avec ceux du Haut-Canada. Ils sont bien conscients que la lutte contre la Confédération devient difficilement justifiable, lorsqu'on a comme allié George Brown. Dans les années qui suivent, les libéraux du Québec mettront beaucoup d'eau dans leur vin. Acceptant le nouveau régime, ils seront de moins en moins rouges.

Du silence de Mgr Bourget

Un important courant historiographique attribue la naissance de la Confédération au Bas-Canada à l'action du clergé catholique[203]. Afin de prouver cette assertion, on évoque l'intervention du clergé dans le processus électoral. À l'appui de cette thèse, on cite les mandements de quatre évêques. Pourtant, ces mandements sont venus bien tard, après la sanction royale de la loi : « [À] ce moment-là, les jeux étaient faits et les chefs libéraux eux-mêmes avaient estimé qu'il n'était plus possible de combattre l'instauration d'un nouveau régime[204]. » Notre étude de la naissance du Canada révèle une réalité bien plus nuancée.

Le sentiment du clergé à l'égard du projet de la Grande Coalition n'apparaît pas du tout monolithique. Nous ne prétendons pas que, durant les années 1860, aucun clerc n'exprime à voix haute sa préférence pour la Grande Coalition. Néanmoins, le tableau général de ces années montre un clergé inquiet, divisé et hésitant. En un mot, ce n'est pas par lui que la Confédération arrive. Pour mieux comprendre la position du clergé durant les années 1860, il faut se reporter d'abord au lendemain de la défaite de 1837-1838. L'événement est, en un sens, plus tragique que la Conquête de 1760. Car la nation canadienne, en 1837, possède un imaginaire plus cohérent qui tient dans le « nous républicain ». Comme le souligne Louis Rousseau : « Au sortir de ces événements, il y a une déprime totale de la société, plus forte sans doute que la déprime postréférendaire au début des années quatre-vingt de notre siècle : on a le sentiment que plus rien n'est possible, qu'on s'en va vers l'échec, que tout est fini… Après la rébellion, le discours religieux tenu à la population va en expliquer l'échec[205]. »

L'écrasement du mouvement patriote donne à penser que cette définition de la collectivité a peut-être été une erreur. Le désenchantement républicain, forcément, permet au clergé d'acquérir plus d'autorité. Derrière la genèse lente du pouvoir clérical, il faut donc saisir une chose. Il y a des individus adultes et rationnels qui ont le choix d'accorder de l'autorité au clergé. Et ils font ce choix. C'est cela qui peut aider à comprendre le déclin d'un « nous républicain » et la genèse d'un « nous catholique ». Comme le souligne Louis Rousseau, durant les années 1830, la figure de la république et de la liberté domine ; puis la déprime du début des années 1840 donne naissance à une nouvelle figure, la croix : « La crise précisément c'est qu'on ne voit plus comment on va se sortir de cette situation, et c'est dans ce contexte qu'une entreprise de prédication religieuse va se mettre à produire une revalorisation du religieux. On va se refaire autour de la religion. On va se refaire comme groupe et on va accepter de se définir comme culture en plaçant la religion au centre[206]. »

Au début des années 1840, le clergé s'oppose à l'Acte d'union. Jusqu'au milieu de la décennie, il est plus sympathique aux vues du camp Viger-Papineau qu'à celles du camp Lafontaine. Deux facteurs expliquent la perte de popularité du camp républicain : d'une part, certains de ses éléments anticléricaux minent de façon maladroite la sympathie du clergé ; d'autre part, l'alliance de la Couronne et du parvenu favorise le triomphe du camp Lafontaine. Le parvenu sait utiliser avec un art consommé les déclarations anticléricales de certains rouges pour noircir ses adversaires. Les plumes du camp Lafontaine réussissent à présenter les républicains sous un jour irréligieux. Les républicains, écrivent-elles, refusent aux prêtres un droit de parole. Les rédacteurs de *L'Avenir* récusent cette interprétation. Ils dénoncent l'habitude des bleus d'utiliser la fraction loyaliste du clergé : « [I]l y a abus et scandale de se servir de la chaire de la vérité pour y traiter des questions que Dieu a laissées aux disputes des hommes[207]. » Face à ces attaques répétées, *L'Avenir* publie un éditorial important titré « Démocrate et catholique ». En citant l'exemple américain, il affirme que les deux allégeances ne sont pas incompatibles. Ce sont les « ennemis de la démocratie » qui veulent faire du Canada l'« hôtel des Invalides ». Afin d'affirmer l'esprit religieux de *L'Avenir*, le rédacteur républicain cite un mandement de l'archevêque de Paris de 1848, un autre de l'évêque de Philadelphie et le témoignage de l'abbé Lacordaire. Il accuse les journaux du camp Lafontaine de travestir le sens de ses positions sur la foi et l'autorité. Du côté bleu, c'est *Le Journal de Québec*, publié par un futur père de la Confédération, Joseph Cauchon, qui défend les intérêts du pacte aristocratique. Un commentateur rouge décrit métaphoriquement, dans *Le Pays*, la « position » de ce journal :

> À Québec il y a de magnifiques points de vue ; nulle autre ville d'Amérique ne pourrait peut-être lutter avec Québec, pour la magnificence et l'étendue de l'horizon que l'on découvre de sa montagne. Pourquoi

> le *Journal de Québec* se loge-t-il où il est logé ? Il est logé dans la plus mauvaise place où l'on puisse loger à Québec [...] il a la vue coupée à droite par les hautes bâtisses de l'archevêché ; à gauche par la maison du gouvernement ; et, en face, par les casernes anglaises[208].

Le procédé du parvenu, qui cherche à se parer du manteau de la religion, est si habile qu'il en vient presque à faire croire que c'est le clergé qui a voté au Parlement les résolutions donnant naissance à la Confédération. Pourtant, la position du clergé au moment des Débats est bien difficile à établir. Figure emblématique de cette position, Mgr Bourget refusera de se prononcer avant la proclamation royale. Cette position d'énigmatique neutralité agace certains évêques. Mgr Bourget rétorque qu'il se contente de suivre une directive assez simple : ce qui intéresse le clergé, au premier chef, est la religion. À l'automne de 1864, lorsque la Grande Coalition se met en branle, il énonce cette idée dans la circulaire qu'il adresse au clergé : « Nous prierons d'une manière particulière pour le pays, dans ce temps de mouvement et de réforme constitutionnelle, afin que la divine Providence, qui a toujours veillé sur ses intérêts avec une bonté maternelle, dirige toutes les opérations de nos hommes publics, et qu'il ne nous arrive rien qui puisse nuire à la Religion et au bien-être de notre chère patrie[209]. » En 1864, il va réprimander un curé de la campagne qui avait adressé une correspondance à *La Presse,* journal antifédéraliste. Mgr Bourget juge que le curé s'est soustrait à la discipline imposée au clergé. Après la proclamation royale, il continue dans cette veine en publiant une circulaire qu'il adresse à son clergé au sujet de la conduite à adopter durant les prochaines élections : « Notre conduite sera alors ce qu'elle a été invariablement, c'est-à-dire que nous demeurerons en dehors de toute lutte électorale et de tout esprit de parti[210]. »

Le clerc canadien-français est un francophone d'exception qui ne désire pas s'intégrer à la société anglaise. Il se contente de prêcher l'obéissance au gouvernement légitime. L'attitude de Mgr Bourget suit ce raisonnement. Jusqu'à la sanction par la reine de l'Acte de l'Amérique du Nord britannique, il admet qu'il est possible de s'opposer à ce projet sans être accusé de déloyauté. Après la sanction royale, toutefois, la Confédération devient le gouvernement légitime. Tout Canadien français doit dès lors obéir. On sait que c'est dans le diocèse de Mgr Bourget, la région de Montréal, que la résistance à la Grande Coalition a été la plus forte. On y compte alors quatre journaux d'opposition : *Le Pays, La Presse, L'Ordre, The True Witness*. Les deux derniers, qui expriment sensiblement les mêmes idées que Bourget, cessent la résistance justement après la proclamation royale. Dans une *Pastorale* adressée aux fidèles en 1867, Mgr Bourget rappelle qu'il est du devoir du bon catholique d'accepter tout gouvernement légitime :

> Aussi, cette Église a-t-elle toujours accepté et accepte-t-elle encore les divers gouvernements qui se succèdent les uns aux autres. Ainsi, sans aller en chercher d'exemple ailleurs, l'Église du Canada est demeurée soumise au Roi de France jusqu'à ce que la divine Providence fit passer ce pays sous la domination britannique. Elle accepta alors, sans aucune contrainte et par devoir de conscience de ses devoirs religieux. Vint ensuite la Constitution, puis l'union des deux Provinces. L'Église s'y soumit et prêcha à ses enfants l'obéissance à l'autorité constituée. Aujourd'hui, elle accepte sans réplique le Gouvernement fédéral, parce qu'il émane de la même autorité[211].

La position de Bourget apparaît encore mieux dans une autre correspondance où, pressé par un autre évêque de se déclarer plus clairement en faveur de la Confédération, il affirme qu'il importe avant tout de s'en tenir au principe suprême : l'obéissance au gouvernement légitime. Avec une certaine ruse, Mgr Bourget affirme que, depuis la proclamation royale, on a la preuve qu'il est en faveur de la Confédération : « C'est donc à tort que l'on cherche à faire croire que je ne suis pas pour la Confédération, sous prétexte que je me suis expliqué autrement qu'eux [les autres évêques] dans les documents précités[212]. » En se penchant plus attentivement sur la position de Mgr Bourget à l'égard de la Confédération, on constate que, si aucun document public n'atteste qu'il s'oppose à la Confédération, sa correspondance révèle à tout le moins que la mesure l'inquiète. Comme le souligne Léon Pouliot, « que Mgr Bourget ait vu d'abord dans la Confédération un danger pour le Bas-Canada catholique, la chose nous paraît vraisemblable[213]. » Dès que la Grande Coalition se constitue, en fait, il commence à craindre pour les droits des catholiques. Cartier ne s'est-il pas associé à Brown, l'ennemi des catholiques ? Lorsque le journaliste catholique George Clerk, rédacteur du *True Witness*, réagit négativement à cette curieuse alliance, Charles-Félix Cazeau, vicaire général de Québec, signale à Mgr Bourget cet « écart ». L'évêque de Montréal, au contraire, semble approuver la vigilance du journaliste. Il révèle ce sentiment en écrivant une lettre contenant une phrase lourde de sens : « Pour ma part, j'aimerais mieux que M. Clerk ne fût plus qu'un chien mort au lieu d'un chien muet. » Selon son biographe :

> L'évêque a dit plus haut que M. Clerk était un chien de garde qui doit aboyer devant le danger. Si M. Clerk n'aboie pas parce qu'il est mort, on ne peut le lui reprocher. S'il est bel et bien vivant et qu'il n'aboie pas, il ne remplit pas son rôle. Ce qui revient à dire que, dans la pensée de Mgr Bourget, Clerk n'a pas outrepassé la liberté permise à un journaliste catholique militant en attirant l'attention sur les dangers de la coalition Cartier-Brown ; il ne mérite pas le blâme que semblait lui adresser M. Cazeau[214].

Le fait que Mgr Bourget, jusqu'à la proclamation royale, refuse de se prononcer publiquement sur la Confédération est fort révélateur : « Du printemps 1864, date où la Confédération est mise à l'ordre du jour et acceptée par les deux partis politiques, au printemps de 1867, date où elle devient la loi du pays, il n'existe aucune déclaration publique de Mgr Bourget[215]. » Durant les Débats, les pères fondateurs ne cessent donc d'affirmer que le clergé est unanime à appuyer la mesure : « [I]l est assez remarquable que l'anticléricalisme des rouges ne se soit pas manifesté durant les Débats. Plusieurs d'entre eux déclarent que le clergé, contrairement à ce que prétendent les conservateurs, est opposé à la confédération. Laframboise commence même son intervention par la lecture d'une lettre d'un curé opposé au projet de Constitution[216]. » De plus, l'avis du grand vicaire du diocèse de Montréal contredit le mythe d'un clergé unanime. À ce moment, Mgr Bourget n'avait pris aucune décision sur cette question : « Je ne sais ce que les autres évêques pensent là-dessus ; mais quant à Mgr de Montréal, je suis positif à dire qu'il n'a pas voulu se prononcer jusqu'ici sur cette question[217]. » Lorsqu'il se rend auprès du Saint-Siège, Mgr Bourget ne soulève pas la question, conservant toute sa neutralité et se confinant presque dans le mutisme. Quand Cartier lui envoie, après la proclamation royale, une copie de l'Acte de l'Amérique du Nord britannique, Mgr Bourget retourne un accusé de réception assez curieux. Il confie dans ce petit texte son amour du pays, mais il refuse de prononcer le mot « confédération » :

> Je reçois à l'instant la copie du *British North America Bill*, que vous avez eu la bonté de m'adresser ; et je m'empresse de vous présenter mes sin-

cères remerciements pour votre bienveillante attention. Je comprends vivement que ce bill intéresse à un haut degré notre pays qui, après toutes les phases d'administration par lesquelles il lui a fallu passer depuis un certain nombre d'années, a grand besoin de se fixer sur des bases solides et durables. Il serait superflu de vous dire que le clergé, tout en se mettant en dehors de toutes les luttes de partis politiques, n'en est pas moins attaché au pays qui l'a vu naître, et qu'il aime, comme un bon enfant sa mère, et cet amour est d'autant plus ardent qu'il lui est inspiré par la religion[218].

Lorsque la proclamation royale passe, toutefois, Mgr Bourget est le premier à émettre un document public sur la Confédération. La circulaire de l'évêque s'adresse uniquement à son clergé. Contrairement à ses confrères, qui y vont d'un éloge de la Confédération, l'évêque de Montréal se contente d'une sèche affirmation de principes. Il ne disserte pas longtemps sur le sujet. La Confédération, dans son esprit, est une question strictement politique. Tant que la mesure ne menace pas la religion catholique, il préfère rester coi. Les pairs de Mgr Bourget jugent cette tiédeur regrettable. Ils délèguent donc Mgr Charles Larocque, évêque de Saint-Hyacinthe, afin de persuader son collègue de donner un appui plus enthousiaste à la Confédération. Selon Mgr Larocque, les républicains de l'Institut canadien profitent de la retenue de l'évêque de Montréal pour ajouter à la confusion. Ces républicains interprètent le silence de Mgr Bourget comme une condamnation des autres évêques qui souhaitent pour leur part, selon Mgr Larocque, que Mgr Bourget mette un terme à l'équivoque. L'évêque de Montréal reste impassible. Il en a assez dit. Tout cela alimente l'énigme entourant son silence. Selon Pouliot, « [u]ne tradition s'est établie suivant laquelle, dans son for intérieur, il aurait été opposé à la Confédération. À notre connaissance, il n'existe aucun document, aucune parole émanant de lui qui permette de trancher le débat. Cette tradition ne manque pas de vraisemblance[219]. » Ce silence est d'autant plus dérangeant qu'Ignace Bourget a joué un rôle de consolateur au moment de la rébellion. Son attitude conciliante à l'égard des patriotes, puis cet étrange mutisme face à la Confédération, tout cela converge curieusement. En 1837, Mgr Bourget avait trouvé une ligne médiane entre, d'une part, la justesse du combat patriote et, d'autre part, la désapprobation de la lutte armée. Peut-être considère-t-il, en 1867, que la position la plus prudente est de se camper dans l'entre-deux. Quoi qu'il en soit, il ne partage pas l'optimisme de ses collègues. Selon Léon Pouliot,

[e]n 1839-1840, Mgr Lartigue avait organisé, tant au Canada qu'à Londres, une campagne de résistance au projet d'union, parce qu'il voyait un danger pour la liberté de l'Église et la foi traditionnelle des Canadiens français. Cette crainte, qui paraissait justifiée, Mgr Bourget l'avait lui-même manifestée au gouverneur Poulett Thomson. En 1865, il était permis à un évêque du Bas-Canada de nourrir les mêmes inquiétudes. La présence du Haut-Canada et des provinces Maritimes dans la Confédération n'était-elle pas de nature à diminuer l'importance des catholiques sur la législation du pays ? Quant au gouvernement local, on ne savait pas jusqu'à quel point il serait le rempart de nos institutions, de nos lois et de notre foi[220].

Le scepticisme de Mgr Bourget face à la Confédération est d'autant plus plausible que le propagandiste en chef est son ennemi : George-Étienne Cartier. Il faut savoir que le succès de la Grande Coalition repose, au Canada français, sur les épaules du chef conservateur. Dans l'esprit de Mgr Bourget, Cartier est un arriviste et un gallican. Il peut certes imaginer que Cartier est capable de trahir la religion catholique : « Cependant, Mgr Bourget était libre de tout enthousiasme exagéré à l'égard de George-Étienne Cartier[221]. » Il est possible d'estimer d'une façon encore plus précise la pensée de Mgr Bourget à l'égard de la Confédération. L'évêque de Montréal, à cette époque, possède un confident : George Clerk[222]. Ce dernier a la réputation, durant les années 1850 et 1860, d'exprimer les vues politiques du chef religieux dans son journal *The True Witness*[223]. C'est Mgr Bourget qui, à la fin des années 1840, chérit le projet de fonder un journal catholique anglophone, qui défendrait la cause des Irlandais du Bas-Canada[224]. L'évêque déplore que la propagande anticatholique, diffusée par les journaux anglophones de Montréal, ne soit pas combattue. En 1850, il trouve en Clerk l'homme tout désigné pour réaliser son projet[225]. Comme plusieurs hommes publics catholiques, Clerk favorise soit la formule de la double majorité, soit le rappel de l'Union : « Clerk plaide pour la formule de la double majorité. Il est toutefois bien conscient que, derrière cette idée, se profile le germe du séparatisme. Tout comme il appuie le camp sudiste dans la guerre de Sécession américaine, il exprime des penchants pour le séparatisme bas-canadien[226]. » Les opinions politiques du confident de Mgr Bourget se précisent lorsque l'on rend publiques les résolutions de la Conférence de Québec. Immédiatement après la Conférence, le conflit religieux s'envenime. En effet, Alexander T. Galt promet à ses électeurs que le gouvernement du Bas-Canada passera, avant même l'entrée en fonction de la Confédération, une mesure protégeant l'éducation protestante. Cette promesse, conjuguée avec une nouvelle campagne du *Globe* contre les écoles catholiques du Haut-Canada, incite le journaliste irlandais James Moylan et son journal *Canadian Freeman* de Toronto à exiger une mesure similaire pour la minorité catholique du Haut-Canada. Les pères fondateurs canadiens-français — Cartier, Taché, Langevin, Belleau, Chapais — restent silencieux sur cette question, au grand désarroi de George Clerk.

Le rédacteur du *True Witness* soutient, dans ses articles, que la distribution fédérale des pouvoirs dans les résolutions de la Conférence de Québec est illogique[227]. À son avis, les Canadiens sont déjà gouvernés par le gouvernement impérial, sauf en matière locale. Le gouvernement de Londres et celui du Bas-Canada n'occupent-ils pas tout le champ ? La Confédération, qui vise à instituer un troisième gouvernement, est une proposition absurde : « [I]l n'existe aucun besoin d'anéantir et de reconstruire toutes nos institutions politiques[228]. » Clerk soutient que le gouvernement impérial joue déjà le rôle que jouerait le nouveau gouvernement fédéral. Sur toutes ces questions, Clerk est en conversation constante avec Mgr Bourget. Il a beau écrire dans un journal anglophone, il défend aussi l'intérêt des francophones. En réponse à un article du journal *Le Courrier du Canada*, il écrit : « [L]e jour viendra où nous cesserons d'être une province britannique. *Le Courrier du Canada* ne préférerait-il pas, alors, que le Bas-Canada soit un État indépendant et souverain[229] ? » Lors d'une assemblée de l'Institut canadien-français, Clerk déclare que la Confédération menace la minorité catholique : « Clerk se prononça énergiquement contre ce changement de Constitution et donna, comme exemple de dangers qu'elle renfermait pour la minorité catholique canadienne-française, l'histoire des catholiques de l'Écosse et de l'Irlande. Sa forte stature, son maintien militaire et sa parole vive, énergique, donnaient l'impression d'une grande vigueur physique et intellectuelle[230]. »

En somme, depuis 1774, il existe trois francophones d'exception : le clerc, le notable de paroisse et le parvenu. Au moment de la Confédération, ces trois types de francophone d'exception sont loin d'être en parfaite symbiose et entrent parfois même en conflit. La nouvelle élite politique monarchiste qui se constitue après la rébellion imagine une alliance avec le clergé. Les Cartier, Taché, Belleau, Chapais et Langevin affirment constamment qu'ils ont l'appui unanime du clergé. Pourtant, des éléments du clergé, plutôt farouches, refusent d'être les instruments de la Couronne. Loin de tirer les ficelles dans la naissance de l'Amérique du Nord britannique, les clercs canadiens-français réagissent diversement à l'événement. L'absence d'unanimité des évêques en témoigne[231]. L'hypothèse d'un clergé tout-puissant qui dicte ses quatre volontés au peuple cadre donc très mal avec ce qui se passe en 1867. Il semble plutôt qu'un groupe de monarchistes tente, avec un succès relatif, de légitimer sa politique en plaçant au-devant de la scène les éléments du clergé qui lui sont favorables. Mais la neutralité de Mgr Bourget indique clairement que l'entreprise de ces monarchistes ne réussit qu'à moitié.

Épilogue

> J'ai remis en cause mon héritage, sous l'impression qu'il me mystifiait ; je ne l'ai pas accepté, je ne l'ai pas non plus refusé. C'était assez offensant pour ceux qui me l'avaient légué. J'ai dit à ces morts : « Soyez patients. Vous n'avez d'ailleurs rien d'autre à faire. Attendez, je me donne grand mal à vivre. Je finirai bien par me réconcilier avec. »
>
> Jacques Ferron

Il est instructif d'observer le destin des pamphlétaires rouges, opposés à la Confédération, qui rêvaient d'instituer une petite démocratie à l'américaine. Louis-Antoine Dessaulles, criblé de dettes, a préféré s'exiler. Arthur Buies s'est réconcilié avec la foi catholique, sous l'influence de son ami le curé Labelle. Wilfrid Laurier est devenu la coqueluche de la haute société canadienne-anglaise. Le parti rouge a littéralement volé en éclats après la fondation de l'Amérique du Nord britannique. Il n'est plus possible de saisir les enjeux de la nouvelle ère à l'aide de la même grammaire politique. Une certaine idée de la république est morte. Déjà, en 1865, au moment des Débats, on sent que la part des rouges dans la résistance au monarchisme commercial diminue. Ils s'apprêtent à passer le relais. L'idée de vertu publique commence à prendre un tout autre sens. Elle sera bientôt définie par d'autres tribuns, d'autres journaux, d'autres partis.

De fait, parmi les vingt-cinq députés bas-canadiens qui votent contre la Confédération, en 1865, lors du vote crucial à l'Assemblée, seulement dix députés sont des rouges. Pourtant, encore aujourd'hui, l'idée que les rouges ont été les seuls dans le mouvement d'opposition à la Grande Coalition n'est jamais mise en doute. Certes, ils sont le groupe le plus organisé. Mais cela n'efface pas cette donnée brute : trois députés de l'opposition sont des bleus, douze autres ne sont ni rouges ni bleus. Il est temps, maintenant, de se pencher sur les autres députés qui ont bravé la Couronne. Il l'est d'autant plus que, dans les années qui suivent, ces braves vont prendre le relais du groupe rouge dans la dénonciation de la corruption.

Ainsi, la moitié de l'opposition fait partie d'un groupe qui n'est ni rouge ni bleu. Dans sa magistrale étude, Jean-Paul Bernard le qualifie de « violet[1] ». Idéologiquement, le groupe n'est pas parfaitement homogène. Mais les rouges et les bleus le sont-ils, eux ? Ce sont des catholiques libéraux, ou des démocrates catholiques qui, à partir de la fin des années 1850, prennent leurs distances avec l'anticléricalisme de certains membres du parti rouge[2]. Il est d'autant plus curieux que l'on ait si longtemps négligé le rôle de ce groupe qu'il compte dans ses rangs plusieurs figures prestigieuses. D'abord à l'Assemblée, on voit Henri-Gustave Joly, Joseph-François Perrault et Louis-Labrèche Viger. Ensuite au Conseil législatif, on remarque Luc Letellier de Saint-Just et Louis-Auguste Olivier. Enfin, à l'extérieur du Parlement, on trouve Hector Fabre qui écrit dans *L'Ordre*, Médéric Lanctôt qui rédige *La Presse* et *L'Union nationale,* Charles Laberge, Laurent-Olivier David, Félix-Gabriel Marchand. Ces individus ne sont pas des inconnus, ils écrivent abondamment dans les feuilles de l'époque.

L'autre groupe d'opposition rassemble des bleus dissidents. Bien que peu nombreux au Parlement, il ne faut pas les sous-estimer. Ce sont des conservateurs nationalistes. Ils désertent le Parti conservateur parce qu'ils sont incapables de suivre George-Étienne Cartier dans son optimisme à l'égard de la survie du catholicisme et du français dans l'Amérique du Nord britannique. Parmi eux, il va de soi, il y a beaucoup de jeunes hommes. Les conservateurs plus âgés avaient probablement plus à perdre que leurs cadets s'ils quittaient un parti au pouvoir et, ainsi, renonçaient à la manne. Et de fait, les bleus dissidents à la Chambre ont peu d'envergure. À l'extérieur du Parlement, cependant, un contingent de calibre manifeste son désarroi face à la Grande Coalition. On y retrouve George Clerk du *True Witness,* dont on a déjà parlé, mais aussi l'illustre avocat Côme-Séraphin Cherrier, les journalistes Joseph Royal, Cyrille Boucher et Honoré Mercier, ainsi que l'éditeur

Joseph Plinguet. Enfin, Ludger Labelle fait sa marque en fondant une société secrète, Le Club Saint-Jean-Baptiste. Luttant contre la Grande Coalition, il tient ses réunions en privé. L'endroit se veut un carrefour où se rencontrent des résistants des trois courants d'opposition[3].

L'intérêt de rappeler l'existence de ces deux groupes dépasse l'étude de l'opposition à la Confédération. La disparition du camp rouge crée un vide dans l'arène politique, qui sera occupé par plusieurs figures des deux autres camps. Ils vont laisser de côté certains thèmes du républicanisme agraire et en réactualiser certains autres qui gardent leur efficacité selon la conjoncture. La difficulté de retracer cette tradition républicaine tient, pour une part, à un fait banal. Dans les dernières décennies du XIXe siècle, ces thèmes républicains ne sont le monopole d'aucun parti. Ce n'est guère surprenant. Le phénomène se produit dans l'Angleterre de la première moitié du XVIIIe siècle, période où elle s'industrialise à un rythme rapide. Au Parlement anglais, les deux partis possèdent une fraction *country*. Comme l'écrit Harry T. Dickinson :

> Chacun des deux partis (whig, tory) est une alliance de deux éléments : un élément *court* de politiciens professionnels qui veulent le pouvoir et sont anxieux d'y parvenir, et un large élément *country* de *backbenchers* qui ne recherchent pas le pouvoir et qui refusent de se faire acheter pour supporter les ambitions politiques de leurs leaders. Dans chaque parti, la promesse d'une entrée au cabinet et l'attrait du pouvoir persuadent les plus ambitieux de faire primer la loyauté à la Couronne sur la loyauté au parti. Au même moment, l'hostilité à l'égard du pouvoir excessif de l'exécutif et les tactiques corrompues du *court* incitent parfois l'élément *country* de chaque parti à former une alliance temporaire pour s'opposer à une mesure spécifique du gouvernement[4].

À la fin du XIXe, le Bas-Canada vit sa propre révolution industrielle. La transformation des mœurs qu'elle exige inquiète l'élite et, par le fait même, certains hommes politiques qui travaillent dans chacun des partis, à Ottawa comme à Québec. Des tribuns dénoncent, non pas le progrès en tant que tel, mais les effets pervers introduits par certaines de ses facettes. La tournure que prend l'industrialisation, pensent-ils, pourrait miner l'indépendance des petits propriétaires : habitants, artisans, petits marchands, ouvriers indépendants[5]. C'est la petite propriété, à leur avis, qui stimule la vertu publique. Ce que l'on désigne malhonnêtement par progrès, arguent-ils, transforme trop souvent des hommes indépendants en véritables esclaves[6]. En 1865, on décèle déjà cette préoccupation dans les discours des différents camps opposés à la Grande Coalition. Le grand leitmotiv n'est-il pas la dénonciation de la corruption introduite par la clique des chemins de fer ? Ayant déjà fraternisé sur les tribunes, en 1865, au cours des assemblées d'opposition à la Grande Coalition, plusieurs membres appartenant à ces trois camps vont apprendre à mettre au rancart leurs divergences de vues à l'occasion, afin de combattre un même ennemi.

Qu'est-ce qu'ils ont en commun ? D'abord, ils manifestent une aversion profonde pour le pouvoir excessif de l'exécutif. Ensuite, ils acceptent la démocratie, dans son sens rural et populiste. La démocratie est affaire de devoir civique, c'est-à-dire d'obligation à l'égard de la communauté. La vertu s'acquiert dans ces embryons de l'espace public que sont la parenté, la paroisse, l'Église[7]. À leurs yeux, la république s'inscrit sur une fondation, c'est-à-dire sur une idée élevée du bien commun par rapport à laquelle la communauté accepte de s'assujettir. Ils sont catholiques sans être ultramontains, libéraux sans être anticléricaux. L'exode massif d'une partie de la population, qui accentue l'attachement aux mœurs américaines, ne fait qu'affirmer un sens de l'égalité qui, certes, n'a rien de jacobin. De toute façon, le peuple ne partage pas la critique de l'américanité de certains membres de l'élite[8]. Au sein de cette dernière, d'ailleurs, il se trouve des clercs qui pensent le destin du Canada français dans une perspective franchement américaine[9]. Si plusieurs penseurs catholiques sont bel et bien attachés à une *res publica*, à l'inverse, bien des libéraux sont d'une espèce particulière, passionnément catholiques. L'on n'a qu'à penser au *castor rouge*, Henri Bourassa.

Le thème le plus visible du républicanisme agraire, parmi ceux qui sont restés, est certes une vision épique de la vie rurale. Dans un pays où la richesse a été longtemps aux mains des Canadiens anglais, on peut comprendre la mythification de la vie paysanne. Mais il y avait plus que cela. Les mouvements de ruralisme essaimaient partout, à cette époque, en Amérique du Nord[10]. Les Laurent-Olivier David, Arthur Buies, Honoré Mercier, en viennent à vanter la nécessité de la politique de colonisation des terres. L'œuvre de colonisation, contrairement à la légende, n'a pas été un échec retentissant[11]. Selon Gabriel Dussault, elle a permis l'occupation définitive par les Canadiens français d'un immense territoire. L'ancien garibaldien Arthur Buies, qui se lie d'amitié avec le curé Labelle, participe activement à l'œuvre de colonisation. L'agriculture, dans son esprit, peut libérer la nationalité :

> Avant tout, emparons-nous du sol ; tout l'avenir de notre race est là ; soyons un peuple d'agriculteurs, et nous ne tarderons pas à devenir une nation, de simple nationalité que nous sommes encore. C'est dans la terre qu'est la force, que sont les ressources suprêmes ; c'est par elle que tout se renouvelle et se féconde ; les habitudes et l'éducation agricoles font les races viriles ; nous avons devant nous un domaine illimité où nous pouvons croître et multiplier à l'infini[12].

Certains rouges vont refuser toute forme de rapprochement avec le clergé. Là-dessus le destin tragique de Louis-Antoine Dessaulles est exemplaire[13]. Mais, en général, il y aura temporisation, même chez les plus libéraux. Le cas d'Arthur Buies, qui devient un protégé du curé Labelle, n'est pas exceptionnel. Le rapprochement n'est pas étranger au fait que le clerc, immédiatement après la Confédération, devient le défenseur de la nationalité canadienne-française et, ce faisant, la bête noire du Canada anglais. L'élite cléricale est ferme à l'égard d'une Couronne qui viole les droits des catholiques. Les minorités du Nouveau-Brunswick, de l'Ontario et du Manitoba se font dire que la Couronne n'empiète pas sur les champs de compétence provinciale. Pourtant, rétorque le clerc, la Couronne se gêne-t-elle pour entraver les initiatives du gouvernement provincial québécois ?

Ainsi, l'indépendance du Parlement est un autre thème républicain qui demeure présent à cette époque. Irritée par cette tendance de la Couronne à user du principe « deux poids, deux mesures », l'élite nationaliste se rabat sur le droit des provinces. La thèse du pacte est formulée dès 1884 par le juge T.-J. Loranger. La Confédération est le résultat d'un pacte formé par les provinces et le Parlement impérial. Ce dernier, en décrétant l'Acte de l'Amérique du Nord britannique, n'a fait que le ratifier[14]. C'est l'homme politique Honoré Mercier, ardent admirateur des institutions américaines, qui incarne cette vision farouchement autonomiste[15]. On ne peut que remarquer ici une saisissante continuité. Jadis, Papineau résistait aux empiètements de la Couronne, maintenant Mercier résiste à ceux de cette nouvelle métropole : le gouvernement fédéral. Ce fait ne doit cependant pas donner à penser que Londres a renoncé à son statut de métropole. Au contraire.

L'Angleterre renoue, à la fin du XIXe siècle, avec une conception impérialiste de son destin. Ce phénomène ranime au Canada français un autre thème républicain, soit l'opposition à l'armée permanente. La guerre que déclare l'Empire aux Boers incite les Canadiens français à s'opposer aux visées de Londres. Henri Bourassa prend la tête d'un mouvement qui désavoue l'investissement massif d'Ottawa dans une armée permanente. Jugeant que le Canada est un pays indépendant, il refuse toute participation à la guerre. Faut-il s'en étonner, les Canadiens anglais ne pensent pas ainsi. Ils voient le dominion comme une modeste colonie émancipée. En tant que sujets britanniques, ils désirent envoyer des troupes combattre en Afrique du Sud. Le premier ministre du Canada, Wilfrid Laurier, se trouve pris entre l'arbre et l'écorce. Élu massivement par les siens, il ne veut cependant pas s'aliéner le Canada anglais. Il est par ailleurs aiguillonné sur sa gauche par Bourassa. Lorsque l'on s'attache à lire les discours de Bourassa, on découvre la présence de thèmes issus de la tradition du républicanisme agraire. L'homme possède une connaissance phénoménale de la tradition politique anglaise. À la façon des publicistes du Country party, il déplore la corruption du Parlement par l'action conjuguée des puissances de l'argent et de la Couronne. Afin de conserver son indépendance, il refuse de financer ses campagnes électorales avec l'argent des partis[16]. L'opposition à la participation à la guerre se fonde sur l'objectif suivant : échapper à la corruption qui dévore le vieux continent.

Les thèmes du républicanisme agraire peuvent donc devenir de redoutables arguments. Et la fraction nationaliste de l'élite canadienne-française s'en sert abondamment. Ils demeurent cependant le fait d'une pensée d'opposition, révélant une angoisse face à l'avenir du Canada français au sein d'une civilisation industrielle et urbaine. Une fois au pouvoir, les hommes publics canadiens-français doivent composer avec les institutions de Sa Majesté. Ils intègrent les thèmes dominants de la haute société anglaise, ceux du monarchisme commercial. Le parvenu canadien-français — que ce soit Wilfrid Laurier, Albert Sévigny ou Ernest Lapointe — s'inscrit en droite ligne dans la tradition de George-Étienne Cartier. En période de crise nationale, il apparaît comme un traître. Dans les premières décennies qui suivent la Confédération, la mise en accusation du parvenu se produit périodiquement, à peu près une fois par génération. Toutefois, l'intensité et la fréquence de cette mise en accusation augmentent pendant tout le XXe siècle. Elles révèlent l'aggravation croissante de la crise du Canada. La mise en accusation la plus célèbre, en cette fin de siècle, est celle qui s'est produite vers la fin de l'ère duplessiste. L'éditorial d'André Laurendeau, « La théorie du roi nègre », évoqué dans le prologue, marque bel et bien la genèse de la révolution tranquille[17]. Ce n'était pas la première fois que l'on faisait un procès au parvenu. Mais cette fois-ci le procès coïncidait avec une grande rupture religieuse se produisant à l'échelle du monde occidental. Comme le souligne Louis Rousseau,

> [l]a culture catholique avait réussi à se renouveler au dix-neuvième pour permettre à ses membres de garder le sentiment qu'ils étaient des citoyens de l'Occident et du monde. L'institution ecclésiastique a construit alors une nouvelle représentation des choses qu'on a appelée ultramontanisme et qui nous a permis de faire face à la modernité. On a fait appel à Thomas d'Aquin et à la néo-scolastique, on a pu se convaincre qu'on avait une vision très élaborée du monde qui permettait de tout dire, de tout voir, de tout penser. C'est une illusion qui s'est effondrée dans la deuxième partie du XXe siècle et pas seulement au Québec. Cela nous paraît plus violent, plus rapide, parce qu'on n'avait jusqu'alors que cette vision religieuse de la réalité[18].

De fait, au Canada français, la révolution tranquille marque la fin du catholicisme comme religion nationale. Qu'est-ce que cela implique pour mon analyse du parvenu canadien-français ? Pour répondre à cette question, je dois d'abord revenir sur la lucide analyse que fait Hannah Arendt de Benjamin Disraeli[19]. Avant la laïcisation, être juif, écrit Arendt, signifie adhérer à une religion et à une nationalité particulières, et partager des souvenirs et des espoirs communs. Avec la laïcisation, il ne reste presque plus rien, sinon la conscience d'appartenir à un peuple élu. L'origine juive, maintenant privée de sa connotation religieuse et nationale, devient un attribut psychologique : la *judéité*. La difficulté qu'a le parvenu à se faire admettre dans la haute société fait imaginer la puissance de sociétés secrètes, qui mènent le monde dans les coulisses. Le parvenu juif laïcisé imagine des complots mystérieux, exercés par l'élite de son peuple. Ce portrait du parvenu juif, fort évocateur, éclaire bien la situation canadienne-française du début des années 1950.

À cette époque, les catholiques de *Cité libre*, qui aiment se dire libéraux, vont prôner la laïcisation. Être canadien-français ne veut plus dire, dans leur esprit, adhérer à une religion nationale. L'appartenance canadienne-française est maintenant une affaire strictement privée. L'intellectuel qui adhère au catholicisme libéral va mener une lutte au duplessisme afin d'affranchir le colonisé canadien-français de ses préjugés nationaux[20]. Il veut le convaincre que le Canada est mené, depuis le début de son histoire, par un pouvoir clérical. La critique du cléricon-nationalisme va ainsi servir un nouveau mythe, le *French power*. Cet imaginaire est au Québec le cheval de Troie d'une révolution qui déferle à l'échelle du monde occidental, que le sociologue Philip Rieff a superbement nommé « le triomphe du thérapeutique[21] ». L'ancienne sensibilité religieuse a fait place à une sensibilité thérapeutique, qui légitime la délégation du pouvoir à une minorité d'experts. Ces derniers prétendent pouvoir guérir mille et un aspects de la vie sociale. Les intellectuels fédéralistes et indépendantistes, qui aiment se disputer sur bien des sujets, s'entendent hélas là-dessus. Ils ne peuvent s'empêcher de penser que le problème national canadien-français nécessite une bonne psychanalyse collective[22].

Bibliographie

Sources primaires

Anonyme
    Résumé impartial de la discussion Papineau-Nelson sur les événements de St-Denis en 1837, Montréal, (1848), Réédition-Québec, 1968.

Aubert de Gaspé, P.
    Les Anciens Canadiens, (1863), M. Lemire (dir.), Montréal, Bibliothèque québécoise, 1988.
    Mémoires, (1866), Montréal, Fides, 1971.

Bibaud, M.
    Histoire des Canadiens sous la domination anglaise, Montréal, Lovell, 1844.

Buies, A.
    Lettres sur le Canada, (1864), S. Simard (dir.), Ottawa, L'Étincelle, 1978.
    La Lanterne, (1868), M.-A. Gagnon (éd.), Montréal, Éd. de l'Homme, 1964.
    La Vallée de la Matapédia, (1879), F. Parmentier (éd.), Arthur Buies, *Chroniques I,* édition critique, Montréal, Presses de l'Université de Montréal, 1986.

Baby, F.
    Journal de MM Baby, Taschereau, Lanaudière, (1776), Montréal, A. Fauteux (éd.), 1927.

Barthe, J.-G.
Souvenirs d'un demi-siècle, Montréal, Chapleau, 1885.

Bleury, C.-S. Sabrevois de
Réfutation de l'écrit de Louis-Joseph Papineau, Montréal, Lovell, 1839.

Brown, G.
The Life and Speeches of George Brown, A. Mackenzie (dir.), Toronto, The Globe, 1882.

Burke, E.
Réflexions sur la Révolution en France, (1791), Paris, Aubier, 1974.

Calvet, P. du
Appel à la Justice de l'État, (1786), J.-P. De Lagrave (dir.), Sainte-Foy, Griffe d'aigle, 1986.

Canada
Débats parlementaires sur la question de la confédération des provinces de l'Amérique du Nord, 3e session, 8e Parlement, Québec, Hunter, Rose et Lemieux, 1865.

Cartier, G. É.
Discours de Sir George-Étienne Cartier, J. Tassé (dir.), Montréal, E. Sénécal, 1893.

Cauchon, J.
L'Union des provinces de l'Amérique britannique du Nord, Québec, A. Côté, 1865.

Chauveau, P.-J.-O.
François-Xavier Garneau, sa vie et ses œuvres, Montréal, Beauchemin, 1883.
Charles Guérin, (1853), M. Lemire (dir.), Montréal, Fides, 1978.

Christie, R.
History of the Late Province of Lower Canada, Québec, Lovell, 1866, 1818-29.

Contre-Poison
La Confédération, c'est le salut du Bas-Canada, Montréal, Sénécal, 1867.

D'Arcy McGee, T.
The Crown and the Confederation, Montréal, Lovell, 1864.

The Mental Outfit of the New Dominion, Montréal, The Gazette, 1867.

David, L.-O.
L'Union des deux Canadas. 1841-1867, Montréal, Sénécal, 1898.
Les Patriotes de 1837-1838, (1884), Montréal, J. Frénette, 1981.
L'Honorable Louis-Joseph Papineau, Montréal, Desbarats, 1872.

Denison, G. T.
Canada : Is She Prepared for War ?, Toronto, *Leader & patriot*, 1861.

Dessaulles, L.-A.
Six lectures sur l'annexion du Canada aux États-Unis, Montréal, Gendron, 1851.
Papineau et Nelson. Blanc et noir… et la lumière fut faite, Montréal, L'Avenir, 1856.
Écrits, Y. Lamonde (dir.), Montréal, Presses de l'Université de Montréal, 1994.

Doutre, G.
Le Principe des nationalités, Montréal, Le Pays, 1864.

Durham, L.
Le Rapport Durham, (1839), M.-P. Hamel (dir.), Montréal, Éditions du Québec, 1948.

Fréchette, L.
La Légende d'un peuple, (1890), Montréal, Beauchemin, 1941.

Galt, A. T.
Speech on the Proposed Union of the BNA Provinces, Montréal, The Gazette, 1964.

Garneau, F.-X.
Histoire du Canada, (1845), Paris, Librairie Félix Alcan, 5e éd., 1913.

Gérin-Lajoie, A.
Jean Rivard, (1863), Montréal, Bibliothèque québécoise, 1993.
Dix ans de gouvernement responsable au Canada de 1840 à 1850, Québec, Demers, 1888.

Huston, J.
Le Répertoire national, Montréal, Valois, 1893.

Kirby, W.
"Counter Manifesto to the Annexionists of Montreal", 1849, *in The Evolution of Canadian Literature in English : Beginnings to 1867*, M. J. Edwards (dir.), Toronto, Holt, Rinehart and Winston, 1973, p. 208-218.
The United Empire : A Tale of Upper Canada, Niagara, Mail Office, 1859.
Le Chien d'or, (1877), P. Le May (dir.), Québec, Garneau, 1971.

Lafontaine, L.-H.
Les Deux Girouettes ou l'hypocrisie démasquée, Montréal, La Minerve, 1834.

Langevin, H.
Le Canada, ses institutions, ses ressources, Québec, Lovell, 1855.

Lemage, G.
La Pléiade rouge, Montréal, La Minerve, 1854.

Loranger, T.-J.-J.
Lettres sur l'interprétation de la constitution fédérale dite l'Acte de l'Amérique du Nord britannique, Québec, Côté, 1883.

Macdonald, John A.
The Letters of Sir John A. Macdonald (1831-1861), J. K. Johnson (dir.), Ottawa, Imprimeur de la Reine, 1968.

Morris, A.
Nova Britannia, Toronto, Hunter, Rose & Co., 1884.

Papineau, A.
Journal d'un Fils de la Liberté, Montréal, Réédition-Québec, 1972.
Manifeste du Club national démocratique, Montréal, L'Avenir, 1849.

Papineau, L.-J.
Papineau. Textes choisis et présentés par F. Ouellet (dir.), Québec, Presses de l'Université Laval, 1959.
Histoire de l'insurrection du Canada, Paris, Revue du Progrès, 1839.

Parent, É.
Étienne Parent (1802-1874), J.-C. Falardeau (dir.), Montréal, La Presse, 1975.
Discours, Québec, Léger et Brousseau, 1878.

Parkman, F.
France and England in North America, Boston, Little Brown & Co., 1851-1892.

Parti patriote
« Les Quatre-vingt-douze Résolutions », *in* N.-E. Dionne, *Les Trois Comédies du statu quo*, Québec, Laflamme, 1909.

Parti rouge
Discours sur la Confédération prononcés par MM. C. S. Cherrier, C. Laberge et G. E. Clerk, Montréal, Lanctôt, Bouthillier et Thompson, 1865.
Représentation de la minorité parlementaire du Bas-Canada à Lord Carnavon, secrétaire des colonies au sujet de la confédération, Montréal, Le Pays, 1866.
La Confédération, couronnement de dix années de mauvaise administration, Montréal, Le Pays, 1867.

Ryerson, E.
The Loyalists of America and Their Times, Toronto, Briggs, 1880.

Sulte, B.
Sir George-Étienne Cartier, Montréal, Beauchemin, 1914.

Smith, A.
The Wealth of Nations, (1776), New York, The Modern Library, 1937.
The Theory of Moral Sentiments, Oxford, Clarendon Press, 1976.

Taché, J.-C.
Des provinces de l'Amérique du Nord et d'une union fédérale, Québec, Brousseau, 1858.

Tocqueville, A. de
De la démocratie en Amérique, Paris, Laffont, 1986.

Tassé, J.
Le Trente-Huitième Fauteuil, ou souvenirs parlementaires, Montréal, Sénécal, 1891.

Turcotte, L.-P.
Sir George-Étienne Cartier, Québec, Léger Brousseau, 1873.
Le Canada sous l'Union. 1841-1867, Québec, Le Canadien, 1882.

Verreau, H.
Invasion du Canada, Montréal, Sénécal, 1873.

Sources secondaires

Ajzenstat, J. et al.
Canada's Origins. Liberal, tory, or Republican ?, Ottawa, Carleton University Press, 1995.

Allen, R. S.
Les Loyalistes, Ottawa, Musée canadien de la guerre, 1983.

Aquin, H.
« L'art de la défaite », *in Liberté,* vol. 7, n° 1-2, janvier 1965, 33-41.

Arendt, H.
The Jew as Pariah, (1948), New York, Grove Press, 1978.
Sur l'antisémitisme, (1951), Paris, Calmann-Lévy, 1973.
L'Impérialisme, (1951), Paris, Fayard, 1982.
La Crise de la culture, (1958), Paris, Gallimard, 1972.
Essai sur la révolution, (1963), Paris, Gallimard, 1967.

ARES, R.
Dossier sur le pacte confédératif de 1867, Montréal, Bellarmin, 1967.

Armstrong, F. H. et R. J. Stagg
« William Lyon Mackenzie », *in DBC,* vol. IX, 1861-1870, Québec, Presses de l'Université Laval, 1977, p. 546-562.

Audet, F.-J.
« Charles-Clément de Sabrevois de Bleury », *in Les Cahiers des Dix,* vol. 5, 1940, p. 57-78.
« Les Mondelet », *in Les Cahiers des Dix,* vol. 3, 1938, p. 192-216.

Bailey, A.
« The Basis and Persistence of Opposition to Confederation in New Brunswick », *in Canadian Historical Review (CHR),* vol. 23, n° 4, déc. 1942, p. 374-397.

Bailyn, B.
The Ideological Origins of the American Revolution, Cambridge, Belknap Press, 1967.

Baker, W.
Timothy Anglin, Toronto, University of Toronto Press (UTP), 1977.

Banning, L.
The Jeffersonian Persuasion, Ithaca, Cornell University Press, 1978.

Baskerville, P.
« Sir Allan Napier MacNab », *in DBC,* vol. IX, 1861-1870, Québec, PUL, 1977, p. 572-582.

Beaulieu, A. et J. Hamelin
La Presse québécoise. Des origines à nos jours, Québec, PUL, 1764-1851, 1973.

Beck, J. M.
« Joseph Howe », *in DBC,* vol. X, 1871-1880, Québec, PUL, 1972, p. 396-406.

Bellavance, M.
Le Québec et la Confédération : un choix libre ?, Québec, Septentrion, 1992.

Berger, C.
The Sense of Power, Toronto, UTP, 1971.
The Writing of Canadian History, Toronto, UTP, 1976.
« The True North Strong and Free », *in* P. Russell, *Nationalism in Canada,* Toronto, McGraw-Hill Ryerson, 1976, p. 3-26.

Bernard, J.-P.
Les Rouges, Montréal, PUQ, 1971.
Les Idéologies québécoises au XIXe siècle, Montréal, Boréal, 1973.
Assemblées publiques, résolutions et déclarations de 1837-38, Montréal, VLB, 1988.

Bernard, J.
Mémoires Chapuis, tome 2, Montréal, Fides, 1961.

Bindon, K. M.
« Adam Thom », *in DBC,* vol. XI, 1881-1890, Québec, PUL, 1982, p. 968-971.

Bonenfant, J.-C.
« Les projets du fédéralisme canadien », *in Les Cahiers des Dix,* n° 29, 1964, p. 71-87.
« Le Canada et les hommes politiques de 1867 », *in Revue d'histoire de l'Amérique française (RHAF),* vol. XXX, 1967, p. 573-596.
La Naissance de la Confédération, Montréal, Leméac, 1969.

Bouchard, G. et Y. Lamonde
Québécois et Américains. La culture québécoise aux XIXe et XXe siècles, Montréal, Fides, 1995.

Boyd, J.
Sir George-Étienne Cartier, sa vie et son temps, Montréal, Beauchemin, 1918.

Bredin, J.-D.
Bernard Lazare. De l'anarchiste au prophète, Paris, Éd. de Fallois, 1992.

Brode, P.
« John Beverley Robinson », *in DBC,* vol. XII, 1891-1900, Québec, PUL, 1990, p. 987-990.

Brown, W.
Victorious in Defeat: The Loyalists in Canada, Toronto, UTP, 1984.

Browning, R.
Political and Constitutionnal Ideas of the Court Whigs, Baton Rouge, Louisina State University Press, 1982.

Brun, H.
« La Constitution de 1791 », *in Recherches sociographiques,* vol. 10, 1969, p. 37-47.

Buckner, P. A.
The Transition to Responsible Government, Westport, Greewood Press, 1985.

Bumsted, J.
Understanding the Loyalists, Sackville, Mount Allison University, 1986.

Burroughs, P.
The Colonial Reformers and Canada, Toronto, McClelland and Stewart, 1969.
British Attitudes Towards Canada, Toronto, Prentice-Hall, 1971.

Butterfield, H.
The Whig Interpretation of History, Londres, Bell and Sons, 1950.

Careless, J. M. S.
  « The Toronto Globe and Agrarian Radicalism », *in CHR*, vol. 29, mars 1948, p. 14-39.
  Brown of the Globe, Toronto, Macmillan, 1963, 2 v.

Caron, I.
  La Colonisation de la province de Québec, Québec, L'Action sociale, 1923.
  « Les Canadiens français et l'invasion américaine de 1774-1775 », *in Mémoire de la Société Royale du Canada (MSRC)*, t. 23, 1929, p. 21-27.
  « Influence de la Déclaration de l'Indépendance Américaine et de la Déclaration des Droits de l'Homme sur la Rébellion Canadienne de 1837 et de 1838 », *in MSRC*, t. 25, 1931, p. 5-26.

Casgrain, H.-R.
  De Gaspé à Garneau, Montréal, Beauchemin, 1912.
  Antoine Gérin-Lajoie d'après ses Mémoires, Montréal, Beauchemin, 1926.

Celles, A. De
  Papineau, Montréal, Beauchemin, 1905.
  Lafontaine et son temps, Montréal, Beauchemin, 1907.
  Cartier et son temps, Montréal, Beauchemin, 1907.

Chabot, R.
  « Robert Nelson », *in DBC*, vol. X, 1871-1880, Québec, PUL, 1972, p. 597-600.
  Le Curé de campagne et la contestation locale au Québec de 1791 aux troubles de 1837-1838, Montréal, Hurtubise HMH, 1975.

Chapais, T.
  Cours d'histoire du Canada, Québec, Garneau, 1934.

Chassé, S.
  « John Neilson », *in DBC*, vol. VIII, 1835-1850, Québec, PUL, 1980, p. 698-703.

Clark, J.
  « François Baby », *in DBC*, vol. V, 1801-1820, Québec, PUL, 1983, p. 46-51.

Clerk, B.
  Le journal True Witness and Catholic Chronicle *et la pensée de*

George Edward Clerk (1850-1875), mémoire de maîtrise en histoire, Université de Montréal, Montréal, 1995.

Coffey, A.
« George Edward Clerk, founder of the *True Witness* », in *Société canadienne d'histoire de l'Église catholique (SCHEC)*, 1934-1935, p. 46-59.
« The True Witness and the Catholic Chronicle », in *SCHEC*, 1937-1938, p. 33-46.

Colthart, J. M.
« Edward Ellice », in *DBC*, IX, 1861-1870, Québec, PUL, 1977, p. 257-263.

Condon, A. G.
« Marching to a Different Drummer : The Political Philosophy of the American Loyalists, *in* E. Wright (dir.), *Red White and Blue*, New York, AMS Press, 1976, p. 1-23.
« Les Fondements du loyalisme », in *Les Loyalistes*, Robert S. Allen, Ottawa, Musée canadien de la guerre, 1983, p. 1-7.

Cook, R.
Confederation, Toronto, UTP, 1967.
Constitutionnalism and Nationalism in Lower Canada, Toronto, UTP, 1969.
L'Autonomie provinciale, les Droits des minorités et la théorie du pacte, Études de la commission royale d'enquête sur le bilinguisme et le biculturalisme, Ottawa, Imprimeur de la Reine, 1969.

Cooley, C.
Social Organization. A Study of the Larger Mind, New York, Schoken Books, 1909, p. 23.

Corbeil, P.
« L'agriculturisme : le ruralisme québécois dans une perspective multi-confessionnelle et nord-américaine », *Les Cahiers d'histoire du Québec au XXe siècle*, n° 5, printemps 1996, p. 115-124.

Cornell, P.
The Aligment of Political Groups in Canada. 1841-1867, Toronto, UTP, 1962.
La Grande Coalition, Ottawa, Brochure de la société historique du Canada, 1966.

« John Ross », *in DBC,* vol. X, 1871-1880, Québec, PUL, 1972, p. 690-692.

Courville, S.
« J.-B. Hertel de Rouville », *in DBC,* vol. VIII, 1851-1860, Québec, PUL, 1985, p. 436-437.

Craig, G. M.
Upper Canada : the Formative Years, Toronto, MS, 1967.
« John Strachan », *in DBC,* vol. IX, 1861-1870, Québec, PUL, 1977, p. 830-846.

Creighton, D.
The Commercial Empire of the St. Lawrence, Toronto, Macmillan, 1937.
British North America at Confederation, Ottawa, Queen's Printer, 1939.
The Road to Confederation, Toronto, Macmillan, 1964.
John A. Macdonald, (1952), Montréal, Éd. de l'Homme, 1981.

Cross, M. S.
« Robert Baldwin », *in DBC,* vol. VIII, 1851-1860, Québec, PUL, 1985, p. 49-66.

Désilets, A.
Hector-Louis Langevin : un père de la Confédération canadienne, Québec, PUL, 1969.
« Sir Étienne-Pascal Taché », *in DBC,* vol. IX, 1861-1870, Québec, PUL, 1977, p. 855-860.
« Joseph-Édouard Cauchon », *in DBC,* vol. XI, 1881-1890, Québec, PUL, 1982, p. 175-182.
« Jean-Charles Chapais », *in DBC,* vol. XI, 1881-1890, Québec, PUL, 1982, p. 193-194.
« Louis-Victor Sicotte », *in DBC,* vol. XI, 1881-1890, Québec, PUL, 1982, p. 909-912.

Dickinson, H. T.
Liberty and Property, Londres, Weidenfeld and Nicolson, 1977.

Dubuc, A.
« Une interprétation économique de la Constitution canadienne », *in Socialisme,* n° 7, 1966.

« Les Classes sociales au Canada », *in Annales,* vol. 22, n° 4, juillet 1967, p. 829-844.

Dumont, F. *et al.*
« De quelques obstacles à la prise de conscience chez les Canadiens français », *Cité Libre,* janvier 1958, p. 22-28.
Les Idéologies au Canada français, Québec, PUL, 1979.
Genèse de la société québécoise, Montréal, Boréal, 1994.

Eccles, W. J.
« Francis Parkman », *in DBC,* vol. XII, 1891-1900, Québec, PUL, 1990, p. 879-902.

Errington, J. et G. Rawlyk
« The Loyalist-Federalist Alliance of Upper Canada », *in American Review of Canadian Studies,* vol. XIV, n° 2, 1984, p. 157-176.

Errington, J.
The Lion, the Eagle and Upper Canada, Montréal, McGill-Queens University, 1987.

Falardeau, J.-C.
« Étienne Parent », *in DBC,* vol. X, 1871-1880, Québec, PUL, 1972, p. 633-641.
« Antoine Gérin-Lajoie, *in DBC,* vol. XI, 1881-1890, Québec, PUL, 1982, p 374-377.

Farr, D. M. L.
« sir John Rose », *in DBC,* vol. XI, 1881-1890, Québec, PUL, 1982, p. 849-855.

Filteau, G.
Histoire des patriotes, Montréal, *L'Aurore,* 1937.

Fraser, R. L.
« William W. Baldwin », *in DBC,* vol. VII, 1836-1850, Québec, PUL, 1988, p. 38-48.

Frégault, G
La Civilisation de la Nouvelle-France, Montréal, Fides, 1990.

Gagné, A.
« Le siège métropolitain de Québec et la naissance de la Confédération », *in SCHEC,* n° 26, 1959, p. 41-54.

Gagnon, S.
Le Québec et ses historiens de 1840 à 1920, Québec, PUL, 1976.
« Le milieu d'origine du clergé québécois 1775-1840 : mythes et réalités », *in RHAF,* vol. 37, n° 3, décembre 1983, p. 373-398.

Galarneau, C.
« Fleury Mesplet », *in DBC,* vol. IV, 1771-1800, Québec, PUL, 1980, p. 575-578.
« Valentin Jautard », *in DBC,* vol. IV, 1771-1800, Québec, PUL, 1980, p. 421-423.

Galarneau, F.
« L'élection partielle du Quartier-Ouest de Montréal en 1832 : analyse politico-sociale », *in RHAF,* vol. 32, n° 4, 1979, p. 565-584.
« Daniel Tracey », *in DBC,* vol. VI, 1821-1835, Québec, PUL, 1987, p. 864-865.

Galbraith, J. S.
« Myths of the Little England », *in American Historical Review,* vol. 63, n° 1, oct. 1961, p. 37-47.

Gerth, H. et C. W. Mills
Character and Social Structure, New York, Harcourt and Brace, 1953.

Gibbs, E.
« Dominique Mondelet », *in DBC,* vol. IX, 1861-1870, Québec, PUL, 1977, p. 617-620.

Gidney, R. D.
« Egerton Ryerson », *in DBC,* vol. XI, 1881-1890, Québec, PUL, 1982, p. 868-879.

Gosselin, A.
L'Église du Canada après la Conquête, Québec, Laflamme, 1916.

Greenwood, F. M.
« Jonathan Sewell », *in DBC,* vol. VII, 1836-1850, Québec, PUL, 1988, p. 847-857.

Greer, A.
Colonial Leviathan, Toronto, UTP, 1992.

Groulx, L.
La Confédération canadienne, Montréal, *Le Devoir,* 1918.

Notre maître, le passé, Montréal, Granger Frères, 1944.
Histoire du Canada français, Montréal, *L'Action nationale,* 1959.

Guindon, H.
Tradition, modernité et aspirations nationales de la société québécoise, Montréal, Éd. Saint-Martin, 1990.

Hamelin, J.
« Médéric Lanctôt », *in DBC,* vol. X, 1871-1880, Québec, PUL, 1972, p. 461-467.

Hare, J.
Les Patriotes. 1830-1839, Ottawa, Les Éditions Libération, 1971.
La Pensée socio-politique au Québec. 1784-1812, Ottawa, Université d'Ottawa, 1977.
Anthologie de la poésie québécoise du XIXe siècle, Montréal, Hurtubise HMH, 1979.

Harris, R. C.
The Seigneurial System in Early Canada, Madison, UWP, 1966.

Harvey, L.-G.
Importing the Revolution : The Image of America in French Canada Political Discourse 1805-1837, thèse de doctorat, histoire, Ottawa, Université d'Ottawa, 1990.
« Le mouvement patriote comme projet de rupture », *in* G. Bouchard, *Québécois et Américains,* Montréal, Fides, 1995, p. 87-112.

Hathorn, R. J.
« Garneau, disciple de Thierry », *in Mosaic,* vol. 1, n° 1, octobre 1967, p. 66-78.

Heller, A. et F. Feher
Postmodern Political Condition, New York, CUP, 1988, p. 89-105.

Hill, C.
Puritanism and Revolution, London, Secker and Warburg, 1958.

Hodgins, B. W.
John S. Macdonald », *in DBC,* vol. X, 1871-1880, Québec, PUL, 1972, p. 506-515.

Hont, I. et M. Ignatieff
Wealth and Virtue, Cambridge, CUP, 1983.

Horowitz, G.
« Conservatism, Liberalism and Socialism in Canada : An Interpretation », *Journal of Economics and Political Science*, mai 1966, p. 3-20.

Innis, H.
Essays in Canadian Economic History, Toronto, UTP, 1973.

Johnson, J. K.
« John A. Macdonald », in *DBC,* vol. XII, 1880-1890, Québec, PUL, 1990, p. 643-665.

Kelly, S.
Les Imaginaires canadiens au XIXe siècle, thèse de doctorat, sociologie, Montréal, Université de Montréal, 1995.
« 1867 : Au-delà du réel », *Les Cahiers d'histoire du Québec au XXe siècle,* n° 6, 1996, p. 19-32.

Kesteman, J.-P.
« Alexander T. Galt », in *DBC,* vol. XIII, 1901-1910, Québec, PUL, 1994, p. 378-387.

Knaplund, P.
The British Empire, 1815-1939, New York, Harper & Brothers, 1941.

Knorr, K. E.
British Colonial Theories, 1570-1850, Toronto, UTP, 1944.

Lacoursière, J.
« Mgr Laflèche et la Confédération », in *SCHEC,* n° 26, 1959, p. 63-66.

Lagrave, J. P. de
Fleury Mesplet, Montréal, Patenaude, 1985.

Lamonde, Y.
L'Histoire des idées au Québec, Montréal, Bibiothèque nationale du Québec, 1989.
Gens de Parole, Montréal, Boréal, 1990.
Cité Libre. Une anthologie, Montréal, Stanké, 1991.
Louis-Antoine Dessaulles, Montréal, Fides, 1994.
Louis-Antoine Dessaulles. Écrits, Édition critique, Montréal, Presses de l'Université de Montréal, 1994.
« L'ambivalence historique du Québec à l'égard de sa continentalité »,

in G. Bouchard et Y. Lamonde, *Québécois et Américains*, Montréal, Fides, 1995, p. 61-84.

Lanctôt, G.
Les Canadiens français et leurs voisins du sud, Montréal, Valiquette, 1941.
Le Canada et la révolution américaine, Montréal, Beauchemin, 1965.

Laperrière, G.
« Vingt ans de recherche sur l'ultramontanisme », *Recherches sociographiques*, vol. 27, n° 1, 1986, p. 79-100.

Lasch, C.
The True and Only Heaven. Progress and its Critics, New York, W. W. Norton, 1991.

Laurendeau, A.
« La théorie du roi nègre », *in Le Devoir*, 4 juillet 1958.

Laurin, C.
« Autorité et personnalité au Canada français », *in* F. Dumont, *Le Pouvoir dans la société canadienne-française*, Québec, Presses de l'Université Laval, 1966, p. 171-182.

Lazare, B.
Le Fumier de Job (1903), Paris, Circé, 1990.

Lefevbre, A.
La Montréal Gazette et le nationalisme canadien (1835-1842), Montréal, Guérin, 1970.

Lefevbre, J.-J.
« Pierre-Dominique Debartzch, 1782-1846 », *in Revue trimestrielle canadienne*, vol. 27, juin 1941, n° 106, p » 178-200.

Leibovici, M.
« Le paria chez Hannah Arendt », *in* M. Abensour, *Ontologie et politique*, Paris, Tierce, 1989, p. 201-224.

Lemieux, L.
« Mgr Larocque et la Confédération », *in SCHEC*, 1959, n° 26, p. 55-61.
Histoire du catholicisme québécois. Les XVIIIe et XIXe siècles, t. 1, *Les Années difficiles (1760-1839)*, Montréal, Boréal, 1989.

Lower, A. R. M.
Colony to Nation, Toronto, Longman, 1946.

Macnutt, W. S.
« The Loyalists : A Sympathetic View », *in Acadiensis,* vol. VI, n° 1, 1976, p. 3-20.

Marion, S.
« Les Orangistes au Canada », *in Les Cahiers des Dix,* n° 33, 1968, p. 79-125.

Martin, C.
Empire and Commonwealth, Oxford, OUP, 1929.

Martin, G.
The Durham Report and British Policy, Cambridge, CUP, 1972.
The Causes of Confederation, Fredericton, N.-B., Acadiensis Press, 1990.
The Origins of the Canadian Confederation, Vancouver, University of British Columbia Press, 1995.

Massicotte, E. Z.
« Une société politique secrète à Montréal. Le Club Saint-Jean-Baptiste », *Bulletin des recherches historiques,* vol. 21, janvier 1915, n° 1, p. 134-138.

Mills, D.
The Idea of Loyalty in Upper Canada. 1784-1850, Kingston, McGill/Queen's, 1988.

Monet, J.
« Edmund Bailey O'Callaghan », *in DBC,* vol. X, 1871-1880, Québec, PUL, 1972, p. 608-609.
« Louis-Hippolyte Lafontaine », *in DBC,* vol. IX, 1861-1870, Québec, PUL, 1977, p. 486-497.
La Première Révolution tranquille, Montréal, Fides, 1981.

Moore, C.
The Loyalists : Revolution, Exile, Settlement, Toronto, UTP, 1984.

Morton, W.
The Canadian Identity, Toronto, UTP, 1961.

The West and Confederation, Ottawa, BSHC, 1962
The Critical Years, Toronto, MS, 1968.
The Shield of Achilles, Toronto, MS, 1968.

Nadeau, J.-G.
« Joseph-Charles Taché », *in DBC,* vol. XII, 1891-1900, Québec, PUL, 1103-1106.

Nelson, W. H.
« The Last Hopes of the American Loyalists », *in CHR,* vol. XXXII, n° mars 1951, p. 22-42.

New, C. W.
Lord Durham : a biography of John George Lambton, first Earl of Durham, Oxford, Oxford University Press, 1929.

Nish, E.
« Charles-E. Mondelet », *in DBC,* vol. X, 1871-1880, Québec, PUL, 1972, p. 577-579.

Norton, A.
Alternative Americas, Chicago, University of Chicago Press, 1986.

Nourry, L.
La Pensée politique d'Étienne Parent. 1831-1852, thèse de doctorat en histoire, Montréal, Université de Montréal, 1971.
« L'Idée de fédération chez Étienne Parent », *in RHAF,* vol. 26, n° 4, mars 1973, p. 533-557.

Ormsby, W. G.
« Sir Francis Hincks », *in DBC,* vol. XI, 1881-1890, Québec, PUL, 1982, p. 447-458.

Ouellet, F.
Histoire économique et sociale du Québec 1760-1850, Montréal, Fides, 1966.
Éléments d'histoire sociale du Bas-Canada, Montréal, Hurtubise HMH, 1972.
Le Bas-Canada 1791-1840, Ottawa, Éditions de l'Université d'Ottawa, 1976.

Panitch, L.
The Canadian State, Toronto, UTP, 1977.

Paquet, G. et J.-P. Wallot,
Patronage et Pouvoir au Bas-Canada, Montréal, PUQ, 1973.
Le Bas-Canada au tournant du XIXe siècle, Ottawa, BSHC, 1988.

Paradis, J.-M.
« Augustin-Norbert Morin », *in DBC,* vol. IX, 1861-1870, Québec, PUL, 1972, p. 626-631.

Pocock, J. G. A.
Politics, Language and Time, Chicago, University of Chicago Press, 1971.
The Machiavellian Moment, Princeton, Princeton University Press, 1975.
Virtue, Commerce and History, Cambridge, CUP, 1985.

Potter, J.
The Liberty We Seek, Cambridge, Harvard University Press, 1983.

Pouliot, L.
« Les évêques du Bas-Canada et le projet d'union (1840) », *in RHAF,* septembre 1954, p. 157-160.
Monseigneur Bourget et son temps, Montréal, Beauchemin, 1955.
« Mgr Bourget et la Confédération », *in RSCHÉ,* n° 26, 1959, p. 31-41.
« L'institut canadien de Montréal et l'Institut national », *Revue d'histoire de l'Amérique française,* vol. 14, n° 4, 1961, p. 481-486.
« Mgr Bourget et Mgr Langevin face à la Confédération », *in RSCHÉ,* n° 34, 1967, p. 33-37.

Preece, R.
« The Anglo-Saxon Conservative Tradition », *in RCSP,* vol. 13, mars 1980, p. 3-32.

Read, C.
The Rising of the Western Upper Canada. 1837-1838, Toronto, UTP, 1982.

Remini, R.
Andrew Jackson and the Course of American Freedom, 1822-1832, New York, Harper Row, 1981.

Rieff, P.
The Triumph of the Therapeutic. Uses of Faith After Freud, New York, Harper Row, 1966.

Rioux, J.-R.
« Gonzalve Doutre », in *DBC*, vol. X, 1871-1880, Québec, PUL, 1972, p. 271-276.

Rousseau, G.
L'Image des États-Unis dans la littérature québécoise (1775-1930), Sherbrooke, Naaman, 1981.

Rousseau, L.
« Crise et réveil religieux dans le Québec du XIXe siècle », in *Interface*, janvier 1990, p. 24-31.
Religion et société. Entretiens avec Louis Rousseau, S. Baillargeon (dir.), Montréal, Liber, 1994.

Roy, A.
« Les patriotes de la région de Québec pendant la rébellion de 1837-1838 », in *Les Cahiers des Dix*, vol. 24, 1959, p. 241-254.

Roy, J.-L.
« Édouard-Raymond Fabre », in *DBC*, vol. VIII, 1851-1860, Québec, PUL, 1980, p. 313-317.

Ryerson, S.-B.
Le Capitalisme et la Confédération, Montréal, Parti pris, 1972.

Saunders, R. E.
« John Beverley Robinson », in *DBC*, vol. IX, 1861-1870, Québec, PUL, 1977, p. 737-749.

Savard, P.
« François-Xavier Garneau », in *DBC*, vol. IX, 1861-1870, Québec, PUL, 1977, p. 327-335.
Aspects du catholicisme canadien-français au XIXe siècle, Montréal, Fides, 1980.

Savary, C.
Les Rapports culturels entre le Québec et les États-Unis, Québec, IQRC, 1984.

Schwoerer, L. G.
No Standing Army!, Baltimore, John Hopkins University Press, 1974.

Séguin, M.
L'Idée d'indépendance au Québec, Montréal, Boréal, 1962.

Séguin, R.-L.
« Les patriotes étaient-ils bien armés ? », *in Liberté*, vol. 7, n° 1-2, janvier 1965, p. 18-32.

Semmel, B.
The Rise of Free Trade Imperialism, Cambridge, CUP, 1970.

Senior, H.
« Ogle Robert Gowan », *in DBC*, vol. X, 1871-1880, Québec, PUL, 1972, p. 337-343.
The Fenians and Canada, Toronto, ML, 1978.

Shelton, W. G.
« The United Empire Loyalists : A Reconsideration », *in Dalhousie Review*, vol. 45, 1965, p. 5-16.

Shortt, A. et A. G. Doughty
Documents relatifs à l'histoire constitutionnelle du Canada, Ottawa, T. Mulvey, 1921.

Skelton, O. D.
The Life and Times of A. T. Galt, Toronto, Maclean, 1920.

Slattery, T. P.
The Assassination of D'Arcy McGee, Toronto, Doubleday Canada, 1968.

Smith, A.
« Sir Albert Smith », *in DBC*, vol. XI, 1881-1890, Québec, PUL, 1982, p. 916-924.

Smith, P. J.
The Ideological Genesis of Canadian Confederation, thèse de doctorat, Carleton, Carleton University, 1983.
« The Dream of Political Union », *in* G. Martin, *The Causes of Canadian Confederation, op. cit.*, p. 148-171.

Soulard, J.-C.
« Antoine-Aimé Dorion », *in DBC*, vol. XII, 1891-1890, Québec, PUL, 1990, p. 282-287.

Spragge, S. C.
« Robert Christie », *in DBC*, vol. VIII, 1851-1860, Québec, PUL, 154-156.

Stewart, G. T.
The Origins of Canadian Politics, Vancouver, UBC Press, 1986.

Stewart, W.
True Blue : The Loyalist Legend, Toronto, UTP, 1986.

Stacey, C. P.
Canada and the British Army. 1846-1871, Toronto, UTP, 1963.

Sylvain, J.-P.
« Les débuts du Courrier du Canada », *in Les Cahiers des Dix,* vol. 32, 1967.
« George Edward Clerk », *in DBC,* vol. X, 1871-1880, Québec, PUL, 1972, p. 191-192.
« Jean-Baptiste-Éric Dorion », *in DBC,* vol. XI, 1861-1870, Québec, PUL, 1977, p. 230-236.

Taylor, M. B.
Promoters, Patriots and Partisans, Toronto, UTP, 1989.

Thompson, J. B.
« Wolfred Nelson », *in DBC,* vol. IX, 1861-1870, Québec, PUL, 1977, p. 655-659.

Tousignant, P.
« L'incorporation de la province de Québec dans l'Empire britannique, 1763-1791 », *in DBC,* 1771-1800, Québec, PUL, 1980, p. xxxiv-liii.
« La problématique du gouvernement responsable vue dans une nouvelle perspective historique », *in RHAF,* vol. 42, n° 2, automne 1988, p. 253-261.
« L'Acte de naissance de la démocratie représentative au Canada », *in Forces,* n° 96, 1992, p. 4-11.

Trudeau, P. E.
Le Fédéralisme et la société canadienne-française, Montréal, Hurtubise HMH, 1967.

Trudel, M.
L'influence de Voltaire au Canada, Montréal, Fides, 1945.
Le Régime seigneurial, Ottawa, BSHC, 1956.
La Révolution américaine 1775-1783, Montréal, Boréal Express, 1976.

Upton, L. F. S.
The United Empire Loyalists : Men and Myths, Toronto, Copp Clark, 1967.

Ulmann, W.
The Quebec Bishops and Confederation, thèse de doctorat, histoire, Rochester, The University of Rochester, 1961.
« The Quebec Bishops and Confederation », *in CHR,* vol. 44, n° 3, septembre 1963, p. 213-234.

Underhill, F.
In Search of Liberalism, Toronto, ML, 1960.
The Image of Confederation, Ottawa, CBC, 1964.

Vachon, C.
« Elzéar Bédard », *in DBC,* vol. VIII, 1836-1850, Québec, PUL, 1988, p. 66-68.

Vigod, B. L.
« Alexandre Taschereau and the Negro King Hypothesis », *in JCS,* vol. 13, n° 2, 1978, p. 3-15.

Waite, P. B.
The Life and Times of Confederation, Toronto, UTP, 1962.
Macdonald : His Life and World, Toronto, ML, 1975.

Wallace, C. M.
« Sir Samuel Tilley », *in DBC,* vol. XII, 1891-1900, Québec, PUL, 1990, p. 1143-1153.

Wallot, J.-P.
« Le régime seigneurial au Canada », *in CHR,* vol. 50, n° 4, déc. 1969, p. 367-393.
Un Québec qui bougeait, Montréal, Boréal, 1973.
« Frontière ou fragment du système atlantique », *in CHAR,* Vancouver, 1983, p. 1-29.
« Le Québec à l'heure des révolutions », *in Cap-Aux-Diamants,* vol. 5, n° 3, 1989, p. 11-14.
« La Révolution française, le Canada et les droits de l'homme (1789-1840) », *in Études canadiennes,* n° 28, 1990, p. 7-18.

Waterson, E.
« Jocelyn Waller », *in DBC,* vol. VI, 1821-1835, Québec, PUL, 1987, p. 885-886.

Whitaker, R.
«Images of the State in Canada», *in* L. Panitch, *The Canadian State, op. cit.*, p. 28-68.

Whitelaw, W. M.
The Maritimes and Canada before Confederation (1934), Toronto, Oxford University Press, 1966.

Winks, R. W.
Canada and the United States : The Civil War Years, Baltimore, John Hopkins University Press, 1960.

Wise, S. F.
«The Origins of Anti-Americanism in Canada», *in Fourth Seminar on Canadian-American Relations*, Windsor, 1962, p. 297-307.
Canada Views the United States, Washington, Washington University Press, 1967.
«Upper Canada and the Conservative Tradition», *in* R. Douglas, *Readings in Canadian History*, Toronto, Holt, Rinehart and Winston, 1982, p. 281-294.
«God's Peculiar Peoples», *in* W. L. Morton, *The Shield of Achilles, op. cit.*, p. 36-61.

Wood, G.
The Creation of the American Republic, Chapel Hill, University of North Carolina Press, 1969.

Wrong, G. M.
Canada and the American Revolution, New York, ML, 1935.

Young, B. J.
George-Étienne Cartier, bourgeois montréalais, Montréal, Boréal, 1982.

Notes

Remerciements

1. J. Ferron, *Le Salut de l'Irlande*, Montréal, Éditions du Jour, 1970, p. 221.

Prologue

1. A. Laurendeau, « La théorie du roi nègre », *Le Devoir*, 4 juillet 1958.
2. *Ibid.*
3. *Ibid.*
4. *Ibid.*
5. *Ibid.*
6. *Ibid.*
7. P.-E. Trudeau, *Le Fédéralisme et la société canadienne-française*, Montréal, Hurtubise HMH, 1967, p. 107.
8. *Ibid.*, p. 123.
9. *Ibid.*, p. 124.
10. *Ibid.*, p. 110.
11. *Ibid.*, p. 112.
12. D. Jacques, « Histoire politique du désenchantement de la société québécoise », *Cahiers d'histoire du Québec au XXe siècle,* n° 3, hiver 1995, p. 45-60.
13. F. Ouellet, *Le Bas-Canada 1791-1840, Changements structuraux et crise*, Ottawa, Presses de l'Université d'Ottawa,1976.
14. S. Baillargeon, *Religion et société au Québec. Entretiens avec Louis Rousseau,* Montréal, Liber, 1994, p. 54.
15. S. Gagnon et L. Lebel-Gagnon, « Le milieu d'origine du clergé québécois 1775-1840 : mythes et réalités », *Revue d'histoire de l'Amérique française,* vol. 37, n° 3, décembre 1983.
16. L'on dispose bien sûr de quelques études valables sur des pères francophones, George-Étienne Cartier, Hector Langevin, Jean-Charles Chapais. Mais il n'y a toujours rien sur Étienne-Pascal Taché et Narcisse Belleau, qui furent tout de même premier ministre entre 1864 et 1867.
17. D. Creighton, Toronto, Macmillan, 1964.

18. W. L. Morton, Toronto, McClelland and Stewart, 1968.
19. P. B. Waite, Toronto, University of Toronto Press, 1962.
20. J. M. S. Careless, Toronto, Macmillan, 1963.
21. G. Martin, Vancouver, University of British Columbia Press, 1995.
22. Seule exception, l'excellente thèse de doctorat de Peter J. Smith qui, est-ce une coïncidence, n'a hélas pas été publiée : *The Ideological Genesis of Canadian Confederation*, Département de sciences politiques, Carleton University, Ottawa, 1983.
23. J.-C. Bonenfant, « Le Canada et les hommes politiques de 1867 », *Revue d'histoire de l'Amérique française*, vol. 30, 1967, p. 573-595.
24. H. Arendt, *La Crise de la culture*, Paris, Gallimard, 1972, p. 161.
25. P. J. Smith, « The Dream of Political Union : Loyalism, Toryism and the Federal Idea in Pre-Confederation », *in* G. Martin, *The Causes of Canadian Confederation*, Fredericton, Acadiensis Press, 1990, p. 148-171.
26. L.-G. Harvey, « Le mouvement patriote comme projet de rupture (1805-1837) », *in* G. Bouchard et Y. Lamonde, *Québécois et Américains*, Montréal, Fides, 1995, p. 87-112.
27. H. Arendt, *The Jew as a Pariah*, (1948), New York, Grove Press, 1978.
28. La notion de corruption est ici discutée dans son sens républicain ; voir J. Pocock, *The Machiavellian Moment. Florentine Political Thought and the Atlantic Republican Tradition*, Princeton, Princeton University Press, 1975, p. 506-552.

Première partie • L'Amérique du Nord britannique

1. P. J. Smith, *The Ideological Genesis of Canadian Confederation*, thèse de doctorat, Carleton University, 1983. Voir aussi G. Stewart, *The Origins of Canadian Politics*, Vancouver, University of British Columbia Press, 1986. Les deux auteurs établissent la prédominance des thèmes du Court whig dans la pensée des pères de 1867. Voir aussi les débats du collectif : Janet Ajzenstat et Peter J. Smith, *Canada's Origins : Liberal, Tory or Republican ?*, Ottawa, Carleton University Press, 1995.
2. J. G. A. Pocock, *Virtue, Commerce and History*, Cambridge, Cambridge University Press, 1985, p. 231.
3. H. T. Dickinson, *Liberty and Property*, Londres, Weidenfeld and Nicolson, 1977, p. 93.
4. J. G. A. Pocock, *The Machiavellian Moment*, Princeton, Princeton University Press, 1975, p. 547.
5. Il s'agit d'Adam Ferguson, de David Hume, de John Millar et d'Adam Smith. Voir I. Hont et M. Ignatieff (dir.), *Wealth and Virtue*, Cambridge, Cambridge University Press, 1983, p. 8.
6. Il s'agit de lord Hervey, Benjamin Hoadly, Thomas Herring, Samuel Squire, lord Hardwicke. Voir R. Browning, *Political and Constitutional Ideas of the Court Whigs*, Baton Rouge, Louisiana State University Press, 1982.
7. J. Potter, *The Liberty We Seek : Loyalist Ideology in Colonial New York and Massachusetts*, Cambridge, Harvard University Press, 1983, p. 4.
8. M. Brook Taylor, *Promoters, Patriots and Partisans. Historiography in Nineteenth-Century English Canada*, Toronto, University of Toronto Press, 1989.
9. C. Berger, *The Sense of Power*, Toronto, University of Toronto Press, 1985, p. 79.

10. *Ibid.*, p. 78.
11. J. Bumsted, *Understanding the Loyalists*, Sackville, Mount Allison University, 1986, p. 13.
12. R. S. Allen, *Les Loyalistes*, Ottawa, Musée canadien de la guerre, 1983, p. ix-x.
13. W. G. Shelton, « The United Empire Loyalists », *Dalhousie Review*, vol. 45, 1965, p. 7.
14. E. Ryerson, *The Loyalists of America and Their Times*, Toronto, W. Briggs, 1880, vol. 2, p. 188.
15. W. S. MacNutt, « The Loyalists : A Sympathetic View », *Acadiensis*, vol. VI, n° 1, 1976, p. 11.
16. G. M. Wrong, *Canada and the American Revolution*, New York, Macmillan, 1935, p. 476.
17. A. Gorman Condon, « Marching to a Different Drummer : The Political Philosophy of the American Loyalists, *in* E. Wright, *Red White and Blue*, New York, AMS Press, 1976, p. 2-3.
18. *Idem*, « Les Fondements du loyalisme », *in Les Loyalistes*, Robert S. Allen (dir.), Ottawa, Musée canadien de la guerre, 1983, p. 2-3.
19. J. Potter, *op. cit.*, p. 6-7.
20. W. H. Nelson, « The Last Hopes of the American Loyalists », *in CHR*, vol. XXXII, n° 1, mars 1951, p. 22-23.
21. P. J. Smith, « The Dream of Political Union : Loyalism, Toryism and the Federal Idea in Pre-Confederation Canada », *in* Ged Martin (dir.), *The Causes of Canadian Confederation*, Fredericton, Acadiensis Press, 1990, p. 160-161.
22. A. Smith, *The Wealth of Nations*, (1776), New York, The Modern Library, 1937, p. 582-585.
23. J. Sewell, « Two Plans of Union », *in* J. P. Boyd, *Anglo-American Union*, Philadelphie, UPP, 1911.
24. M. Brook Taylor, *op. cit.*, p. 124.
25. G. M. Craig, « John Strachan », *DBC*, vol. IX, 1861-1870, Québec, PUL, 1977, p. 837.
26. Cité *in* S. F. Wise, « God's Peculiar Peoples », *in* W. L. Morton, *The Shield of Achilles*, Toronto, McClelland and Stewart, 1968, p. 53.
27. *Ibid.*, p. 53.
28. *Ibid.*, p. 53.
29. *Débats*, p. 130.
30. C. Berger, *op. cit.*, p. 52.
31. T. P. Slattery, *The Assassination of D'Arcy McGee*, Toronto, Doubleday Canada, 1968, p. 475.
32. *Ibid.*, p. 4.
33. *Ibid.*, p. 10.
34. *Ibid.*, p. 27.
35. *Ibid.*, p. 70.
36. *Débats*, p. 129.
37. *Débats*, p. 126-127.
38. T. P. Slattery, *op. cit.*, p. 286-287.
39. *Ibid.*, p. 402.

40. D. Creighton, *John A. Macdonald, Le Haut et le Bas-Canada*, Montréal, Éd. de l'Homme, 1981, p. 21.
41. G. T. Stewart, *The Origins of Canadian Politics*, Vancouver, University of British Columbia Press, 1986.
42. P. J. Smith, « The Dream of Political Union », *op. cit.*, p. 158-159.
43. J. M. S. Careless, « The Toronto Globe and Agrarian Radicalism », *in CHR*, vol. 29, mars 1948, p. 38.
44. H. Butterfield, *The Whig Interpretation of History*, Londres, Bell and Sons, 1950.
45. S. F. Wise, « Colonial Attitudes from the Era of the War of 1812 to the Rebellions of 1837 », *in* S. F. Wise, *Canada Views the United States*, Seattle, University of Washington Press, 1967, p. 22.
46. *Ibid.*, p. 22.
47. *Ibid.*, p. 22.
48. C. Berger, *The Sense of Power, op. cit.*, 1970, p. 94.
49. W. J. Eccles, « Francis Parkman », *DBC*, vol. XII, 1891-1900, Québec, PUL, 1990, p. 901.
50. L. Durham, *Le rapport Durham*, M.-P. Hamel (dir.), Montréal, Éditions du Québec, 1948, p. 212.
51. S. Marion, « Les Orangistes au Canada », *Les Cahiers des Dix*, n° 33, 1968.
52. J. M. S. Careless, *op. cit.*, p. 38.
53. *Ibid.*, p. 22.
54. *The Globe*, 28 juin 1855, *ibid.*, p. 22.
55. *The Globe*, 27 février 1854, cité *in* D. Creighton, *John A. Macdonald. Le Haut et le Bas-Canada*, Montréal, Éd. de l'Homme, 1981, vol. 1, p. 178.
56. H. Senior, « Ogle Robert Gowan », *DBC*, vol. X, 1871-1880, Québec, PUL, 1972, p. 341.
57. *Ibid.*, p. 341.
58. *Ibid.*, p. 342.
59. G. Brown, *The Globe*, 20 août 1957, cité *in* S. Marion, *op. cit.*, p. 113.
60. *The Globe*, 6 décembre 1849, *in* J. M. S. Careless, *op. cit.*, p. 96.
61. *The Globe*, 23 mars 1850, *ibid.*, p. 113.
62. *Débats*, p. 148.
63. *Débats*, p. 148.
64. J. G. A. Pocock, *op. cit.*, p. 410-414.
65. L. G. Schwoerer, *No Standing Army!*, Baltimore, John Hopkins University Press, 1974, p. 13-14.
66. C. Berger, *op. cit.*, p. 13-14.
67. *Ibid.*, p. 10-11.
68. C. P. Stacey, *Canada and the British Army 1846-1871*, Toronto, University of Toronto Press, 1963, p. 154-157.
69. *Débats*, p. 43.
70. *Ibid.*, p. 171-172.
71. *Débats*, p. 43-44.
72. *Débats*, p. 134.
73. *Débats*, p. 134.
74. *Débats*, p. 674.

75. *Débats*, p. 913.
76. *Débats*, p. 642-643.
77. C. Berger, *op. cit.*, p. 233.
78. *Ibid.*, p. 234.
79. *Ibid.*, p. 246.
80. *Ibid.*, p. 246.
81. *Ibid.*, p. 247.
82. *Ibid.*, p. 246.
83. *Ibid.*, p. 247.
84. J. G. A. Pocock, *op. cit.*, p. 425.
85. *Débats*, p. 69.
86. *Débats*, p. 69.
87. D. Creighton, *British North America at Confederation*, Ottawa, Queen's Printer, p. 68-69.
88. *Débats*, p. 92.
89. *Débats*, p. 76.
90. P. Cornell, « John Ross », *DBC*, vol. X, 1871-1880, Québec, PUL, 1972, p. 691.
91. *Ibid.*, p. 692.
92. A. T. Galt, « Budget Speech », 1862, *in* D. Creighton, *op. cit.*, p. 68.
93. *Débats*, p. 80, citation du député George Alexander.
94. A. Dubuc, « Une interprétation économique de la Constitution », *Socialisme*, n° 7, 1966.
95. F. Underhill, *In Search of Liberalism*, Toronto, Macmillan, 1961, p. 24-25.
96. W. L. Morton, *The Critical Years*, Toronto, McClelland and Stewart, 1968, p. 154.
97. *Débats*, p. 415 ; citation du député John Rose.
98. D. M. L. Farr, « Sir John Rose », *DBC*, vol. XI, 1881-1890, Québec, PUL, 1982, p. 850.
99. *Ibid.*, p. 855.
100. *Débats*, p. 424.
101. F. Underhill, *op. cit.*, p. 24-25.
102. W. Kirby, « Counter Manifesto to the Annexionists of Montreal », Britannicus, 1849, *in* M. J. Edwards, *The Evolution of Canadian Literature in English*, Toronto, Holt, Rinehart and Winston, 1973, p. 208-218.
103. W. G. Ormsby, « Sir Francis Hincks », *DBC*, vol. XI, 1881-1890, Québec, PUL, 1982, p. 452-453.
104. P. Baskerville, « Sir Allan Napier MacNab », *DBC*, vol. IX, 1861-1870, Québec, PUL, 1977, p. 579.
105. H. Innis, *Essays in Canadian Economic History*, Toronto, University of Toronto Press, 1973, p. 206.
106. *Débats*, p. 61-62.
107. *Débats*, p. 63.
108. *Débats*, p. 62.
109. *Débats*, p. 65-66.
110. *Débats*, p. 63.
111. H. Innis, *op. cit.*, p. 205-206.

112. R. Whitaker, « Images of State in Canada », *in* L. Panitch, *The Canadian State*, Toronto, University of Toronto Press, p. 37.
113. F. Underhill, *op. cit.*, p. 34.
114. *Ibid.*, p. 34.
115. R. Whitaker, *op. cit.*, p. 43.
116. *Débats*, p. 128.
117. *Débats*, p. 69-70.
118. P. B. Waite, *Life and Times of the Confederation*, Toronto, University of Toronto Press, 1962.
119. P. B Waite, *op. cit.*, p. 80.
120. W. G. Ormsby, *op. cit.*, p. 452.
121. *Ibid.*, p. 455.
122. P. Baskerville, *op. cit.*, p. 581.
123. *Ibid.*, p. 578.
124. *Ibid.*, p. 578.
125. *Ibid.*, p. 579-580.
126. H. Arendt, *L'Impérialisme*, Paris, Fayard, 1982, p. 97.
127. K. E. Knorr, *British Colonial Theories 1570-1850*, Toronto, University of Toronto Press, 1944, p. 4-5.
128. J. S. Galbraith, « Myths of the Little England », *American Historical Review*, vol. 63, n° 1, 1961, p. 35.
129. H. Arendt, *op. cit.*, p. 98-99.
130. E. Burke, *Réflexions sur la Révolution en France (1791)*, Paris, Aubier, 1974, p. 98.
131. D. Creighton, *John A. Macdonald. Le Haut et le Bas-Canada*, Montréal, Éd. de l'Homme, 1981, t. 1, p. 101.
132. *Ibid.*, p. 101.
133. *Ibid.*, p. 37.
134. *Ibid.*, p. 42.
135. *Ibid.*, p. 43.
136. *Ibid.*, p. 67.
137. *Ibid.*, p. 131.
138. Cité *in* D. Creighton, *La Naissance d'un pays incertain*, t. 2, p. 181.
139. *Débats*, p. 406.
140. *Débats*, p. 1001.
141. D. Creighton, *Le Haut et le Bas-Canada*, p. 281.
142. *Idem, La Naissance d'un pays incertain*, p. 56.
143. *Ibid.*, p. 174.
144. *Débats*, p. 43.
145. D. Creighton, *The Commercial Empire of St. Lawrence*, Toronto, ML, 1937, p. 8-10.
146. *Idem, Le Haut et le Bas-Canada*, p. 259-260.
147. *Idem, La Naissance d'un pays incertain*, p. 24.
148. *Idem, Le Haut et le Bas-Canada*, p. 325.
149. *Ibid.*, p. 350.
150. *Ibid.*, p. 350.
151. C. Martin, « Confederation and the West », *Canadian Historical Association Report*, 1927, p. 20.

152. D. Creighton, *La Naissance d'un pays incertain*, p. 377.
153. *Ibid.*, p. 38.
154. *Idem, Le Haut et le Bas-Canada*, p. 252.
155. *Idem, La Naissance d'un pays incertain*, p. 45.
156. H. Arendt, *op. cit.*, p. 28.
157. D. Creighton, *Le Haut et le Bas-Canada*, p. 322.
158. *Ibid.*, p. 306.
159. *Idem, La Naissance d'un pays incertain*, p. 440.
160. *Débats*, p. 36.
161. *Débats*, p. 36.
162. W. L. Morton, *The Canadian Identity*, Toronto, University of Toronto Press, 1961.
163. *Ibid.*, p. 85.
164. *Débats*, p. 27.
165. *Débats*, p. 29.
166. *Débats*, p. 29.
167. *Débats*, p. 34.
168. *Débats*, p. 35.
169. *Débats*, p. 33.
170. *Débats*, p. 33.
171. *Débats*, p. 35.
172. *Débats*, p. 35.
173. *Débats*, p. 43.
174. *Débats*, p. 43.

Deuxième partie • La nation canadienne

1. J. G. A. Pocock, *The Machiavellian Moment*, Princeton, Princeton University Press, 1975, p. 506.
2. Fidèle stoïcien, Caton pensait que seule la vertu publique est source de bonheur. Sa bravoure était légendaire. Il faisait preuve d'un grand courage dans son opposition aux abus de Jules César. De la république romaine, il reste peut-être le plus beau symbole de liberté et de patriotisme.
3. R. Browning, *Political and Constitutional Ideas of the Court Whigs*, Baton Rouge, Louisiana State University Press, 1982, p. 2-3.
4. J. G. A. Pocock, *Politics, Language and Time*, Chicago, The University of Chicago Press, 1989, p. 106.
5. B. Bailyn, *The Ideological Origins of the American Revolution*, Cambridge, Belknap Press, 1967, p. 34.
6. L.-G. Harvey, « Le mouvement patriote comme projet de rupture (1805-1837) », *in* G. Bouchard et Y. Lamonde, *Québécois et Américains*, Montréal, Fides, 1995, p. 88.
7. J.-P. Bernard, *Les Rouges*, Montréal, Presses de l'Université du Québec, 1971, p. 61. Les citations tirées des journaux *L'Avenir*, *Le Pays* et *Le Défricheur* proviennent de cette magnifique étude. Ce sont les principaux journaux libéraux et républicains entre 1847 et 1867.

8. Y. Lamonde, *Gens de parole*, Montréal, Boréal, 1990, p. 20-27.
9. F.-X. Garneau, *Histoire du Canada*, 5e édition, Paris, Librairie Félix Alcan, 1913, vol. 1, p. XLIII.
10. R. J. Hathorn, « Garneau, disciple de Thierry », *Mosaic*, vol. 1, n° 1, 1967, p. 67.
11. F.-X. Garneau, *op. cit.*, p. X.
12. Casgrain, *De Gaspé à Garneau*, Montréal, Beauchemin, 1912, p. 108-109.
13. F.-X. Garneau, *op. cit.*, p. XLIX.
14. *Ibid.*, p. L.
15. *Ibid.*, p. 365.
16. *Ibid.*, p. 365.
17. O. Crémazie, « Le drapeau de Carillon », *in* J. Hare, *Anthologie de la poésie québécoise du XIXe siècle*, Montréal, Hurtubise HMH, 1979, p. 207.
18. L. Fréchette, *La Légende d'un peuple*, (1890), Montréal, Beauchemin, 1941, p. 7.
19. F.-X. Garneau, *op. cit.*, p. 19-20.
20. *Ibid.*, p. 142.
21. *Ibid.*, p. 301-302.
22. *Ibid.*, p. 303.
23. J.-P. Wallot, *Un Québec qui bougeait*, Montréal, Boréal Express, 1973, p. 255.
24. J.-P. Wallot, « Le Québec à l'heure des révolutions », *Cap-aux-Diamants*, vol. 5, n° 3, 1989, p. 11.
25. *Ibid.*, p. 12.
26. J.-P. De Lagrave, *Fleury Mesplet (1734-1794)*, Montréal, Patenaude, 1985.
27. M. Trudel, *La Révolution américaine 1775-1783*, (1949), Montréal, Boréal Express, 1976.
28. *Ibid.*, p. 26.
29. *Ibid.*, p. 29.
30. *Journal de MM. Baby, Taschereau et Williams*, (1776), *in* A. Fauteux, publié dans le *Rapport de l'Archiviste de la Province de Québec*, 1927-1928, vol. 8, p. 435-499.
31. I. Caron, « Les Canadiens français et l'invasion américaine de 1774-1775 », *Mémoire de la Société royale du Canada*, 1929, p. 21-22.
32. *Ibid.*, p. 27.
33. *Ibid.*, p. 27.
34. H. Verreau, *Invasion du Canada*, Montréal, Sénécal, 1873, p. 21.
35. J.-P. Bernard, *op. cit.*, p. 61-72.
36. *Manifeste du Club national démocratique*, Montréal, Des Presses de l'Avenir, 1849, p. 35.
37. *Le Pays*, 9 août 1850.
38. *L'Avenir*, 22 avril 1848.
39. F. Ouellet, « Nationalisme et laïcisme au XIXe siècle », (1963), *in* J.-P. Bernard, *Les Idéologies québécoises au XIXe siècle*, Montréal, Boréal Express, 1973, p. 37-60.
40. *Ibid.*, p. 42.
41. G. Paquet et J.-P. Wallot, *Le Bas-Canada au tournant du XIXe siècle*, Ottawa, BSHC, 1988, p. 18.
42. A. de Tocqueville, *L'Ancien Régime et la révolution*, Paris, Laffont, 1986, p. 1035-1036.
43. H. Arendt, *Sur la révolution*, Paris, Gallimard, 1967, p. 170.

44. *Ibid.*, p. 124.
45. J.-P. De Lagrave, *op. cit.*, p. 23.
46. *Ibid.*, p. 96.
47. « Assemblée de Saint-Ours (Richelieu) », 7 mai 1837, *in* J.-P. Bernard, *Assemblées publiques, résolutions et déclarations de 1837-1838*, Montréal, VLB éditeur, 1988, p. 25
48. *Ibid.*, p. 25.
49. Jean-Baptiste-Éric Dorion, *L'Institut canadien en 1852*, Montréal, Le Pays, 1853, p. 7-8.
50. *Le Pays*, 15 avril 1858.
51. *L'Avenir*, 5 août 1848.
52. *L'Avenir*, 30 avril 1851.
53. L.-A. Dessaulles, *Six lectures sur l'annexion du Canada aux États-Unis*, Montréal, Gendron, 1851, p. 58, 68. Sur ce personnage, il faut consulter l'excellente biographie d'Yvan Lamonde, *Louis-Antoine Dessaulles, un seigneur libéral et anticlérical*, Montréal, Fides, 1994.
54. *L'Avenir*, 16 septembre 1848.
55. *L'Avenir*, 26 décembre 1860.
56. *L'Avenir*, 28 février 1861.
57. *Débats*, p. 177.
58. *Débats*, p. 178.
59. *Débats*, p. 610. Joseph-François Perrault n'est pas un rouge, à proprement parler. Il appartient plus au courant violet.
60. L. G. Schwoerer, *No Standing Army!*, Baltimore, John Hopkins University Press, 1974, p. 4-5.
61. *Le Défricheur*, 11 décembre 1862.
62. *L'Avenir*, 22 décembre 1857.
63. *Débats*, p. 262.
64. *Débats*, p. 711.
65. *Débats*, p. 872.
66. *Débats*, p. 865.
67. *Débats*, p. 863.
68. *Débats*, p. 870.
69. *Débats*, p. 872.
70. Le lien entre cet imaginaire et l'élite politique de la nation canadienne a été solidement établi par Louis-Georges Harvey. *Importing the Revolution : The Image of America in French Canadian Political Discourse 1805-1837*, thèse de doctorat, histoire, Université d'Ottawa, 1990. Le mythe agraire est bien éclairé par Gabriel Dussault, *Le Curé Labelle. Messianisme, Utopie et Colonisation au Québec, 1850-1900*, Montréal, Hurtubise HMH, 1983. Voir aussi Pierre Corbeil, « L'agriculturisme : le ruralisme québécois dans une perspective multiconfessionnelle et nord-américaine », *Les Cahiers d'histoire du Québec au XXe siècle*, n° 5, printemps 1996.
71. A. Norton, *Alternative Americas*, Princeton, Princeton University Press, 1986, p. 101.
72. *Ibid.*, p. 102-103.
73. R. Redfield, *Peasant Society and Culture*, Chicago, Phoenix Books, 1967, p. 62-63.

74. *L'Avenir*, 5 juillet 1849.
75. *Débats*, p. 182.
76. *Débats*, p. 180.
77. *Débats*, p. 862.
78. *Débats*, p. 868.
79. *Débats*, p. 868.
80. *Débats*, p. 863.
81. *Débats*, p. 862.
82. H.-R. Casgrain, *Antoine Gérin-Lajoie d'après ses Mémoires*, (1885), Montréal, Beauchemin, 1926, p. 86.
83. *Ibid.*, p. 16.
84. *Le Pays*, 10 décembre 1861.
85. *Le Pays*, 13 juin 1863.
86. *Le Journal de Saint-Hyacinthe*, 21 avril 1864, *in* J.-P. Bernard, *op. cit.*, p. 250.
87. *Ibid.*, p. 252.
88. J.-B.-É. Dorion, *Manifeste électoral, in* J.-P. Bernard, *op. cit.*, p. 349-350.
89. *Débats*, p. 858.
90. *Débats*, p. 13.
91. *Débats*, p. 260.
92. *Débats*, p. 604-605.
93. J.-P. Bernard, *op. cit.*, p. 345.
94. *Ibid.*, p. 345.
95. *Ibid.*, p. 345.
96. *Ibid.*, p. 346.
97. *Ibid.*, p. 347-348.
98. *Ibid.*, p. 348.
99. *Ibid.*, p. 348.
100. *Débats*, p. 55.
101. J.-P. Bernard, *op. cit.*, p. 352.
102. *L'Avenir*, 23 octobre 1849 et 10 janvier 1850.
103. *Débats*, p. 800.
104. *Débats*, p. 861.
105. *Débats*, p. 860.
106. *Le Pays*, 16 février 1858.
107. J.-P. Bernard, *op. cit.*, p. 181.
108. *Débats*, p. 182.
109. *Débats*, p. 316.
110. *Débats*, p. 266.
111. *Débats*, p. 271.
112. *Débats*, p. 359.
113. *Débats*, p. 18.
114. *L'Avenir*, 9 juillet 1851.
115. *Débats*, p. 865.
116. *Débats*, p. 858.
117. *Débats*, p. 495.
118. *Débats*, p. 866.

119. *Débats*, p. 869.
120. *Débats*, p. 869.
121. *Débats*, p. 865.
122. *Débats*, p. 867.
123. A. Gérin-Lajoie, *Jean-Rivard*, (1863), Montréal, Bibliothèque québécoise, 1993, p. 15.
124. Manifeste électoral de J.-B.-É. Dorion, *in* J.-P. Bernard, *Les Rouges*, p. 354.
125. *Le Pays*, 2 mai 1856.
126. *Le Pays*, 29 octobre 1859.
127. *Le Pays*, 15 novembre 1859.
128. *Débats*, p. 251.
129. *Débats*, p. 254.
130. *Débats*, p. 629.
131. *Débats*, p. 628-629.
132. *Débats*, p. 176.
133. *Débats*, p. 176.
134. *Débats*, p. 353.
135. *Débats*, p. 356.
136. *Débats*, p. 356.
137. *Débats*, p. 356.
138. *Débats*, p. 367.
139. *Débats*, p. 179.
140. *Débats*, p. 262.
141. *Débats*, p. 268.
142. *Débats*, p. 268.
143. *Débats*, p. 859.
144. *Le Pays*, 10 septembre 1864.
145. *Débats*, p. 313.
146. *Débats*, p. 259.
147. *Débats*, p. 214.
148. *Débats*, p. 860.
149. *Débats*, p. 860.
150. *Débats*, p. 318.
151. *Débats*, p. 318-319.
152. *Débats*, p. 183.
153. *Débats*, p. 183.
154. *Débats*, p. 259.
155. *Débats*, p. 257.
156. *Débats*, p. 620.
157. L.-O. David, *Souvenirs et Biographies, 1870-1910*, Montréal, Beauchemin, 1911, p. 10.
158. J. Hamelin, « Médéric Lanctôt », *Dictionnaire biographique du Canada*, vol. X, 1871-1880, Presses de l'Université Laval, 1972, p. 464. Le combat associatif de Lanctôt survit à la lutte contre la Grande Coalition. Affirmant que « l'association est le salut de la nationalité canadienne-française », il attire des milliers d'ouvriers dans des assemblées publiques.

159. *L'Union nationale*, 3 septembre 1864.
160. L.-O. David, *Les Gerbes canadiennes*, Montréal, Beauchemin, 1921, p. 76.
161. *Débats*, p. 46.
162. *Débats*, p. 16.
163. *Débats*, p. 81.

Troisième partie • La résistance

1. La publication en français des *Origines* a été faite séparément : *Sur l'antisémitisme*, Paris, Calmann-Lévy, 1973 ; *L'Impérialisme*, Paris, Fayard, 1982 ; *Le Système totalitaire*, Paris, Seuil, 1972.
2. *Idem, L'Impérialisme*, p. 98.
3. H. Arendt, *La Tradition cachée*, Paris, Christian Bourgois, 1987, p. 75-76.
4. H. Arendt, *Sur l'antisémitisme*, Paris, Calmann-Lévy, 1973, p. 150.
5. A. Heller et F. Fehér, « The Pariah and the Citizen », *in Postmodern Political Condition*, New York, Columbia University Press, 1988, p. 89.
6. H. Arendt, *La Tradition cachée*, p. 122-123.
7. *Ibid.*, p. 129.
8. *Idem, Sur l'antisémitisme*, p. 125-126.
9. *Ibid.*, p. 141.
10. *Ibid.*, p. 125.
11. *Ibid.*, p. 129.
12. *Idem, La Tradition cachée*, p. 155.
13. *Idem, Sur l'antisémitisme*, p. 146-147.
14. *Ibid.*, p. 151.
15. *Idem, La Tradition cachée*, p. 167.
16. B. Lazare, *Le Fumier de Job*, (1903), Paris, Circé, 1990.
17. *Idem, L'Antisémitisme, son histoire et ses causes*, Paris, Éditions 1900, 1894.
18. J.-D. Bredin, *Bernard Lazare. De l'anarchiste au prophète*, Paris, Éd. de Fallois, 1992, p. 12-13.
19. B. Lazare, *op. cit.*, p. 25.
20. H. Arendt, *La Tradition cachée*, p. 195.
21. *Ibid.*, p. 195.
22. *Ibid.*, p. 196.
23. B. Lazare, *op. cit.*, p. 49.
24. H. Arendt, *La Tradition cachée*, p. 197.
25. *Ibid.*, p. 198.
26. G. Filteau, *Histoire des patriotes*, Montréal, L'Aurore, 1937, p. 303.
27. *Ibid.*, p. 255.
28. L. Durham, *Le Rapport Durham*, présenté, traduit et annoté par M.-P. Hamel, Montréal, Aux Éditions du Québec, 1948, p. 346.
29. R.-L. Séguin, « Les patriotes étaient-ils bien armés ? » *in Liberté*, vol. 7, n°s 1-2, janvier-avril 1965, p. 32.
30. L. Groulx, *Histoire du Canada français*, Montréal, Fides, 1959, tome 2, p. 163-164.
31. H. Aquin, « L'art de la défaite », *Liberté*, vol. 7, n°s 1-2, janvier-avril 1965, p. 37.

32. H. Brun, « La Constitution de 1791 », *Recherches sociographiques*, vol. 10, 1969, p. 37-45.
33. P. Tousignant, « L'Acte de naissance de la démocratie représentative au Canada », *Forces*, n° 96, hiver 1991-1992, p. 8.
34. G. Paquet et J.-P. Wallot, *Patronage et Pouvoir au Bas-Canada*, Montréal, Presses de l'Université du Québec, 1973, p. 7-8.
35. H. Arendt, *L'Impérialisme*, p. 157.
36. *Ibid.*, p. 160.
37. A. Lefebvre, *La Montréal Gazette et le Nationalisme canadien*, Montréal, Guérin, 1970, p. 8-9.
38. L. Durham, *op. cit.*, p. 14.
39. Le qualificatif date de loin et comporte un sens sarcastique. On s'en sert depuis Montcalm comme un terme de dérision pour désigner certains soldats qui avaient flanché à la prise du fort Chouaguen (prononcé « Chouayen » par le peuple).
40. Anonyme, *in* J. Hare, *Les Patriotes. 1830-1839*, Ottawa, Les Éditions Libération, 1971, p. 68-69.
41. I. Caron, « Influence de la Déclaration de l'Indépendance Américaine et de la Déclaration des Droits de l'Homme sur la Rébellion Canadienne de 1837 et de 1838 », *Mémoire de la Société Royale du Canada*, 1931, tome 25, p. 5-26.
42. F. Ouellet, *Papineau*, Québec, Presses de l'Université Laval, 1959, p. 5.
43. « Les Quatre-vingt-douze Résolutions », *in Les Trois Comédies du statu quo*, N.-E. Dionne, Québec, Laflamme, 1909, p. 134. Mon analyse des résolutions converge avec celle de Louis-Georges Harvey : « Le mouvement patriote comme projet de rupture », *in* G. Bouchard et Y. Lamonde (dir.), *Québécois et Américains*, Montréal, Fides, 1995, p. 100-101.
44. *Ibid.*, p. 135.
45. *Ibid.*, p. 143.
46. *Ibid.*, p. 139.
47. *Ibid.*, p. 155.
48. *Ibid.*, p. 140.
49. *Ibid.*, p. 146.
50. *Ibid.*, p. 144.
51. *Ibid.*, p. 148.
52. *Ibid.*, p. 156-157.
53. *Ibid.*, p. 159.
54. *Ibid.*, p. 161 ; trente-deuxième résolution.
55. *Ibid.*, p. 165 ; trente-cinquième résolution.
56. *Ibid.*, p. 165-166 ; trente-sixième résolution.
57. *Ibid.*, p. 167.
58. G. Filteau, *op. cit.*, p. 45.
59. *Ibid.*, p. 37.
60. H. Arendt, *op. cit.*, p. 162.
61. R. Christie, *History of the Late Province of Lower Canada*, Québec, Lovell, 1866, vol. 1, p. 378.
62. A. Norton, *Alternative Americas*, Chicago, Chicago University Press, 1986.

63. R. C. Harris, *The Seigneurial System in Early Canada*, Madison, University of Wisconsin Press, 1966, p. 8.
64. F. Ouellet, *Histoire économique et sociale du Québec 1760-1850*, Montréal, Fides, 1966, p. 86.
65. Milnes à Portland, 1er novembre 1800, *in* A. Shortt et A. G. Doughty (dir.), *Documents relatifs à l'histoire constitutionnelle du Canada*, Ottawa, T. Mulvey, 1918, vol. 2, p. 254.
66. B. Semmel, *The Rise of Free Trade Imperialism*, Cambridge, Cambridge University Press, 1970, p. 76.
67. G. Filteau, *op. cit*, p. 52.
68. S. B. Ryerson, *Le Capitalisme et la Confédération*, Montréal, Parti pris, 1972, p. 42-43.
69. I. Caron, *La Colonisation de la province de Québec. Les Cantons de l'Est*, Québec, L'Action sociale, 1923, vol. 2, p. 322.
70. L. Durham, *op. cit.*, p. 55.
71. I. Caron, *op. cit.*, p. 75, 84.
72. G. Filteau, *op. cit.*, p. 63.
73. *Ibid.*, p. 63.
74. *In* I. Caron, *op. cit.*, p. 224.
75. L. Durham, *op. cit.*, p. 61.
76. G. Filteau, *op. cit.*, p. 67.
77. A. Gérin-Lajoie, « Un Canadien errant », (1842), *in* J. Hare, *Anthologie de la poésie québecoise du XIXe siècle (1790-1890)*, Montréal, Hurtubise HMH, 1979, p. 188-189.
78. J.-P. Wallot, « Le Québec à l'heure des révolutions », *Cap-aux-Diamants*, vol. 5, n° 3, automne 1989, p. 14.
79. M. Lemire, « Les Irlandais et la rébellion de 1837-1838 », *British Journal of Canadian Studies*, vol. 10, n° 1, 1995, p. 1-9. Une comparaison est établie entre les deux sociétés par R. Rudin, « One Model, Two Responses : Quebec, Ireland and the Study of Rural Society », *in Canadian Papers in Rural History*, Ontario, Langdale Press, 1994, vol. IX, p. 259-289.
80. G. Filteau, *op. cit.*, p. 157.
81. *Ibid.*, p. 336.
82. E. Waterson, « Jocelyn Waller », *in DBC*, vol. VI, 1821-1835, Québec, PUL, 1987, p. 885.
83. *Ibid.*, p. 886.
84. *Ibid.*, p. 886.
85. J.-G. Barthe, *Souvenirs d'un demi-siècle*, Montréal, Chapleau, 1885, p. 11.
86. F.-X. Garneau, *op. cit.*, vol. 2, p. 621.
87. J.-C. Chapais, *Cours d'histoire du Canada*, Montréal, Valiquette, 1923, vol. 4, p. 4.
88. F. Galarneau, « L'élection partielle du Quartier-Ouest de Montréal en 1832 : analyse politico-sociale », *Revue d'histoire de l'Amérique française*, vol. 32, n° 4, 1979, p. 565-584.
89. *Idem*, « Daniel Tracey », *DBC*, vol. VI, 1821-1835, Québec, Presses de l'Université Laval, 1987, p. 865.
90. G. Filteau, *op. cit.*, p. 91-92.

91. J. Monet, « Edmund Bailey O'Callaghan », *DBC*, vol. X, 1871-1880, Québec, Presses de l'Université Laval, 1972, p. 608.
92. A. Beaulieu et J. Hamelin, *La Presse québécoise*, tome 1, 1764-1859, Québec, Presses de l'Université Laval, 1973, p. 65.
93. *Ibid.*, p. 65.
94. A. Girod, *Notes diverses sur le Bas-Canada*, Village Debartzch, 1835, p. 24.
95. Le *Vindicator*, 1er mai 1836.
96. G. Filteau, *op. cit.*, p. 197-198.
97. Le *Vindicator*, 4 novembre 1837.
98. Le *Vindicator*, 21 avril 1837.
99. Le *Vindicator*, 21 avril 1837.
100. G. Filteau, *op. cit.*, p. 338.
101. « Déclaration de l'Assemblée de Saint-Ours », J.-P. Bernard, *in Assemblées publiques, résolutions et déclarations de 1837-1838*, p. 27.
102. *Ibid.*, p. 27.
103. *Ibid.*, p. 45.
104. *In* A. De Celles, *Papineau*, Montréal, Beauchemin, 1905, p. 145.
105. F. Ouellet, *Le Bas-Canada 1791-1840. Changements structuraux et Crise*, Ottawa, Éditions de l'Université d'Ottawa, 1976, p. 451-467.
106. L. Rousseau, « Crise et réveil religieux dans le Québec du XIXe siècle », *Interface*, janvier-février 1990, p. 24-31.
107. *Religion et Modernité au Québec. Entretiens avec Louis Rousseau*, réalisés par Stéphane Baillargeon, Montréal, Liber, 1994, p. 68.
108. *Entretiens avec Louis Rousseau, op. cit.*, p. 63.
109. *Entretiens avec Louis Rousseau, op. cit.*, p. 61.
110. L. Rousseau, *loc. cit.*, p. 26.
111. L. Groulx, *Notre maître le passé*, Montréal, Granger, 1945, p. 108-109.
112. G. Filteau, *op. cit.*, p. 241-242.
113. Lettre des curés de la Vallée du Richelieu à Mgr Lartigue, 4 novembre 1837, *in* L. Pouliot, *Monseigneur Bourget et son temps*, t. 1, *Les Années de préparation (1799-1840)*, Montréal, Beauchemin, 1955, p. 141.
114. Lettre de Mgr Bourget au curé Blanchet, 7 novembre 1837, *in Rapport de l'archiviste de la province de Québec*, 1945-1946, p. 143.
115. Lettre du curé Blanchet aux autorités civiles, 9 novembre 1837, *in* L. Groulx, *op. cit.*, p. 114.
116. Lettre de Mgr Bourget au curé Giroux de Saint-Marc, 28 novembre 1837, *in Rapport de l'archiviste de la province de Québec*, 1945-1946, p. 147.
117. Lettre de Mgr Bourget au curé Paquin de Saint-Eustache, 2 décembre 1837, *in* L.Groulx, *op. cit.*, p. 101.
118. *Le Canadien*, 7 février 1840, *ibid.*, p. 126.
119. *Entretiens avec Louis Rousseau, op. cit.*, p. 67.
120. L. Lemieux, *Histoire du catholicisme québécois. Les XVIIIe et XIXe siècles*, t. 1, *Les Années difficiles (1760-1839)*, Montréal, Boréal, 1989, p. 401.
121. L. Pouliot, « Les évêques du Bas-Canada et le projet d'union (1840) », *Revue d'histoire de l'Amérique française*, septembre 1954, p. 157-160.
122. La biographie de Chester W. New montre la grande influence de Durham sur la

politique impériale britannique. *Lord Durham : A Biography of George Lambton, First Earl of Durham,* Oxford, Oxford University Press, 1929. Ged Martin tente de réfuter cette étude, en affirmant que cette influence a été plutôt marginale : *The Durham Report and British Policy,* Cambridge, Cambridge University Press, 1972. Dans le genre apologétique, Janet Ajzenstat présente un Durham libéral : *The Political Thought of Lord Durham,* Montréal, McGill/Queen's University Press, 1988.

123. C. W. New, *op. cit.,* p. 20-35.
124. P. Burroughs, *The Colonial Reformers 1830-1849,* Toronto, McClelland and Stewart, 1969, p. 7-8.
125. K. E. Knorr, *British Colonial Theories (1570-1850),* Toronto, University of Toronto Press, 1944.
126. B. Semmel, *The Rise of Free Trade Imperialism,* Cambridge, Cambridge University Press, 1970.
127. John S. Colthart, « Edward Ellice », *Dictionnaire biographique du Canada,* vol. IX, 1861-1870, Québec, Presses de l'Université Laval, 1977, p. 257-263.
128. *Ibid.,* p. 261.
129. L. Durham, *Le rapport Durham,* présenté, traduit et annoté par M.-P. Hamel, Montréal, Aux Éditions du Québec, 1948, p. 154.
130. H. Arendt, *L'Impérialisme,* p. 157.
131. L. Durham, *op. cit.,* p. 153.
132. « Les Quatre-vingt-douze Résolutions », *op. cit.,* trente-quatrième résolution, p. 162-163.
133. L. Durham, *op. cit.,* p. 154.
134. *Ibid.,* p. 131.
135. *Ibid.,* p. 131.
136. *Ibid.,* p. 138.
137. *Ibid.,* p. 299-300. Peter J. Smith discutait cette question dans « The Dream of Political Union », *op. cit.,* p. 68-69.
138. A. Smith, *op. cit.*
139. L. Durham, *op. cit.,* p. 325.
140. *Ibid.,* p. 326.
141. *Ibid.,* p. 282.
142. *Ibid.,* p. 283.
143. *Ibid.,* p. 300-301.
144. *Ibid.,* p. 296.
145. *Ibid.,* p. 297.
146. *Ibid.,* p. 317.
147. *Ibid.,* p. 318.

Quatrième partie • La collaboration

1. H. Arendt, *La Tradition cachée,* p. 130.
2. *Ibid.,* p. 136.
3. *Ibid.,* p. 131.
4. *Idem, Sur l'antisémitisme,* p. 159.

5. *Ibid.*, p. 156.
6. *Ibid.*, p. 150.
7. H. Gerth et C. W. Mills, *Character and Social Structure*, New York, Harcourt and Brace, 1953, p. 325.
8. *Ibid.*, p. 325.
9. *Ibid.*, p. 326.
10. M. Leibovici, « Le paria chez Hannah Arendt », *in* M. Abensour, *Ontologie et Politique*, Paris, Tierce, p. 202.
11. G. Filteau, *op. cit.*, p. 78.
12. H. Arendt, *L'impérialisme*, p. 74.
13. *Débats*, p. 6.
14. *Le Canadien*, 11 juillet 1832. À moins d'une indication contraire, les citations tirées du *Canadien* proviennent de cette excellente thèse de doctorat : L. Nourry, *La Pensée politique d'Étienne Parent. 1831-1852*, Montréal, Département d'histoire, Université de Montréal, 1971.
15. *Le Canadien*, 7 mai 1831.
16. *Le Canadien*, 7 mai 1831.
17. *Le Canadien*, 27 janvier 1834.
18. *Le Canadien*, 4 novembre 1835.
19. *Le Canadien*, 8 octobre 1831.
20. *Le Canadien*, 12 octobre 1831.
21. *Le Canadien*, 12 octobre 1831.
22. *Le Canadien*, 12 octobre 1831.
23. *Le Canadien*, 12 octobre 1831.
24. *Le Canadien*, 10 avril 1833.
25. *Le Canadien*, 19 juin 1837.
26. *Le Canadien*, 15 avril 1833.
27. *Le Canadien*, 16 janvier 1837.
28. *Le Canadien*, 2 novembre 1835.
29. Lord Gosford, *Journaux de la Chambre d'Assemblée du Bas-Canada*, 1835-1836, vol. 45, p. 14.
30. *Le Canadien*, 13 avril 1838.
31. *Le Canadien*, 13 avril 1838.
32. *Le Canadien*, 13 avril 1838.
33. *Le Canadien*, 8 juin 1838.
34. *Le Canadien*, 20 juin 1838.
35. *Le Canadien*, 20 juin 1838.
36. *Le Canadien*, 15 octobre 1838.
37. *Le Canadien*, 17 octobre 1838.
38. *Le Canadien*, 17 octobre 1838.
39. *Le Canadien*, 17 octobre 1838.
40. *Le Canadien*, 24 octobre 1838.
41. *Le Canadien*, 24 octobre 1838.
42. *Le Canadien*, 21 décembre 1838.
43. *Le Canadien*, 29 octobre 1838.
44. *Le Canadien*, 29 octobre 1838.

45. *Le Canadien*, 18 octobre 1838.
46. *Le Canadien*, 18 octobre 1838.
47. *Le Canadien*, 26 décembre 1838.
48. *Le Canadien*, 23 octobre 1838.
49. *Le Canadien*, 13 mai 1839.
50. *Le Canadien*, 13 mai 1839.
51. *Le Canadien*, 13 mai 1839.
52. *Le Canadien*, 2 août 1839.
53. *Le Canadien*, 2 août 1939.
54. *Le Canadien*, 18 octobre 1839.
55. *Le Canadien*, 23 octobre 1839.
56. *Le Canadien*, 4 novembre 1839.
57. *Le Canadien*, 4 novembre 1839.
58. *Le Canadien*, 4 novembre 1839.
59. *Le Canadien*, 4 novembre 1839.
60. *Le Canadien*, 8 novembre 1839.
61. *Le Canadien*, 8 novembre 1839.
62. *Le Canadien*, 24 janvier 1839.
63. *Le Canadien*, 16 février 1842.
64. *Le Canadien*, 27 juillet 1842.
65. *Le Canadien*, 1er août 1842.
66. *Le Canadien*, 1er août 1842.
67. « Du travail chez l'homme », (1847), *in* J.-C. Falardeau, *Étienne Parent*, Montréal, La Presse, 1975, p. 166.
68. « De l'intelligence dans ses rapports avec la société », 1852, *in ibid.*, p. 293.
69. A. Gérin-Lajoie, *Dix ans au Canada de 1840 à 1850*, Québec, Demers, 1888, p. 68.
70. *In* A. De Celles, *Lafontaine et son temps*, Montréal, Beauchemin, 1907, p. 165.
71. L. Groulx, *Notre maître, le passé*, Montréal, Granger Frères, 1944, vol. 3, p. 316.
72. *In ibid.*, p. 318.
73. *Ibid.*, p. 299.
74. *Ibid.*, p. 309.
75. L.-H. Lafontaine, *Les Deux Girouettes ou l'Hypocrisie démasquée*, Montréal, La Minerve, p. 70.
76. *Ibid.*, p. 67-68.
77. *Ibid.*, p. 71.
78. *Ibid.*, p. 74.
79. A. D. De Celles, *op. cit.*, p. 13-14.
80. *In ibid.*, p. 14.
81. *In* J. Monet, « Louis-Hippolyte Lafontaine », *DBC*, vol. IX, 1861-1870, Québec, Presses de l'Université Laval, 1977, p. 487.
82. *In idem, La Première Révolution tranquille*, Montréal, Fides, 1981, p. 109.
83. *In ibid.*, p. 122.
84. L.-H. Lafontaine, « Programme de Lafontaine », (1840), *in Histoire du Canada par les textes*, M. Brunet, Montréal, Fides, 1952, p. 167-168.
85. *Ibid.*, p. 168.
86. *Ibid.*, p. 169.

87. *Ibid.*, p 169.
88. *Ibid.*, p. 169.
89. *Ibid.*, p. 169.
90. *In* J. Monet, *La Première Révolution tranquille*, p. 98.
91. *In ibid.*, p. 89-90.
92. *Ibid.*, p. 89-90.
93. Lettre de Perrault à Ludger Duvernay, 23 décembre 1939, *in ibid.*, p. 81.
94. Lettre de Perrault à Ludger Duvernay, 22 septembre 1840, *in ibid.*, p. 81.
95. Lettre d'Henri-Alphonse Gauvin à Duvernay, 9 octobre 1840, *in ibid.*, p. 81.
96. Lettre de Dumesnil à Duvernay, 31 août 1841, *in ibid.*, p. 81.
97. *Ibid.*, p. 83.
98. *In ibid.*, p. 125.
99. *In ibid.*, p. 126.
100. *Le Canadien*, 10 janvier 1842, *in ibid.*, p. 126.
101. *In ibid.*, p. 337.
102. *In ibid.*, p. 150.
103. *Ibid.*, p. 151.
104. Lettre de Stanley à Metcalfe, 2 juin 1843, *in ibid.*, p. 178.
105. *In ibid.*, p. 214.
106. *Le Canadien*, 15 septembre 1845, *in ibid.*, p. 255.
107. Lettre de Lafontaine à Baldwin, 23 septembre 1845, *in ibid.*, p. 264.
108. *L'Avenir*, 24 mai 1848, *in ibid.*, p. 354.
109. *L'Avenir*, 31 janvier 1849, *in* L. Groulx, *op. cit.*, p. 295.
110. *In* J. Monet, *La Première Révolution tranquille*, p. 435.
111. *L'Avenir*, 9 juillet 1851, *in* L. Groulx, *op. cit.*, p. 317.
112. *In ibid.*, p. 74.
113. *In* J. Hare, *Les Patriotes (1830-1839)*, Montréal, Les Éditions Libération, 1971, p. 31.
114. *In* J. Boyd, *Sir George-Étienne Cartier, sa vie et son temps*, Montréal, Beauchemin, 1918, p. 62.
115. *Ibid.*, p. 67.
116. *In* A. De Celles, *Cartier et son temps*, Montréal, Beauchemin, 1907, p. 11.
117. *In ibid.*, p. 12.
118. *In ibid.*, p. 34.
119. *In ibid.*, p. 34.
120. *In ibid.*, p. 34.
121. « Discours sur le chemin de fer Montréal et Portland », 10 août 1846, *in Discours de sir George-Étienne Cartier*, J. Tassé (dir.), Montréal, E. Sénécal, 1893, p. 6.
122. *Ibid.*, p. 15-16.
123. *In* J. Boyd, *op. cit.*, p. 176.
124. A. De Celles, *op. cit.*, p. 107.
125. *In ibid.*, p. 114-115.
126. « Discours au banquet offert aux délégués de la Conférence de Québec par les citoyens de Montréal », 29 octobre 1864, *in* J. Tassé, *op. cit.*, p. 405.
127. *Débats*, p. 55-56.
128. *Débats*, p. 56.

129. *Débats*, p. 58.
130. *Débats*, p. 58.
131. *Débats*, p. 60.
132. *Débats*, p. 60.
133. A. De Celles, *op. cit.*, p. 72.
134. *Ibid.*, p. 72.
135. « Discours prononcé le 29 octobre 1864 au banquet offert aux délégués de la Conférence de Québec par les citoyens de Montréal », *in* J. Boyd, *op. cit.*, p. 402.
136. *In ibid.*, p. 402.
137. *In ibid.*, p. 402.
138. *Débats*, p. 576.
139. *In* J. Boyd, *op. cit.*, p. 225.
140. « Discours sur la Confédération des provinces prononcé à Halifax », *in* J. Tassé, *op. cit.*, p. 396.
141. *Débats*, p. 579.
142. *Débats*, p. 856.
143. *Débats*, p. 857.
144. *Débats*, p. 857.
145. Cité par le député Laframboise *in Débats*, p. 857.
146. *Débats*, p. 857.
147. *Débats*, p. 857-858.
148. *Débats*, p. 858.
149. « Discours en réponse à une adresse des citoyens de Rimouski », 7 août 1870, *in* J. Tassé, *op. cit.*, p. 693-694.
150. A. De Celles, *op. cit.*, p. 154.
151. *In ibid.*, p. 150.
152. *Ibid.*, p. 151.
153. *Débats*, p. 364.
154. *Débats*, p. 364.
155. *Débats*, p. 364.
156. *In* J. Boyd, *op. cit.*, p. 263.
157. *In idem*, p. 275.
158. A. De Celles, *op. cit.*, p. 132.
159. « Déclaration de L. Archambault », *in* L. Groulx, *La Confédération canadienne*, Montréal, Le Devoir, 1918, p. 249.
160. *Ibid.*, p. 249-250.
161. A. De Celles, *op. cit.*, p. 117.
162. J. Boyd, *op. cit.*, p. 220.
163. *Débats*, p. 17.
164. *Débats*, p. 17.
165. *Débats*, p. 44.
166. *Débats*, p. 26.
167. *Débats*, p. 17.
168. *Débats*, p. 14.
169. *Débats*, p. 283.
170. *Débats*, p. 273.

171. *Débats*, p. 273.
172. *Débats*, p. 274.
173. *Débats*, p. 289.
174. *Débats*, p. 306.
175. *Débats*, p. 317.
176. *Débats*, p. 317.
177. *Débats*, p. 317.
178. *Débats*, p. 614.
179. *Débats*, p. 614.
180. *Débats*, p. 629.
181. *Débats*, p. 614.
182. Cité *in Débats*, p. 764.
183. Cité *in Débats*, p. 764.
184. *Débats*, p. 802.
185. *Débats*, p. 802.
186. *Débats*, p. 802.
187. *Débats*, p. 801.
188. *Débats*, p. 956.
189. *Le Pays*, 13 mars 1865.
190. *Débats*, p. 985.
191. *Débats*, p. 986.
192. *Débats*, p. 998.
193. *Débats*, p. 998.
194. *Débats*, p. 1003.
195. *Débats*, p. 1002.
196. *Débats*, p. 999.
197. *Débats*, p. 1002-1003.
198. *Représentation de la minorité parlementaire du Bas-Canada à lord Carnavon, secrétaire des colonies, au sujet de la Confédération projetée des provinces de l'Amérique britannique*, Montréal, 1866.
199. L. Groulx, *op. cit.*, p. 84.
200. *In George-Étienne Cartier (1814-1914)*, Montréal, Édition du centenaire, 1914, p. 81-82.
201. *Le Pays*, 1er juin 1867.
202. Défendant la cause des rouges, Alphonse Lusignan signe la brochure *La Confédération, couronnement de dix années de mauvaise administration*, Montréal, Le Pays, 1867 ; les bleus répliquent avec une brochure signée Contre-poison, *La Confédération, c'est le salut du Bas-Canada*, Montréal, Sénécal, 1867.
203. J.-C. Bonenfant, *La Naissance de la Confédération*, Montréal, Leméac, 1969 ; M. Bellavance, *Le Québec et la Confédération : un choix libre ? Le Clergé et la Constitution de 1867*, Québec, Septentrion, 1992, p. 4-10.
204. J.-P. Bernard, *Les Rouges*, Montréal, Presses de l'Université du Québec, 1971, p. 290.
205. *Entretiens avec Louis Rousseau, op. cit.*, p. 64.
206. *Entretiens avec Louis Rousseau, op. cit.*, p. 66.
207. *L'Avenir*, 31 mai 1849.

208. *Le Pays,* 12 juillet 1855.
209. *In* L. Pouliot, « Monseigneur Bourget et la Confédération », *Rapport de la Société canadienne d'histoire de l'Église catholique,* n° 26, 1959, p. 32.
210. *In ibid.,* p. 35.
211. *In ibid.,* p. 38.
212. *In ibid.,* p. 40.
213. *Ibid.,* p. 41.
214. L. Pouliot, « Mgr Bourget et Mgr Langevin face à la Confédération », *Rapport de la Société canadienne d'histoire de l'Église catholique,* n° 34, 1967, p. 34.
215. *Ibid.,* p. 33.
216. J.-P. Bernard, *op. cit.,* p. 263.
217. *In* L. Pouliot, *op. cit.,* p. 33.
218. *In ibid.,* p. 34.
219. *Ibid.,* p. 40.
220. *Ibid.,* p. 40.
221. *Ibid.,* p. 41.
222. T. P. Slattery, *The Assassination of D'Arcy McGee,* Montréal, Doubleday, 1968, p. 46.
223. Bruno Clerk, *Le Journal* True Witness and the Catholic Chronicle *et la Pensée de George Edward Clerk (1850-1875),* mémoire de maîtrise en histoire, Université de Montréal, Montréal, 1996. L'auteur du mémoire écrit : « Son opposition au projet de Confédération prendra la forme d'un appel à la lucidité et à l'honnêteté de la part des hommes politiques canadiens-français […] Après avoir tenté de démontrer le mensonge et l'hypocrisie politique qui sont à son avis à la source du projet de Confédération, il s'efforcera, par le biais de textes pédagogiques, de montrer à son lectorat la différence existant entre fédération, confédération et union législative […] L'idée principale qui se dégage de ces textes, outre l'illustration des qualités morales des Canadiens français "honnêtes", est celle de l'importance de sauvegarder l'autonomie politique du Bas-Canada et de préserver à tout prix les caractéristiques nationales des Canadiens français », p. 98.
224. A. Coffey, « The True Witness and the Catholic Chronicle », *Rapport de la Société canadienne d'histoire de l'Église catholique, 1937-1938,* p. 33.
225. *Idem,* « George Edward Clerk, founder of the True Witness », *Rapport de la Société canadienne d'histoire de l'Église catholique, 1934-1935,* p. 53.
226. T. P. Slattery, *op. cit.,* p. 163.
227. *Ibid.,* p. 264.
228. *In ibid.,* p. 264.
229. *In ibid.,* p. 264.
230. *In* P. Sylvain, « George Edward Clerk », *DBC,* vol. X, 1871-1880, Québec, Presses de l'Université Laval, 1972, p. 191.
231. W. Ullmann, « The Quebec Bishops and Confederation », *Canadian Historical Review,* XLIV, n° 3, septembre 1963, p. 69.

Épilogue

1. J.-P. Bernard, *op. cit.,* p. 97. Je ne reproche pas à Jean-Paul Bernard de ne pas s'être plus penché sur les « violets ». Le travail réalisé dans son ouvrage est colossal.

2. Plusieurs sont à l'origine de la fondation de l'Institut canadien-français, en réaction au conflit qui oppose Mgr Bourget et l'Institut canadien. Voir L. Pouliot, « L'Institut canadien de Montréal et l'Institut national », *Revue d'histoire de l'Amérique française,* vol. 14, n° 4, 1961, p. 481-486.
3. E.-Z. Massicotte, « Une société politique secrète à Montréal. Le Club Saint-Jean-Baptiste », *Bulletin des recherches historiques,* vol. 21, n° 1, janvier 1915, p. 134-138.
4. H. T. Dickinson, *Liberty and Property. Political Ideology in Eighteenth Century Britain,* New York, Holmes and Meier, 1977, p. 91-92.
5. C. Lasch, *The True and Only Heaven. Progress and its Critics,* New York, W. W. Norton, 1991. Lasch met en relief, aux États-Unis, une critique républicaine et populiste du progrès qui est audacieuse et nuancée.
6. L'opposition à un certain « progrès », légitimée par une référence à la mémoire, fait parfois naître des mouvements politiques humanistes. Voir là-dessus Christopher Hill, dans *Puritanism and Revolution,* London, Secker and Warburg, 1958.
7. C. Cooley, *Social Organization. A Study of the Larger Mind,* New York, Schocken Books, 1909, p. 23. Ce sociologue américain, au début du siècle, parlait de « groupes primaires ». C'est à l'intérieur de ces petites communautés que les enfants font l'exigeant apprentissage de la délibération. Ils y apprennent à faire preuve d'une mentalité élargie, c'est-à-dire à se mettre dans la peau de l'autre, ne serait-ce que pour quelques secondes, afin de bien comprendre son point de vue.
8. Y. Lamonde, « L'ambivalence historique du Québec à l'égard de sa continentalité », *in* G. Bouchard et Y. Lamonde, *Québécois et Américains,* Montréal, Fides, 1995, p. 61-84. Les élites du Canada français, à la fin du XIXe siècle, sont passionnément attachées à la religion catholique. Mais elles ne sont pas unanimement ultramontaines, loin de là. Voir là-dessus G. Laperrière, « Vingt ans de recherche sur l'ultramontanisme », *Recherches sociographiques,* vol. 27, n° 1, 1986, p. 79-100. L'idée qu'il y aurait d'un côté un puissant courant ultramontain opposé à la démocratie et à l'Amérique et de l'autre un courant libéral, dissident et ostracisé, est en voie d'être disqualifiée. Il y a trop d'impurs. Ces derniers sont nombreux, formant une majorité tranquille. Bon nombre de penseurs marquants de cette époque sont impossibles à comprendre à l'aide de ce clivage, que l'on pense à Antoine-Gérin Lajoie, Laurent-Olivier David, Arthur Buies ou Emond de Nevers.
9. M. Brunet, « H.-R. Casgrain, Français d'Amérique », *in* G. Bouchard, *op. cit.,* p. 113-129. Il faut penser aussi aux nombreux textes de Lionel Groulx sur l'Amérique française.
10. P. Corbeil, « L'agriculturisme : le ruralisme québécois dans une perspective multi-confessionnelle et nord-américaine », *Les Cahiers d'histoire du Québec au XXe siècle,* n° 5, printemps 1996, p. 115-124.
11. G. Dussault, *Le Curé Labelle. Messianisme, Utopie et Colonisation au Québec. 1830-1900,* Montréal, Hurtubise HMH, 1983.
12. Arthur Buies, *La Vallée de la Matapédia,* 1879, p. 51-52, cité *in* F. Parmentier, *Arhtur Buies. Chroniques I,* édition critique, Montréal, Presses de l'Université de Montréal, 1986, p. 31.

13. Y. Lamonde, *Louis-Antoine Dessaulles. Écrits,* édition critique, Montréal, Presses de l'Université de Montréal, 1994, p. 27.
14. T.-J. Loranger, *Lettres sur l'interprétation de la constitution fédérale dite de l'Amérique britannique du Nord,* Montréal, Côté, 1883.
15. G. Gallichan, *Honoré Mercier. La Politique et la Culture,* Québec, Septentrion, 1994.
16. R. Rumilly, *Henri Bourassa. La Vie publique d'un grand Canadien,* Montréal, Éd. de l'Homme, 1953.
17. La lutte que mène Laurendeau contre la corruption qu'introduit le roi nègre a un puissant accent républicain. Ce n'est pas un pur hasard. À la fin des années 1940, comme directeur de la revue *L'Action nationale,* il a signé plusieurs articles prônant l'avènement d'une république au Canada.
18. *Entretiens avec Louis Rousseau, op. cit.,* p. 57.
19. H. Arendt, *Sur l'antisémitisme,* Paris, Calmann-Lévy, 1984, p. 154-194.
20. Y. Lamonde et G. Pelletier, *Cité libre. Une anthologie,* Montréal, Stanké, 1991.
21. P. Rieff, *The Triumph of the Therapeutic. Uses of Faith After Freud,* New York, Harper and Row, 1966.
22. Il est stupéfiant de prendre connaissance du grand nombre d'intellectuels qui ont prôné la mise en chantier d'une psychanalyse collective de la nation. Je nomme ici les plus illustres. F. Dumont, « De quelques obstacles à notre prise de conscience politique », *Cité libre,* 1958 ; Pierre Elliott Trudeau, *op. cit.* ; C. Laurin, « Autorité et personnalité au Canada français », *in* F. Dumont, *Le Pouvoir dans la société canadienne-française,* Québec, Presses de l'Université Laval, 1966, p. 171-182 ; F. Ouellet, « Louis-Joseph Papineau (1786-1871) », *in Éléments d'histoire sociale du Bas-Canada,* Montréal, Hurtubise HMH, 1972.

Table des matières

Remerciements — 11

Prologue — 13
  Du roi nègre au parvenu — 13
  Les vrais pères fondateurs — 18
  Une tradition républicaine — 21

PREMIÈRE PARTIE • L'AMÉRIQUE DU NORD BRITANNIQUE
  De la monarchie commerciale — 29
  De l'idée loyaliste — 32
    De la sortie des États-Unis — 32
    De la traversée du désert — 35
    Du salut de la nouvelle nationalité — 37
  De la loi et de l'ordre — 41
    De l'anarchie républicaine — 42
    De la tyrannie catholique — 44
    De l'armée permanente — 48
  De l'industrie et du commerce — 52
    De la dette publique — 52
    De l'empire commercial — 55
    De l'ambition — 58

De l'Empire ... 61
De l'héritage de Burke ... 62
De la forme multinationale ... 64
De la tyrannie des masses ... 67

DEUXIÈME PARTIE • LA NATION CANADIENNE

De la république agraire ... 75
De l'idée patriote ... 77
De la sortie de France ... 78
De la naissance de la patrie ... 82
Du salut par l'alliance républicaine ... 85
De la liberté publique ... 88
De l'esprit des Lumières ... 89
De la constitution de la liberté ... 91
De l'opposition à l'armée permanente ... 95
De l'agriculture ... 98
De la vie paysanne ... 98
De la vertu publique ... 101
De la frugalité et de l'austérité ... 104
De l'égalité des conditions ... 108
De la république ... 110
Du fédéralisme américain ... 111
De la suprématie du local ... 114
De l'assemblée publique ... 118

TROISIÈME PARTIE • LA RÉSISTANCE

Du rebelle ... 123
Du bureaucrate ... 130
Du colon ... 138
De l'Irlande ... 145

Du clerc	152
Le sacre de Mgr Bourget	155
Le premier mandement de Mgr Lartigue	155
L'agression de l'armée britannique	157
L'opposition à l'Union	157
De la solution de Durham	158

Quatrième partie • La collaboration

Du parvenu	169
Étienne Parent	175
De la discrimination sociale	176
De l'égalité nationale	178
De l'assimilation	182
Louis-Hippolyte Lafontaine	186
De la girouette	187
De la naissance du Canada-Uni	190
Du patronage	194
George-Étienne Cartier	198
De l'aventurier marchand	199
De l'abîme de la démocratie	201
Du sujet anglais	204
De l'adresse à Sa Majesté	208
Du silence de Mgr Bourget	216

Épilogue	225
Bibliographie	233
Notes	257

MISE EN PAGES ET TYPOGRAPHIE :
LES ÉDITIONS DU BORÉAL

ACHEVÉ D'IMPRIMER EN MARS 1997
SUR LES PRESSES DE L'IMPRIMERIE AGMV,
À CAP-SAINT-IGNACE (QUÉBEC).